中共党史十二讲

谢春涛 等著

生活·讀書·新知 三联书店

Copyright © 2021 by SDX Joint Publishing Company.
All Rights Reserved.
本作品版权由生活·读书·新知三联书店所有。
未经许可，不得翻印。

图书在版编目（CIP）数据

中共党史十二讲 / 谢春涛等著. —北京：生活·读书·新知三联书店，
2021.5（2025.6 重印）
ISBN 978-7-108-07151-4

Ⅰ.①中⋯ Ⅱ.①谢⋯ Ⅲ.①中国共产党 – 党史 – 学习参考资料
Ⅳ.① D23

中国版本图书馆 CIP 数据核字（2021）第 069614 号

责任编辑	唐明星	
装帧设计	刘 洋	
责任印制	卢 岳	
出版发行	生活·讀書·新知 三联书店	
	（北京市东城区美术馆东街 22 号 100010）	
网　址	www.sdxjpc.com	
经　销	新华书店	
印　刷	河北松源印刷有限公司	
版　次	2021 年 5 月北京第 1 版	
	2025 年 6 月北京第 13 次印刷	
开　本	635 毫米 × 965 毫米 1/16 印张 24.5	
字　数	273 千字	
印　数	175,001-179,000 册	
定　价	49.00 元	

（印装查询：01064002715；邮购查询：01084010542）

目 录

第一讲 中国共产党为什么"能" 谢春涛 1
    一、中国共产党为什么能建立新中国 1
    二、中国共产党为什么能收拾好国民党留下的烂摊子 10
    三、中国共产党为什么犯过严重错误还能得到人民支持 18
    四、中国共产党为什么能取得现代化建设的巨大成就 27

第二讲 朱毛红军与古田会议 罗平汉 40
    一、朱毛红军的由来与红四军出击赣南闽西 41
    二、关于临时军委的不同意见与中共红四军七大 58
    三、"中央九月来信"与古田会议的召开 69

第三讲 遵义会议与长征胜利 高中华 79
    一、遵义会议召开的历史背景 79
    二、遵义会议的召开 89
    三、维护遵义会议决议与长征胜利 102

第四讲 国共两党与抗日战争 卢毅 110
    一、国民党在全国抗战中的表现 110
    二、中国共产党对抗战的贡献 118
    三、抗日战争胜利的意义和启示 131

第五讲　延安整风与党的团结统一　　卢　毅　135
　　一、延安整风的历史背景　135
　　二、延安整风的基本过程　147
　　三、延安整风的深远影响　154

第六讲　夺取全国政权的历史经验　　刘宝东　160
　　一、强大的政治领导力汇聚了最广大的民心和民力　161
　　二、强大的军事领导力实现了战场局势的惊天逆转　172
　　三、强大的自身建设力保障了党对一切工作的领导　181

第七讲　建立新中国的构想及实践　　张旭东　192
　　一、"新中国"的源与流　192
　　二、新中国基本政治制度的形成和确立　201
　　三、新中国形象的塑造和接受　218

第八讲　抗美援朝的决策及其影响　　李庆刚　223
　　一、反复权衡做决策　224
　　二、战场上的较量　245
　　三、影响与启示　253

第九讲　新民主主义向社会主义的过渡　　罗平汉　259
　　一、新民主主义社会的基本特征　259
　　二、过渡时期总路线的提出　274
　　三、社会主义改造的完成及其评价　280

第十讲　党对中国社会主义建设道路的探索　　李庆刚　294
　　一、探索的良好开端　295
　　二、探索出现曲折　304
　　三、经济调整与"左"倾错误重现　313
　　四、总结与启示　319

第十一讲　党的十一届三中全会与伟大历史转折　　沈传亮　327
　　一、走向历史转折　328
　　二、决定命运的41天　335
　　三、实现历史转折的原因　349

第十二讲　党的十八大以来的历史性成就和历史性变革

　　　　　　　　　　　　　　　　　　沈传亮　355
　　一、取得历史性成就和历史性变革的时代背景　356
　　二、全面把握历史性成就和历史性变革　366
　　三、取得历史性成就和历史性变革的原因与经验　381

后　记　385

第一讲 中国共产党为什么"能"

谢春涛

近代以来,在中国和世界舞台上,政党繁多,难以数计。但是像中国共产党这样,成立近百年,连续执政70多年,引领中华民族站起来、富起来、强起来,这样的政党还很难找到第二个。中国共产党为什么能?应该从历史中找寻答案。今天我就想回答四个问题,试图说明中国共产党为什么"能",帮助大家进一步理解和认同中国共产党。

一、中国共产党为什么能建立新中国

在20世纪20年代,中国共产党成立的前后,中国可以说是政党林立。据不完全统计,当年有过二三百个政党。当然,具体有多少现在很难搞得清楚。因为当年政党成立很容易,消亡也很快,很多政党在历史上就没留下什么痕迹。在当年诸多的政党当中,中国共产党一开始力量是很小的,人数是很少的,成立的时候也没有多大影响。但是,最终中国共产党取得了在全中国的执政地位,对中国、对全世界产生了巨大的影响。中国共产党为什么能建立新中国?简单地说,就是因为中国共产党的政策和行动赢得了最大多数中国人的支持。具体说,主要是四个方面。

第一,坚定地捍卫国家民族利益。一个党起码应该是爱国的、不爱国的党，相信老百姓不会拥护和支持。而在当年，爱国就得表现为抗日，在抗日的问题上中国共产党表现是好的，比当年执政的中国国民党要好得多。这个好，在我看来起码有四点：

一是抗日民族统一战线是中国共产党倡导建立的。九一八事变后第三天，中共中央就发出通电，呼吁停止内战，一致对外。后来还多次声明，如果国民党愿意停止内战，共产党放弃打土豪分田地的政策，愿意把自己局部执政的区域改成国民政府统一指挥下的边区或者特区，愿意把自己的部队改编成国民政府统一指挥的军队。国共合作能够建立，跟西安事变的发生和和平解决有直接关系，在这件事上中国共产党发挥了极大的作用。九一八事变之后，张学良的东北军退守关内，被蒋介石派去打红军。打的过程中吃过败仗，一位团长级的干部被红军俘虏了，经过红军的教育后放了回去，让他给张学良捎话，应该停止内战，一致对外，尤其是东北军，应该收复自己的故乡。很快，张学良建立了同周恩来的直接联系，东北军和红军之间的仗不打了，而且东北军还给了红军很多帮助，提供医疗用品，提供资金，提供武器弹药，张学良本人甚至提出了加入中国共产党的申请。很快，蒋介石看出了名堂，明摆着张学良和陕西地方实力派杨虎城"剿共"不积极。所以，1936年12月，他带了一批心腹大员去西安督战。他做好了准备，如果这两位不听劝，就把他们的部队调开，把自己的嫡系调来。张、杨苦劝蒋介石停止内战，但遭到了蒋介石严词斥责，张、杨就把蒋介石扣了起来。西安事变发生后，张、杨紧急致电中共中央，希望派负责任的领导人到西安去商量怎么办。周恩来代表中央去了西安，他提出了和平解决的主张，只要蒋介石答应停止内战，就应该放他回去。张、杨本来就是这个目的，蒋介石的代表这个时候也只能答应这个条件。所以，西安事变和平解决，抗日民族统一战线得以建立。显然，这是张、杨的功劳，是中国共产党人的功劳，这个功劳我看是记不到蒋介石的头上去。因为在这之前，他明确提出了"攘外必先安内"的主张，他也宣称要抗日，但是抗日有个前提，"安内"，打内战，消灭中国共产党。只要有一天中国共产党没被他消灭，内战就没完没了地打下去。所以，抗日在蒋介石这里是遥遥无期的。

二是抗日民族统一战线能坚持八年之久，也得益于共产党人的努力，甚至得益于共产党人的委曲求全。抗战之初，红军被改编成了八路军、新四军，被国民党派到敌后，即日本人占领的地区。国民党的意图很多人看得清楚，共产党你不口口声声要抗日吗？那我就给你抗日的机会，让你的部队到抗日最前线，到日本人占领的地区。你能不去吗？没法不去，不去没法向全国人民交代。蒋介石就想借着日本人之手，消灭他打了十年内战也没能消灭掉的共产党队伍。面对这样的阴谋、这样的意图，毛泽东看得很清楚。所以，中国共产党在一开始就确定独立自主的山地游击战的战略，能打的时候就打，不能打的时候就跑。否则，共产党的部队人数少、装备差，面对强大的日军，跟他硬碰硬，这样的仗很难打，打不赢。靠游击战，共产党的部队不光没被日本人消灭，反而迅速站稳了脚跟，建立了大块的根据地，部队人数也迅速扩充。抗战之初，共产党部队只有几万人，到了1940年，正规军就变成了几十万人。这个时候，蒋介石担心抗战胜利之后，共产党跟他争夺天下，所以发起了一些反共摩擦。最严重的是皖南事变，新四军军部及其直属部队9000多人奉命北撤，居然撤进了国民党的包围圈。军长叶挺被扣，9000多人中只有2000多人突围出来，剩下的基本上都被国民党的部队消灭了。这是非常严重的反共阴谋。新四军为什么北撤？为了合作抗日的大局，蒋介石一再要求八路军全部撤到黄河以北，新四军全部撤到长江以北，中共中央做了让步，新四军北撤的路线是跟国民党商定的，但是居然发生了皖南事变。一段时间，延安群情激奋，很多人向中央建议，集中优势部队不惜同国民党决一死战。这个时候，中国共产党的队伍有一定实力，能跟国民党斗一斗。但是，中共中央权衡利弊，最终决定军事上采取守势，准备应付国民党可能发动的更大规模的反共行动；政治上采取攻势，向国统区人民、向全世界反法西斯力量揭露国民党的反共阴谋。在各方的强大压力下，蒋介石不得不公开表示，以后不会再有这样的事发生。所以，内战没有爆发，抗战一直坚持到最后胜利，显然，这也是共产党人的功劳。

三是共产党的部队消灭牵制了大量日本侵略军。现在，我们偶尔能从互联网上看到这样的言论，当年国民党的部队打了很多大仗、硬仗，牺牲了很多高级将领，共产党的部队只打过平型关战役、百团大战，战场上牺牲的将领只有八路军副参谋长左权。这么说的意图很清楚，意思是共产党的部队没打多少仗，抗日主要是国民党干的。事实完全不是这个样子，共产党的部队因为人数少、装备差，又身处敌后，大仗确实打得不是很多，但是小仗打得很多，积小胜为大胜，战果也是辉煌的。更重要的是，共产党的部队绝大部分在敌后，对日伪军的牵制作用是巨大的。敌后战场抗击着60%的日本侵略军、95%的伪军。中国共产党领导的部队在敌后战场，对国民党与美国人、苏联人起到了极大的支持帮助作用。蒋介石为什么在抗战的很长时间内能在重庆待得安稳？

就是因为日军的很多部队被共产党领导的武装牵制住，没有能力打到重庆去。美国人在太平洋战场上虽然打得艰苦，但最终能打赢，也跟中国共产党的武装把大量日军牵制在中国战场，无法更多地调到太平洋战场上有关系。至于对苏联的援助就更加直接，如果我们有的同志去过内蒙古的海拉尔、黑龙江的虎林和东宁，就会知道，这几个地方有规模巨大的地下要塞，是日本人在伪满洲国时期修的，都在中苏边境。当年修地下要塞的目的就是为了打苏联，斯大林很清楚，也很担心。因为，苏联红军在西部战线遭受了德国法西斯的重创，如果日本关东军在远东地区也向苏联发动进攻，他们就难以承受了。但是这样的进攻始终没能发动起来，就是因为日本关东军被中国共产党领导的东北抗日联军牢牢地拖在了东北，没有能力发起这样的进攻。所以，苏联卫国战争胜利之后，苏联红军派出部队到东北来帮助我们消灭日军，是因为我们先帮助了他们。这些年来，包括西方学者在内，越来越多的人看清楚了中国战场，尤其是敌后战场在第二次世界大战当中所起到的重要作用。

四是共产党的部队英勇抗日，决不投降。共产党的队伍当年的表现是好的，哪怕装备差，哪怕人数少，不管付出多大的伤亡，决不投降。东北抗日联军的将领杨靖宇，打到弹尽粮绝，最后就剩下一个人，也决不投降。他壮烈牺牲之后，日本人解剖他的遗体，发现肠胃里头只有树皮、草根、棉絮，没有粮食。日本人肃然起敬，没想到一个人的意志能坚定到这种程度。新四军刘老庄连，一个连全部战死，就这样也决不投降。这样的事情在中国共产党领导的各支抗日武装当中有很多，但是相比之下，国民党的部队表现就差得多，很多部队投降、叛变。我曾经看到某一家大报用一个版的篇幅登了这样一篇稿子,说第二次世界大战当中,中国是唯一一个伪军比侵略军数量多的国家,这应该说是我们这个民族过去一段不那么光彩的历史。我们想一想,伪军哪来的?伪军都是过去的所谓国军投降叛变的。还有,汪精卫的汉奸政府哪来的?好多人也是过去的国民党中央委员。

经过上述四点的比较,到底谁在抗日问题上表现更好?谁真正爱国?我相信当年的老百姓是看得清楚的。

第二,中国共产党解决了农民的土地问题。毛泽东同志对农民问题是看得很清楚的,他认为中国革命的实质问题就是农民问题,因为农民占中国人口的最大多数,谁把农民争取过来,问题就解决了。靠什么争取?就是满足农民的土地诉求。中国共产党在土地革命战争时期,打土豪分田地。抗日战争时期,为了争取地主富农一同抗日,把土地政策改为减租减息。到了解放战争时期,又把土地政策改成没收地主的土地分给农民。无论怎么改、怎么变,农民都很清楚,中国共产党是为他们谋利益的,中国共产党领导的武装就是他们的子弟兵。所以,农民子弟为了自己的利益,能参军的就得参军,不能参军的也得踊跃地支持,中国共产党就同广大农民形成了血肉联系、鱼水关系。在这里,我想讲一个我的老家山东沂蒙老区的故事。我的老家有一个知名的沂蒙母亲王焕于,当年她的家里住过徐向前,住过罗荣桓。沂蒙母亲和她的家人及乡亲们为八路军养孩子,包括指挥员的孩子,也包括烈士留下的遗孤,最多的时候同时养了几十个。她的儿媳妇刚生孩子不久,她就关照儿媳妇,奶水先紧着烈士的遗孤喂。她说,咱们的孩子万一饿死了以后再生,而烈士的遗孤如果饿死了,烈士就绝后了。在当年的山东农民眼里头,一个人如果绝后了，这事儿太严重了。为了养八路军的孩子，沂蒙母亲的孙子孙女先后饿死了四个。这事今天听来就像天方夜谭一样，但是当年就真实地发生了。老太太活到了101岁，1989年去世。在她生前，有人问过她，为什么能干出这样的事？在老太太看来很平常，就应该这么干。八路军这些外乡人，当年主要是南方人，到山东打鬼子，有人连命都送掉了，人家留下的遗孤你能不照顾好吗？如果照顾不好，良心上过得去吗？显然，她就是这么想的。老百姓为什么支持共产党、八路军？蒋介石不是看不清楚，后来他也做过这方面的总结。但是，共产党能做到的事他就做不到。因为地主阶级是他的统治基础，他显然不会下手，也下不了手。

第三，共产党实行了高度的民主。现在，偶尔我们可以看到这样的说法，共产党是怕民主的，共产党是不搞民主的，这纯粹是胡说八道。中国共产党就是靠搞民主起家的，中国共产党当年就是拿着民主来对付国民党的。国民党在它的统治区实行法西斯特务统治，而中国共产党在自己局部执政的区域实行普选。抗日根据地政权的参与人员，都是老百姓选出来的。当年的普选，我们今天想来似乎不具备条件，因为一个村都不见得能找出几个识字的老百姓，怎么画选票？共产党当年发明了原始的选举方式——投豆法。我们在老照片上可以看到这样的场景，候选人背对着选民而坐，屁股后头放一只碗，或者帽子摘下来口朝上，工作人员给选民发黄豆粒，你愿意投谁就把这颗豆放在谁屁股后头的碗里就完了。方式肯定是原始的，但是，没有任何人能说它不民主。共产党当年还提出实行"三三制"，就是共产党人在抗日根据地的政权人员组成中只占1/3，另两个1/3，一个是左派进步分子，一个是中间人士。陕甘宁边区选上的共产党人一度超过了1/3，多出部分辞职，就保留1/3。当年，根据地的政权得到了各阶层人民发自内心的拥护和支持，国统区很多知识分子，尤其是年轻的大学生都往延安跑，历经千辛万苦。但是，很少有人往重庆跑，人心所向，清清楚楚。

第四，共产党人高度廉洁。毛泽东曾经自豪地讲过，陕甘宁边区是全国最进步的地方，十个方面的东西没有，没有贪官污吏，没有巧取豪夺，没有叫花子，没有娼妓，等等。显然，这十个方面，国统区那儿都有。毛泽东就是跟国统区做比较的。当年国民党的垮台跟它的腐败透顶有着直接的关系，国民党政权在后期可以说遭到了各阶层人民的唾弃。

这里，我想讲两个高级知识分子的故事，我觉得很能说明问题。一个是朱自清先生的遭遇。朱自清先生是清华的教授，著名作家、学者，他的儿子朱乔森曾是我很长时间的直接领导。他生前几次跟我们讲过他父亲的故事，说他父亲去世前不光病很重，而且经济上也非常困难，甚至穷得没钱买面粉。好像不应该如此，今天说民国时期好的那些"国粉"，说民国好的证据之一就是知识分子收入高，多的一个月能挣几百大洋。我看过一个材料，朱自清先生好像是一个月能挣四百多大洋，收入是够高的了，为什么买不起面粉呢？因为国民党统治后期通货膨胀极其严重，今天到手的钱觉得好像是笔钱，但是用不了几天，可能就会变得跟废纸一样。国民党政府为了笼络朱自清先生这样的知名知识分子，可以向他们平价供应美国人援助的面粉。但朱自清先生病重的时候交代家人，宁愿饿死，也不能买、不能吃。朱自清先生为什么这样做？因为"二战"之后，美国为了对抗苏联、扶持日本，日本的一些战犯，没经审判就被他们放掉。中国人感情上绝不能接受，朱自清先生是在抗议信上签了名的。朱自清先生去世的时候，体重只剩下了七十几斤。我们想一想，清华的名教授，他夫人是清华图书馆的高级职员，这种家庭落到了这种境地，可以想见其他的老百姓日子会过得怎么样，那更过不下去了。

再一个故事，国民党逃往台湾的时候，试图动员知名知识分子跟他们一起去，但是绝大部分知名知识分子没有去。当年国民党人最看重的知识分子，应该是中央研究院的院士。第一届院士一共才八十几个人，这个时候已经有两位院士去世了，有12位滞留在国外没回来，跟着国民党去台湾的只有九位，剩下的接近60位都留在了大陆。这些人为什么留下来？不是因为他们对共产党人有多少好感，他们长期生活在国统区，对共产党没有多少了解，甚至有人因为受了国民党长期歪曲宣传的影响，对共产党人还有一些误解。他们之所以不去，是因为对国民党太了解了，在国民党统治之下过了20多年，这个党怎么样，彻底领教了。所以有些没去的院士在日记、在私人通信中做出这样的判断：共产党怎么样不知道，有待于了解，但是哪怕共产党再坏，也绝对坏不过国民党。所以，这些人毫不犹豫地留在了大陆。

我们今天说中国共产党的执政地位是历史的选择、人民的选择，这句话的内涵非常丰富，也非常深刻。海峡两岸关系改善之后，有些国民党元老的后代跑来大陆，想了解一下，当年他们的父辈为什么会败给中国共产党。一了解，心服口服。我觉得这段历史是很能说明问题的。

二、中国共产党为什么能收拾好国民党留下的烂摊子

国民党逃往台湾的时候，大陆多年积累的财富能带的全带走了。比如说黄金储备，比如说外汇储备，还比如很多重要的文物，留给共产党的完全就是个烂摊子。铁路几乎没有一条能通车，公路很多也中断了，一些重要的企业短时间内难以恢复生产。国外有的人，包括美国人就等着看笑话，美国人就断言中国共产党人解决不了中国人吃饭的问题。国内有些人也对中国共产党人的能力存在着怀疑，他们不怀疑中国共产党人军事上的能力，军事上的能力经过几年的解放战争已经充分显现出来了，连国民党人也不得不服气；政治上的能力，搞统一战线也是厉害的；经济上的能力有人就怀疑了，认为经济问题难以解决。但是，中国共产党人让怀疑的一些人大跌眼镜，很快就把国民党留下的烂摊子收拾得井井有条。新中国建立之初，主要做了四个方面的努力。

第一，建立各级人民民主政权。今天有人讲，中国共产党的执政地位是打出来的，是暴力夺取的，这么说应该没有问题。但是，我觉得不够全面，从新中国成立初期各级人民民主政权建立的过程来看，又应该说这个政权是选出来的，是人民授权的，符合一般民主原则。当年新政权的建立，基本上经过了三个步骤：第一步建立军管会，一个地方解放之后，先成立军管会，安定地方局势；第二步，形势稍微一安定，协商产生临时性的政权；第三步，条件具备之后，召开各界人民代表会议，选举产生正式的政权。所以，政权的参与者跟抗日民主根据地一样，也都是各界群众选出来的。新中国成立初期，党外人士参政数量比例很多、很高。尤其是中央人民政府，中央人民政府的主席是毛泽东，副

主席六位，党外人士占了三位。政务院的总理是周恩来，副总理四位，党外人士占了两位。中央人民政府的委员当中，政务院的政务委员当中，还有政务院下属的各部会的首长当中，党外人士基本上占了一半。所以，这个政权的群众基础非常广泛，各界群众发自内心地拥护支持人民民主政权。

第二，恢复被多年战乱破坏的国民经济。共产党用什么办法恢复国民经济？调动各阶层群众的积极性，大家一同来恢复。先是进行土改，调动广大农民的积极性，在短短的时间内，中国共产党人就给三亿多无地、少地的农民分了七亿多亩的土地，农民的积极性被空前调动起来。再一个是调动工人的积极性，中国共产党通过没收官僚资本，把一些企业变成了国有企业，广大工人感觉到不光政治上翻身了，而且经济上也成了企业的主人。我看过一些材料，这个时期广大工人的积极性高到今天令我们很多人难以置信。那个时候没有什么奖金，但是有些人就是拼命地工作，他们觉得是为自己工作，企业就是自己的企业，不是像过去那样受剥削、受压迫了。还有共产党和人民政府调动了资本家的积极性，当年还没进行社会主义改造，很多企业是私人企业。有些资本家在解放的时候没走，一度很担心，因为过去听到最多的是共产党"共产"。但是，他们很快发现，过去的传闻靠不住，共产党人采取了很多措施，帮助他们恢复和发展生产。比如说，向他们的企业提供订单、提供原料、提供流动资金，还收购他们的产品，产供销完全得到了保障。所以，后来有些人回忆，这是他们的黄金时期。靠各方面人士共同努力，到1952年底，国民经济就恢复到旧中国的最高水平——1936年的国民经济水平。共产党和人民政府还解决了过去国民党时期非常严重，但是他们完全没有能力解决的通货膨胀问题。通货膨胀曾经到了可笑的地步，但是，共产党和人民政府在新中国成立之后的很短的时间，就把这个问题解决了。中国共产党人的能耐让很多人刮目相看，他们认识到中国共产党人不光军事上强、政治上强，经济上也是有能力的。

第三，荡涤了帝国主义的污泥浊水。这是在外交上。毛泽东在新中国成立前夕，还在西柏坡的时候，就提出了新中国的外交方针，其中有一条叫作打扫干净屋子再请客。他说得很形象，旧中国好比一间屋子，太脏了，什么人都进来踩上两脚，应该彻底打扫干净。然后再去请客，再同愿意平等对待我们的政府谈判建交。那么，怎么打扫屋子？就是旧中国订立的不平等条约，一概不承认。因为不平等条约，我们失去的国家民族权益，尽可能地收回。在这之后，很快变了。比如说，海关回到了中国人手中。比如说，还留在中国没走的一些国家的外交官，我们不承认他们的外交官身份，只当作普通侨民对待，要求他们遵守新中国的规矩。有些人不听招呼，人民政府就把他们抓起来，这在过去是完全不可想象的。大家知道，新中国成立初期，包括钱学森同志在内，有不少知名知识分子，从美国、从其他的西方国家回来，他们为什么回来？肯定各有原因。我在这里讲一个故事，很能说明问题。那就是后来做过北大副校长的傅鹰教授，他也是从美国回来的。他为什么回来？他就讲到这么一件事，对他影响很大。那就是1949年的4月，解放大军要渡长江的时候，在南京附近的江面上，有几艘英国军舰在试图阻止解放军的进攻，解放军警告他们开走，他们没有开走，解放军就开炮，把军舰击伤了，而且还打死了一些人。这还了得？英国人抗议，要求我们赔偿。凭什么要赔偿呢？长江是中国的内河，谁允许你开进来了？国共两党内战，这是中国人自己的事情，你外人有什么资格干预？我事先警告你开走，你不开走，我才开的炮。根本不存在什么赔偿问题。后来，英国人只好灰溜溜地走了。傅鹰教授在美国知道了这件事，激动得泪流满面，近代以来哪有这样的事情？在中国共产党人之前，谁能干出这样硬气的事呢？就这一件事，傅鹰教授对中国共产党人充满了好感。就这一件事，促使他毫不犹豫地下决心回国。

我这里讲的是中国共产党人对西方国家的态度，很彻底的、很长中国人志气的。还有，中国共产党人对苏联的态度，也是维护国家民族权益的。新中国成立的时候，中苏之间有个重要的遗留问题，那就是国民党政府同苏联政府订立的不平等条约。国民党政府把东北的一些权益给了苏联，换取苏联对支持国民党政府统一中国的承诺。所以，当年苏联红军从东北撤走的时候，大城市基本上交给了国民党的部队，没交给解放军。毛泽东当年就面临着这样的问题，所以，新中国成立之后不久，他就率团访苏。打的旗号是为斯大林祝寿，但是祝寿活动一结束，他就提出了废除旧条约、订立新条约的要求。结果，斯大林一口回绝。在斯大林看来，同国民党政府订立的条约是"二战"的产物，这个不能动，动了会产生连锁反应。比如说，他们和日本之间关于北方四岛的争议，那是不是也要还回去？当然不愿意还，至今不也没还嘛。毛泽东就被晾在一边去了，没有事情干，但是，毛泽东也没有回国。过了一段时间，英国人传出说法，说毛泽东被斯大林软禁了。斯大林压力很大，派人问毛泽东为什么不回去。毛泽东讲，就是要解决这个条约问题，如果不解决他就不回去，逼着斯大林不得不同意谈判这个问题。经过艰苦谈判，旧条约废除，新条约订立。苏联人承诺，最迟不迟于1952年底，把东北的权益还给中国人。后来，这一条是1954年兑现的，比预定时间晚了两年。晚这两年不是苏联人赖着不走，而是因为我们感觉到朝鲜战争期间，苏联在中国领土上一定程度的军事存在对美国人有威慑作用，我们没着急让他走。1953年7月朝鲜停战，1954年这个问题得到了彻底解决。

这段时间外交上的成就，我觉得就印证了毛泽东同志的一句名言：中国人从此站立起来了。这句话我们很多人都熟悉，但是我注意到不少人说这句话说得不准确。很多人习惯上说，中国人民从此站起来了，意思好像是没问题。再仔细推敲一下，不如毛泽东的原话说得准确。人民是个政治概念，指的是当年大多数的中国人，但是国民党人不属于人民。而中国人是中华民族成员的概念，范围比人民要大得多，连国民党人也是中国人。毛泽东同志知道，人民和中国人这两个概念有什么差别，因为人民的定义就是他自己下的。但是，他为什么不用人民，而用中国人？显然是经过思考的，他是指整个中华民族站立起来，这个说法更准确。胡锦涛同志、习近平同志曾经在毛泽东诞辰纪念会上，对毛泽东做了评价。其中一个评价是毛泽东为近代以来伟大的爱国者和民族英雄，这个评价肯定是立得住脚的。在这个问题上，没有谁比毛泽东的骨头更硬，没有谁比他的贡献更大。但是，后来我看到有人的评价还要高。那就是台湾已故的著名作家李敖先生，他曾经做出了这样的判断：毛泽东是中华民族5000年来第一人。这个评价已经高到没法更高的地步了。仔细想一想，从一个中国人的角度，李敖先生的说法也是立得住脚的。中华民族在这之前，在近代就是被人家打趴下了。在中国共产党人之前，在毛泽东之前，先进的中国人做了很多努力，都没能够让中国人重新站起来，是以毛泽东为代表的中国共产党人，历经千辛万苦，付出了巨大的牺牲，让中国人从此站立起来了。我们现在讲中国共产党人取得的成就，用站起来、富起来、强起来来概括，非常简明，也非常准确。第一步是站起来，没有站起来，不可能有富起来。我们把站起来放在近代以来的历史大背景下看一看，这一步太重要了，这一步也太不容易了。

第四，打赢了抗美援朝战争。新中国成立之初，我们本来准备在发展海军空军的基础上拿下台湾，实现国家的完全统一。但是，没想到，1950年6月，我们的近邻朝鲜半岛发生内战，把中国给拖进去了。内战之初，北方的部队打得很好，很快把南方的大部分部队打垮了、消灭了，把少量的部队包围在釜山那一带。如果没有外力干预，他们统一整个半岛应该不困难，但是很快美国人操纵联合国安理会干预这件事，通过了谴责朝鲜所谓侵略的决议，又决定成立以美国为首的"联合国军"。美国人为首的所谓联合国军在仁川一登陆，战局急转直下，很快，他们占领了平壤，又把战火烧到中朝边境，甚至烧到了中国境内。

这个时候，朝鲜党和政府紧急求援，希望我们出兵援助，这就给中国共产党人出了个大难题。出兵要同美国人直接较量。美国人拥有世界上最强大的军队，拥有最先进的装备，还拥有原子弹，在日本用了两颗，全世界都看清楚了它的威力。跟美国人打，打得过打不过？有没有可能不光打不过，反而引火烧身，把仗引到我们境内来？这个可能性是存在的。但是，不打也麻烦，美国人不光把战火烧到了中朝边境，烧到了我们家门口，而且美国第七舰队还侵入台湾海峡,公开干涉中国内政,阻止人民解放军对台湾的进攻,使我们国家的统一进程受到阻碍。新中国成立70多年了,海峡两岸分治也70多年了,我们想一想,为什么这个问题难以解决?不就是因为美国人插手此事吗?如果没有美国人干预,单靠海峡两岸的中国人自己来解决这个问题,无论是武力方式还是和平方式,我相信早就解决了,绝不会拖到今天。

中央政治局开了几天的会,毛泽东同志下了最后的决心。中央政治局决策:抗美援朝,保家卫国。跟老百姓说明白,我们不是爱打仗,谁爱打仗呢?我们打了几十年的仗,需要休养生息。谁都知道打仗是要死人的,但是这场仗我们躲也躲不过去,不得不打,人家强加到我们头上了。我们打仗也不仅仅是为了帮助朝鲜政府和人民,我们是保家卫国。如果这场仗跟我们完全没关系,我想这场仗也可以不打。还有,中央政治局决定,援助朝鲜的军队叫中国人民志愿军。这是我们的志愿行为,目的也很清楚,不愿意把这场战争规模扩大,不愿意把这场战争引到我们境内来。

美国人一开始根本不相信中国人敢出兵,以为周恩来总理的声明不过是虚张声势而已。但是我们真出兵了,一开始是秘密出兵,几场战役就根本扭转了战局,迅速把战线从中朝边境推进到北纬38度线,一度靠近了37度线,甚至占领了汉城。打打谈谈,谈谈打打,1953年7月,朝鲜停战协定签订,以三八线作为南北方的界线。

现在有人说这场战争双方打了个平手,打之前以三八线划界,打之后还是。这话对南北朝鲜可以这样说,但对中国人来讲就不是。中国人出兵之前,战线绝不是三八线,而是中朝边境。中国人打了几年之后,才最终以三八线划界的,毫无疑问,我们打赢了。当然打赢这场仗，我们付出了不小代价。志愿军总共伤亡36万人，其中牺牲十八九万人。还有经济上我们也付出了很多，但从长远看，这个付出是值得的。它打出了和平，打出了安宁，打出了我们的国威、军威，打出了我们的国际地位。在这之前别说美国，就是别的西方国家，甚至有的发展中国家，都是瞧不起中国人的。当年典型的说法，中国人是"东亚病夫"，但是，经过朝鲜战争，中国人让很多人刮目相看，包括让美国人刮目相看。如果去过华盛顿，大家一定会去参观所谓韩战纪念设施、越战纪念设施。我们可以看得很清楚，美国人在朝鲜战争中、在越南战争中，一共伤亡失踪了多少人，这是美国人心中永远的痛。毫无疑问，这两场战争美国人的损失、美国人的伤亡都跟中国人有关系。尤其是朝鲜战争，更跟我们有着直接的关系。20世纪90年代台海危机的时候，我们做出了强硬的反应。美国人不得不公开表示，如果台湾当局单方面采取措施，导致的局面，他们不会无条件介入。什么意思？美国人改变了过去长期模糊的战略，知道陈水扁这些"台独分子"玩火，是有可能引发海峡两岸战争的。如果这场战争发生，对他们来讲绝不是件小事。他不参与，完全没有面子，过去说的话没人再信。但如果参与，如果跟中国大陆实打实斗一场，对他们意味着什么？朝鲜战争已经给了他们深刻的教训。我觉得这个影响至今还存在。另外，这场战争对我们国家的国防建设、军队建设意义也是巨大的。在这之前，解放军的装备水平很低。我们看1949年的开国大典，当年最好的装备都已拿出来了。但今天想一想当年太可怜了，飞机一共没有几架能飞的。为了给人一种我们似乎还有不少飞机的感觉，有的飞机在天安门上空飞了两趟。还有，一位军事专家开玩笑，说当年在天安门广场上走过的一些装备，除了拉炮车的马是我们国产的外，很多装备都是从敌人手中缴获的外国的杂牌子。这个话一点不夸张，当年基本上就这个样子。但是经过朝鲜战争，解放军的装备水平大幅度提高，苏联人提供了新式的装备，当然这是我们花钱买的。还有，从这个时候开始，苏联人帮助我们建兵工厂，帮助我们办了一所哈军工，这些都是意义巨大的。

抗美援朝的意义，志愿军司令员兼政委彭德怀同志，曾经在报告当中做了这样的总结。他说，这场胜利雄辩地证明，西方侵略者几百年来，只要在东方一个海岸上架起几尊大炮，就可霸占一个国家的时代是一去不复返了。彭总这一段话说得非常好，非常准确，非常形象，也非常提气。我们大家都学过中国近代史，近代西方列强几乎没有一个没侵略过中国。像荷兰、比利时、葡萄牙这样的小国，一艘军舰开到我们沿海，就逼着中国政府答应一些屈辱的条件，这样的历史被抗美援朝永远终结了。

我们现在说1949年10月后的中国是新中国，说1949年以后是解放后，新中国新在什么地方？解放又意味着什么？我觉得这四个举措应该说体现得清清楚楚，就是跟过去不一样，完全不一样了。

三、中国共产党为什么犯过严重错误还能得到人民支持

这个问题要讲一讲中国共产党人曾经走过的弯路，那一段艰苦的、曲折的探索历程。我觉得这个问题不要回避，也回避不了。过去有外国人就跟我提出过这样的问题，他们知道中国共产党犯过"大跃进"的错误、犯过"文化大革命"的错误，他们也知道这

两个错误后果是严重的。他们就问我,为什么你们的广大民众还支持中国共产党?我觉得这是真问题。这个问题有必要深入思考一下,有必要做出回答。我初步从四个方面回答这个问题。

第一,犯错的动机愿望是好的。我在这儿想谈两个最重要的失误,"大跃进"运动和"文化大革命"。"大跃进"我研究过比较长的时间,我的博士论文写的就是"大跃进",后来经过修改出版了。在我看来,"大跃进"这个严重的经济方面的失误,主要就是两个原因:一个是领导人太急了。那个时候没法不急,急完全可以理解,急有原因,不光领导人急,我们老百姓都急。因为在"大跃进"之前,我们国家太落后了,近代我们不就是因为落后才挨打吗?才被人家欺负吗?1954年,毛泽东说过这样的话,我们工业很落后,落后到什么程度呢?飞机、汽车、坦克、拖拉机都造不了,能造什么呢?能造桌椅板凳,能造茶碗茶壶,能够把麦子变成面粉,还能造纸,就这个水平。如果不迅速地改变这样的状况,我们就有被开除球籍的危险。毛泽东同志的话不夸张,当年差不多就是这个样子。所以,中国人想在最短的时间内,想在朝鲜战争结束后,我们看上去,至少会有比较长时间和平的这样一个时间范围内,尽可能快地把我们的经济建设搞上去,只有这样,中华民族才能立于不败之地。所以,不光是毛泽东急,大家都急。第二个原因,没有经验,当年有打仗的经验,也有政治斗争的经验,但就是缺发展经济,尤其是发展工业的经验。发展经济,过去我们有开荒的经验,南泥湾大生产的经验,这方面经验是有的,但是现代化工业的经验,总体上我们是缺乏的。当年误以为拿出打仗的劲头,靠冲锋、靠干劲、靠热情,我们就能够让钢产量在短时间内赶上甚至超过英国。大炼钢铁就是体现"以钢为纲",一段时间钢产量是上去了,但农业、轻工业遭受了冲击,国民经济比例关系严重失调,再加上有的地方发生自然灾害,一度我们的经济非常困难,"大跃进"不就是这么搞出来的吗?愿望绝对是好的,当然欲速则不达,效果跟愿望离得很远。但是,当年就是出于良好的愿望。所以,"文化大革命"之后,邓小平同志总结这个教训的时候讲过,"大跃进",毛主席头脑发热,难道我们没发热?都发热了,他认为这个错误是一块犯的。我觉得不是不可以理解的。

再谈"文化大革命"。"文化大革命"更为复杂。关于"文化大革命",今天有人这样说,说"文化大革命"是中共内部、中共高层的权力之争。"大跃进"失败之后,毛泽东退居二线,刘少奇主持一线工作。毛泽东感觉到大权旁落了,刘少奇不听招呼了,于是发动"文化大革命",打倒刘少奇。做出了这样一番解释,这个解释似乎是那么回事,这个解释也迷惑了很多人。但是,如果用这个来解释"文化大革命"的发生,我觉得有几个大问题没法解释。比如说,如果存在毛泽东同刘少奇的所谓权力之争,那么为什么"文化大革命"打倒刘少奇之后还要打倒一大批老干部?为什么老干部在"文化大革命"初期就被打倒之后,"文化大革命"还持续十年之久?为什么持续十年,毛泽东同志还不罢休,"文化大革命"后期讲这样的政治大革命要过七八年再来一次?我觉得以权力之争论,这些都解释不通。

在我看来,毛泽东同刘少奇、邓小平之间不存在什么权力之争。刘少奇、邓小平被确定为接班人,1956年这个事情就明朗了。1957年,毛泽东访苏的时候,苏联人就问过这问题。1961年,毛泽东在国内接待来访的英国元帅蒙哥马利时也回答过这个问题。

他一点也不回避，他之后是刘少奇，刘少奇之后是邓小平。人家再追问：邓小平之后是谁？毛泽东开玩笑说，那就不知道了，管不了那么多。所以，他们之间完全不存在所谓权力之争的问题。

我觉得他们之间存在着政见之争，在建设社会主义的问题上发生了分歧。毛泽东多次批评指责刘少奇、邓小平等领导人犯了"修正主义"的错误，指责最多的、批评最多的是认为他们搞所谓"三自一包"。"包"是包产到户，"大跃进"之后的困难时期，在有些地方就是实行了包产到户，效果很明显。刘少奇、邓小平都支持过。邓小平同志讲的"不管黄猫黑猫，只要捉住老鼠就是好猫"，就是在这个背景下、针对这个问题讲出来的。三个"自"，第一个"自"是自留地，没搞包产到户的农村地区，扩大自留地的面积，也能解决一些问题。第二个"自"是企业自负盈亏，实行利润核算，不能光算政治账，不算经济账。第三个"自"是自由市场，活跃城乡经济交流。这个所谓"三自一包"，确实是刘、邓等领导人当年提出的主张，对于恢复发展国民经济起了明显的作用。但是，在毛泽东看来，这是所谓"修正主义"，这是所谓"资本主义"。那么，刘、邓就是所谓"党内走资本主义道路的当权派"。毛泽东就要罢他们的官，就要打倒他们，就要夺他们的权。我觉得"文化大革命"是基于这样的认识发动的。包括打倒一大批老干部，也跟这样的认识密切相关。历史证明毛泽东的判断是错误的，所谓"三自一包"不是什么修正主义、资本主义。

我们想一想，毛泽东为什么做出这样的判断？跟他对社会主义的理解有密切关系，他的标准出了问题。在我看，毛泽东理解的社会主义包含两个基本方面：一个是固守苏联模式的一些基本特征。在我看来是"四个单一"：单一公有制，单一计划经济，单一按劳分配，单一农业集体经营。现在，这"四个单一"老早找不着了。但是，在当年，在毛泽东同志看来，这就是社会主义的天经地义，这都不能改变，改变了就不是社会主义了，甚至就是资本主义了。

再一个方面，他对未来社会的某些理想。比如说，毛泽东特别主张收入差距不要大，政治上应该完全平等，意识形态上要高度纯洁。我觉得，这两个方面合起来就是毛泽东心目中的理想的社会主义。从这个标准看，显然一些现象、一些人，毛泽东同志是不能接受的，我觉得就是这个观念支配着毛泽东发动和领导了"文化大革命"。

他以为通过"文化大革命"，能够使我们的党不变修，能够使我们的江山不变色。但是，"文化大革命"持续了十年，最后，毛泽东发现"文化大革命"没有达到他所期望的这种目的。1975年，毛泽东同志身体已经不好了，这个时候要求邓小平同志主持中央政治局做一个关于"文化大革命"评价的决议。他定的调子是"七三开"，七分肯定"文化大革命"就可以了，不要求全盘肯定。在毛泽东同志看来，"文化大革命"当中的有些现象也是不能肯定的。比如说，铁路不通车，甚至完全中断，还有外国的轮船到了中国的码头上，没有人卸货，码头工人闹革命去了，误了船期还得赔人家的钱。至少在毛泽东看来，这些现象是不能肯定的，所以，他认为肯定到七分就可以了。但他没想到，这样的决议邓小平同志不做。邓小平同志的理由是：他是"文化大革命"打倒的对象，是所谓桃花源中人，不适合做这件事。但是，明摆着邓小平就是不愿意肯定"文化大革命"。

1976年春节，毛泽东的身体更不好了。我看到一篇回忆文章说，毛泽东在病中看了一场电影，电影的名字叫《难忘的战斗》，是革命历史题材。我记得小时候，也看过这部电影。前年，去上海参观电影博物馆，我进一步了解了这部电影。有人回忆讲，毛泽东看到电影当中解放军进城，受到老百姓自发热忱欢迎的镜头时，流眼泪，热泪盈眶。毛泽东为什么流眼泪？我认为是触景生情，联想到他的理想，他追求的理想状态的党群关系、干群关系、军民关系不光没实现，反而远不如新中国成立之初，更不如新中国成立前了。他的愿望跟眼前的现实，这个巨大反差让他伤感，但是已经无力回天了。

所以，我特别认同1981年中央通过的《关于建国以来党的若干历史问题的决议》的一个基本判断。"文化大革命"对毛泽东而言是个悲剧，愿望是好的，但是方法错了，导致了他自己也不愿意见到的后果。所以，我想，就连"文化大革命"这样持续十年之久的严重错误，也不是"权力之争"。毛泽东的愿望尽管没能实现，但愿望也是好的。

第二，犯错误期间也取得了重要的成就。曲折探索的时间比较长，从1957年始一直到"文化大革命"结束。当然，不是说这期间我们一直在犯错，但是这期间我们这个路走得很曲折、走得很艰难，错误主要是这段时间犯的。这个期间，就在犯错误的同时，我们也取得了重要的成就。我们今天回过头来看，这段时间的成就主要就是打下了我们国家工业化、现代化的基础。现在媒体上经常讲，按照联合国的工业分类，我们是唯一一个工业门类齐全的国家。确实是这样。我们想一想，我们的很多工业门类就是这段时间建立的。在新中国成立之前，我们的工业技术怎么样呢？我们只在东北与东部沿海有一些工业，而且主要是轻纺工业，很多工业门类没有，中西部地区几乎没有什么工业。在这段探索时期，我们花了很大力气来建设工业，甚至我们勒紧裤腰带来发展我们的工业。我们的积累率很高，我们的投资比例很高。包括过去存在的工农业产品的"剪刀差"，其实也是农业、农村、农民为我们的工业化做出了巨大的贡献。我们的工业化要靠自己积累，我们不能像西方国家那样靠掠夺。我们这段时间就是建立了国家工业化、现代化的基础，包括一些新兴的工业门类，像核工业、电子工业等，我们都很快就建立起来了。

再还有"两弹一星"的突破，我们几乎完全是白手起家。一开始，中苏关系好的时候人家还愿意帮助，但很快苏联撕毁合同，撤走专家，跟我们翻脸。不帮我们，我们就自己干。起步的时候，正是经济困难的时期，陈毅元帅说过，哪怕我们穷得把裤子脱了当掉，也要搞自己的原子弹。后来没有多长时间，我们就搞成了。当年二机部的负责人问后来的"两弹元勋"邓稼先，国家准备发射一颗大炮仗，你愿不愿意参与？如果参与得严格保密，邓稼先参与了，从此28年隐姓埋名。邓小平同志后来讲，如果没有"两弹一星"，中国就不可能成为真正世界意义上的大国。我们想一想，如果我们没有核武器，有的国家肯定会拿着核武器来讹诈。但是我们自己有了核武器，我们就不怕人家讹诈了。现在根据解密的苏联的档案、美国的档案，美国、苏联过去确曾动过对我们动用核武器的念头。我们可以想象，如果我们自己没有核武器，这对我们而言意味着什么？

再还有，这个时期我们培养了一大批人才，各方面都有，有的人才至今还发挥着重要的作用。还有外交上的成就，"文化大革命"后期，毛泽东意识到中美苏大三角关系，中美在共同对付苏联问题上有了共同利益、共同立场。所以，美国总统尼克松在没有同我们建交的情况下，跑来中国访问。毛泽东同志导演了非常精彩的"乒乓外交"，借小球转动了大球。很多西方国家纷纷跟我们建交，我们跑西方国家的关系根本上改善，这就为后来对外开放提供了必要的前提。中美关系的改善，也逼着苏联不得不跟我们改善关系。因为光跟美国一个国家争霸，苏联都不是对手，如果中国再跟美国站在一起，他就更不是对手了。所以，苏联领导人后来一再表态，要跟我们改善关系。后来，中苏关系，包括同整个东欧国家的关系，也改善了。邓小平同志后来讲过，世界大战短时间内打不起来，和平与发展是时代主题，显然这个局面跟毛泽东在"文化大革命"后期的决策是有密切关系的，我觉得这个影响一直到现在还存在。

党的十八大之后，习近平同志讲过，要处理好前后两个30年的关系，不能用后30年否定前30年，当然也不能拿前30年否定后30年。2019年，我们隆重庆祝新中国成立70周年，媒体上讲改革开放以来的历史及其成就的内容很多。讲改革开放之前，我们走过的历程，我们取得的成就的东西也很多。包括中央广播电视总台拍摄的片子《我们走在大路上》，我看了几遍，看到这一段的时候非常感动。我觉得，对这个时期我们取得的成就，如果没有恰如其分的评价，不光违背历史的真实，而且对当年的整个一代人也不公道。

第三，领导层同老百姓同甘共苦，"大跃进"之后，我们有三年困难时期。但这个困难，绝不仅仅是老百姓困难，我们的领导干部，我们的领袖，包括毛泽东同志本人也困难。毛泽东同志8个月不吃红烧肉就是这个时期，我觉得不是不爱吃，也不是吃不起。为什么不吃？就是表达同老百姓同甘共苦的这么一种精神状态。还有，毛泽东等领导同志带头降工资，毛泽东原来是一级工资，一个月600块钱，他降到了404块8毛钱。不光毛泽东降，县处级以上的领导干部都降。当然，我指的是党内的领导干部，党外的人士不降，基层干部不降。党外人士不光不降工资，反而还给一些特供与优待。比如说，每个月供应一点糖，供应一点黄豆。当年有人对这些人开玩笑，说他们是"糖豆干部"。当年，糖、豆都是救命的东西，这样的做法，我觉得，绝对是得人心的。所以，我们想一想，今天想来不可思议的一些事，当年就能干成。当年，国家为了减轻对城镇居民粮食供应负担，大批地动员城镇人口到农村去。动员什么人呢？就是此前从农村招工招到城里来工作的这些工人，包括他们的亲属。国家给不起他们的粮食定量，那就回老家，让回就回了，几年工夫有几千万人回去，没什么补偿。毛泽东、周恩来议论过，我们的老百姓真好，3000万人召之即来、挥之即去，像欧洲一个中等规模的国家搬家。我们的老百姓确实好，但是，我们想一想，如果仅仅是老百姓好，而我们的领导干部搞特权，甚至搞腐败，这样的事情能干成吗？绝不可能干成，我们的干部也是好的。

第四，深刻总结犯错误的教训。中国共产党有自我革命的精神，自己犯的错误自己纠正。"大跃进"中后期，毛泽东就领导全党纠正一些错误。"文化大革命"中后期，周恩来、邓小平等也努力地纠正一些错误。至于"文化大革命"结束之后，以邓小平为代表的共产党人，总结过去的教训就更加深刻了，纠正错误就更加彻底了。邓小平说过这样的话，没有对"文化大革命"教训的正确总结，就不会有十一届三中全会以来的路线方针政策。如果我们翻一翻《邓小平文选》第三卷，我相信大家会有这样的印象。邓小平特别爱谈历史，平均不超过几页的篇幅，我们都能够找到他谈历史的内容，而且谈的基本上是"文化大革命"结束之前那一段走弯路的历史。邓小平的一些重要的基本的判断，就是在这个过程中谈出来的。比如说，贫穷不是社会主义，发展太慢不是社会主义，平均主义不是社会主义，没有民主法制也不是社会主义。这些论断都是邓小平理论的基本论断，邓小平用的都是否定的句式结构，针对当年我们的某些失误，邓小平讲这不是社会主义，或者说社会主义不应该是这个样子。我觉得，邓小平理论就是这么谈出来的。有人说没有"文化大革命"就没有改革，我觉得二者之间是存在着这样一种关系的。"文化大革命"是我们全局性的失误，这个失误是中国共产党人头撞了南墙，撞得头破血流，把我们很多人撞醒了。所以，"文化大革命"结束之后，我们就思考新的出路。

古往今来，在中国人的眼中，没有一个党、没有一个人是永远不犯错误的。问题不在于犯不犯错，问题在于犯了错误之后怎么办。如果犯了错误，认识到错误，纠正了错误，变得聪明起来，这样的党、这样的人是可以信赖的。当然，如果犯了错误，不承认错误，执迷不悟，一错再错，错上加错，则另当别论。显然，中国共产党能够纠正自己的错误，通过不断总结犯错的教训，变得越来越聪明，变得越来越好。所以，尽管过去我们犯过严重错误，广大人民群众依然信赖支持中国共产党。

四、中国共产党为什么能取得现代化建设的巨大成就

这个问题从改革开放以来讲。改革开放以来，在中国共产党的领导下，中国发生了天翻地覆的改变，像我这样年龄的人印象

深刻。因为改革开放前我们经历过,那个时候我们的收入状况如何?我们的生活水平如何?而今天又是个什么样子?我们看得清清楚楚。当然有些局外人也看得清楚。这些年来,我经常有机会跟外国政党的一些领袖接触、交往,我向他们介绍中国共产党的历史,我被他们问得最多的问题,就是你们靠什么办法使中国发展得这么快、这么好。我记得,2007年,我去坦桑尼亚见到了一位高官,他就跟我讲,他最早来中国是1973年,那个时候中国什么样子他记得,很落后、很穷。但是,1978年以后再来,每一次来都不一样,中国的发展让他们感到震惊,让他们感觉到不可思议。有这种感触的人绝不止发展中国家的人士,包括西方国家的有些人,了解中国现在的情况,也了解过去中国情况的一些人,也有类似的感觉。

回答这个问题,我们可以讲出多方面的答案,但在我看来,最重要的是这么几条。

第一,坚持解放思想。解放思想这个话似乎谁都会说,有的人甚至把这个话当作套话,但是,在这里我绝不把它当套话说。我觉得,一部中国改革开放史,就是一部思想解放史,中国共产党人就是因为思想极大地解放,就是因为对社会主义有了过去没有的一些新的认识,我们才有了改革,才有了开放,才有了发展的各种举措,才有了今天的巨大成就。

这一点,我觉得有些外国人的感触某种程度上可能比我们还深。比如说,同样是共产党执政的社会主义国家,我们改革成功了,而苏联等社会主义国家垮台了。我去前社会主义国家,像俄罗斯、保加利亚、罗马尼亚、匈牙利等访问过,跟原共产党的一些政治家、理论家交流过,这些人几乎都羡慕我们,都觉得我们做得比他们好，我们成功了，他们垮台了。我记得，2006年我去保加利亚，听保加利亚原共产党的中央政治局委员、后来的社会党主席利洛夫，跟我们讲他所总结的苏东剧变的教训。他跟我们讲了一个下午，讲了几条。第一条，他就讲原苏东共产党教条式地对待马克思主义、社会主义。20世纪50年代以后，马克思主义在苏东地区没有发展，停滞了。他们讲的马克思主义，还是很早以前马克思、恩格斯、列宁讲的一些论断，他们没有根据新的实践去发展、去创新。结果，当年的有些说法跟后来的实践对不上号了。因为"二战"之后的资本主义发生了很多改变，"二战"之后的社会主义跟马克思当年设想中的社会主义也有了很多的不同。一个理论连现实都解释不清楚，怎么能指导实践呢？别说普通老百姓不一定相信这个理论，就是领导干部，包括部分理论工作者，也未必相信那些理论。

我们在改革开放之初，不也曾经发生过信仰危机的问题吗？我记得有一次搬家，无意之中把我上大学时候的教材翻出来了。我是1978年上的大学。那时候，我们教材当中的很多观点，还有浓厚的"文化大革命"时期的色彩。后来再看时，简直恍如隔世。所以，当年那些说法，在我们打开国门之后，说服力就大不如封闭的时候了，有的人学会了思辨。

但是，从真理标准的讨论开始，我们中国共产党人思想得到极大的解放。我们中国共产党人根据中国的国情，根据我们面临的新的时代特征，对马克思主义、对社会主义有了新的理解感悟。我们回答了什么是社会主义，怎样建设社会主义，建设什么样的党，怎么样建设党，实现什么样的发展，怎么样发展，新时代坚持和发展什么样的中国特色社会主义，怎样坚持和发展中国特色社会主义等一系列重大问题。我们有很多的理论创新，在理论创新的基础上，我们又有很多实践的创新、制度的创新，所以，我们成功了。

我记得有一位著名的理论家曾经做过一个有意思的比较，很有说服力。70年代末，中共中央决定改革开放，而差不多同时苏共中央决定入侵阿富汗。两个大党，两个不同的决策，导致了两国命运的完全不同。所以，我们中国共产党至今依然非常强调马克思主义中国化、时代化、大众化。我们理解的马克思主义绝不仅仅是马克思、恩格斯，包括列宁的理论，有我们中国共产党人的丰富发展，包括毛泽东思想、邓小平理论、"三个代表"重要思想、科学发展观和习近平新时代中国特色社会主义思想。

第二，坚持体制改革。1978年以来的40多年中，我们不断地改革，改革是中国的第二次革命，改革极大地解放发展了生产力。我想举几个例子，我们大家就会对改革的作用有同感。

一个例子是农村联产承包责任制。在这项改革之前，我们农村是贫困的，按照十七大报告的说法，我们还有1/4的人口处于贫困状态。当年我们不到10亿总人口，1/4就是2.5亿人。贫困的含义，我认为就是温饱问题没有得到完全的解决。那我们想想什么原因呢？不就是因为人民公社的大锅饭体制吗？大家出工不出力。所以，实行联产承包责任制之后马上就不一样，地还是集体所有，但是承包到每家每户去种，种得怎么样没人管了，但是每个农户都清楚，种得怎么样跟他自己的生活密切相关。所以，我们看联产承包责任制马上就见到了成效，农民的温饱问题迅速解决，城镇居民的农副产品供应也得到了很好的满足。我们想一想，今天跟40多年前比，我们人口增加了好几亿，因为我们的城镇化建设、工业化建设，耕地又少了很多，但是今天的中国人不光吃饱了，而且吃得很好，就是这项改革的威力。

再一个例子是社会主义市场经济体制的建立。社会主义市场经济体制的建立，是1992年党的十四大做出的决策。在这之前，特别是改革开放之前，我们长期实行计划经济体制，计划经济的优越性被我们说得很满、很美妙，有计划按比例避免了资本主义的无政府状态，理论上当然是如此。但是，现实当中我们也好、别的社会主义国家也好，没有那么美妙。中国这么大的一个国家，有谁有能耐把我们的经济计划得完全合比例呢？再还有，我们想一想，自我封闭的状况下，大概有些事还好计划，如果开放呢？你能计划别的国家的企业吗？过去，我们看计划经济经常是计划不好，"大跃进"不就是典型吗？指标是计划出来的，但是导致了严重的比例失调。另外，计划经济在中国，在别的社会主义国家，还有一个通病没法克服，那就是让大家没有积极性，没有效率，没有活力。政府向企业下达严格的指令性计划，生产什么产品，规格、型号、数量规定得死死的，企业完全没有自主权，也不可能有积极性，不管干得怎么样，每个月就那几十块钱工资，奖金一分钱都没有。另外，理论上说，如果国家下达的计划完全合比例，某个企业如果超额完成了生产任务，这是什么行为呢？你不是破坏了原有的比例关系了吗？政府对这样的企业是该奖励呢？还是该惩罚呢？这么一想，我们就容易理解，为什么过去我们发展缓慢，为什么大家没有积极性。

1992年之后，我们建立了市场经济体制。市场配置资源，不同的利益主体，为了自身利益的最大化，必然使出浑身解数。今天，我们国企的一个最基层的员工都明白，如果他所在的企业在市场上有竞争优势，他的收入就有可能会更高一些。如果没有竞争优势，那他的企业就有可能垮掉，他可能就会失去工作，我觉得这个作用无处不在。所以，1992年之后，我们很快告别了粮票、布票，告别了短缺，这就是市场的力量。

第三个例子，社会主义初级阶段基本经济制度的确立。这个基本经济制度，过去指的就是公有制为主体、多种所有制成分共同发展。当然，在十九届四中全会讲中国特色社会主义的基本经济制度那就多了，不光所有制。我们社会主义初级阶段的基本经济制度是1997年党的十五大确定的。在此之前，从改革开放开始，我们就允许个体私营经济的存在和发展。个体经济有动力，有活力，因为是自家的买卖，所以不怕吃苦。80年代一段时间内出现了这样的现象，国有的搞不过集体的，集体的搞不过个体的。但是，个体经济发展到一定规模之后，党内曾经引发过争论，出现过所谓姓公姓私的争论，甚至有人认为非公有制经济成分的发展，包括从业人员的大量增加，已经对共产党执政地位、社会主义的基本制度构成了威胁。这样的想法、言论显然不利于非公有制经济的发展。1997年5月31日，江泽民总书记在中央党校发表讲话，对这样一股思潮给予迎头痛击。在这篇讲话初步统一思想基础上，下半年召开党的十五大，确定党在社会主义初级阶段的基本纲领，做出了社会主义初级阶段的基本经济制度这个基本判断，那就是公有制为主体、多种所有制成分共同发展，扫除了发展民营经济的意识形态障碍。在那之后，个体私营经济发展得更快、更好了。

我是在浙江读的研究生，也在浙江挂过职，所以，对浙江的情况比较熟悉。我们大家都知道，浙江的民营经济在全国范围内发展得是好的，发展得是快的。浙江经济社会发展水平比很多地方高，民营经济功不可没。我们想一想，这项改革的作用意义有多大！

我想，举这三个例子就足够了。我们足可以看清楚，改革对中国特色社会主义、对我们当代中国、对我们这个民族到底意味着什么。

第三，坚持对外开放。从20世纪80年代初开始，改革、开放这两个词基本上都是连在一块讲，改革在前，开放在后。但从实际的进程来看，应该是开放在前，改革在后，开放促改革。当然，反过来改革也促开放，它们是相互促进的关系。但是，我们一开始下决心改革，就是因为我们了解了外部世界，我们决定开放，同时决定改革。

大家知道，1978年十一届三中全会之前，邓小平访问过日本，访问过新加坡，他深受刺激，深受震撼。在日本访问期间，他坐了新干线列车，人家问他什么感受。他说快，有催人快跑的感觉，中国现在就需要跑。参观日本一些企业的时候感慨，知道什么叫现代化了。去新加坡访问，也是深受刺激。因为他赴法国勤工俭学的时候，途经新加坡停留过，58年以后新加坡发生了巨变。所以，邓小平讲，要改革要开放，否则死路一条。我觉得这样的认识，对他而言是刻骨铭心的。这样的认识，就在随后召开的十一届三中全会上，变成了我们整个领导层的共识。就因为这样的共识，三中全会才决定改革开放，以经济建设为中心，包括加强民主法制建设，等等。三中全会实现了新中国成立以来党的历史上的一次伟大转折。

我们想一想，这40多年，我们一直在开放，开放的领域越来越宽，开放的程度越来越深。一开始，我们更多的是引进来，后来我们又有能力走出去，我们现在是全方位开放。我们想一想，开放给我们带来了什么？带来了外国的资金、技术、设备，带来了外国的资源能源，带来了巨大份额的外国的市场，带来了外国的先进的理念、体制、机制。我曾经提出过这么一个观点，中国特色社会主义是广泛吸纳人类文明共同成果的社会主义。有很多共同成果是不带有阶级属性的，不带有社会制度属性的。虽然可能是美国创造、英国创造，其他的什么资本主义国家创造，但是只要是人类文明共同成果，我们都可以吸纳，我们都可以学习。而且，我们不光是学习，在学习借鉴的基础上，我们还有自己的创新，甚至很多方面，我们后来者居上。

所以，我想，从这几个方面解释一下，我们就可以理解我们的成就是怎么取得的。当然这三个方面不是我们成功的全部，但是，这三个方面，至少在我看来，是哪一个方面也少不了的。过去，我们好几次党代会，也包括其他一些重要会议，比如说改革开放30周年庆祝会、改革开放40周年庆祝会，我们的领导人都对我们改革开放的经验做过总结与概括。包括中国特色社会主义理论体系，本身也是总结我们改革开放成功经验的产物。我觉得那些总结提炼更全、更准、更权威。

回顾了中国共产党近百年的历史，回答了四个问题之后，我想简要谈几个方面的感受，也可以说这段历史，这几个为什么"能"的问题给我们带来的启示。我觉得，中国共产党至少有六个方面的优秀特质。

第一，中国共产党是有远大理想追求的党。中国共产党成立近百年了，连续执政70多年了，就这两个时间在世界上很少能有其他政党跟我们比。那么，我们想一想，中国共产党为什么能够成为百年大党、老党？而且，尽管中国共产党从党龄来看近百年了，但是中国共产党正像有的同志所说的，依然年轻，依然充满生机活力。中国共产党跟别的党很不一样，或者说最不一样的，我认为就是因为有远大理想追求。我们看，中国过去的一些政党，外国的一些政党，成立消亡很快，走马灯式的。有的党就是一些政客争权夺利的工具，而中国共产党从成立一直到现在，一直是为中国人民谋幸福，为中华民族谋复兴。习近平总书记概括的初心使命，我觉得非常深刻地说明了这一点。我注意到有的同志说，中国共产党是使命型政党，这个概括有它的道理，确实我们在这一点上跟很多其他的政党很不一样。总书记一再强调守初心、担使命，我觉得这是我们非常突出的一个优秀特质。

第二，中国共产党是由科学理论引领的。我刚才讲到了思想解放，中国共产党一成立就把马克思列宁主义当作自己的指导思想，但是，中国共产党人不是教条地搬运。当然，教条主义在我们的历史上有过，但很短时间内就被克服了。以毛泽东同志为代表的中国共产党人，强调要把马克思主义的基本原理与中国具体实际相结合，要用马列主义之矢射中国之的，马克思主义必须中国化、时代化、大众化，化出了毛泽东思想、邓小平理论、"三个代表"重要思想、科学发展观、习近平新时代中国特色社会主义思想，这是中国的马克思主义，尤其是习近平新时代中国特色社会主义思想，还是21世纪的马克思主义。我们看，在这些理论当中，有很多内容跟马克思、恩格斯、列宁的论述不那么一致，这是因为有我们基本国情的依据，有我们面临的新的时代特征的依据。我们中国共产党人坚持了马列主义的最基本方面，比如说，科学的思想方法，世界观方法论毫无疑问坚持了。比如说，根本的价值观,我们毫无疑问地坚持了,要实现人的共同富裕,实现人的完全平等,实现每个人自由全面的发展。这一点,我相信以后也不会改变。我们还坚持了马克思主义的根本政治立场,也就是人民立场。我们讲一脉相承,我觉得这些都是脉,我们继承了,以后我相信也不会改变,但是我们做到了与时俱进。我们这些理论经过实践的充分检验,已经证明是成功的。环顾世界范围的各种政党,像中国共产党这样如此重视理论,在不同时期都有自己的科学理论,又被实践反复证明成功的党,我觉得在世界上恐怕是再找不出来。在与一些政党人员交流的时候,我讲到这一点,有人就直截了当地反问自己的党为什么没有理论。据我所知,没有理论的党比比皆是。所以,这一点我觉得也是我们的优秀特质。

  第三,中国共产党是有选贤任能机制的。任何一个党,骨干队伍的建设、人才队伍的建设、干部队伍的建设,都是非常重要的。如果一个党连优秀的人才都集聚不起来,那我想这个党不可能有什么作为。中国共产党在这一点上做得是好的。毛泽东那个时候,特别强调德才兼备,特别强调选人用人五湖四海,特别强调反对山头主义。所以,毛泽东就能够团结带领越来越多的优秀人才,为了共同的目标而努力奋斗。改革开放以来,我们不光重视干部队伍建设,我们还重视人才队伍的建设,我们这方面做得更好。十八大以来又花了很大力气,很大程度上解决了过去存在的带病提拔的问题。我们现在选人用人机制更科学,选人用人更准确,更让大家服气,更能调动大家的积极性。除了选干部之外,我们发展党员也特别强调先进性,我们不同于很多其他政党,我们历来强调先进性,历来强调先进分子所组成,所以不是谁想入就能入的,要个人提出申请,还要有人推荐,还要严格考核，还要去培养，还要有预备期，等等。我记得有一次，我跟外国政党一些人士讲我们入党的规定和程序的时候，他们听了感到很吃惊，没想到入一个党那么费劲。那明摆着，我们就是想通过这样的机制，把真正优秀的分子选入到我们党内来，再通过各种各样的举措，把可能一开始优秀，后来不优秀的人，让他们要么改变，要么让他们离开我们这个党。我们选贤任能的机制，在党员、在干部队伍问题上，我觉得体现得越来越好。

第四，中国共产党是有严明纪律和规矩的党。中国共产党有着严格的纪律和规矩，毛泽东同志那个时候就建立了很多严明的纪律规矩。党的十八大以来，我们的纪律规矩更多、更丰富，也更完善，执行起来也更加严格。像中国共产党纪律处分条例，十八大以来就修订了几次，越修订越严，越修订越细，越修订越好操作。现在我们全党上下，包括全国人民都有了这样的感受，中国共产党的纪律规矩不是说说而已的，是要严格执行的。执行这个纪律规矩，那就是好同志；如果违反了纪律规矩，那一定要让他付出代价，一定要给他相应的处罚。所以，我们这个党才能做到步调一致，中央一声令下，我们全党就能够行动起来。像应对新冠肺炎疫情，那就是充分的体现。所以，严明纪律规矩，这也是我们的一个优秀特质。

第五，中国共产党是有自我革命精神的党。习近平总书记特别强调这一点，他还纠正了过去很多同志似是而非的一个说法。有人认为1949年10月之后，中国共产党已经变成了执政党，已经不是革命党了。总书记不同意这个说法，总书记认为我们这个党既是执政党，又是革命党，执政党和革命党不是矛盾的，不是对立的。毫无疑问，我们现在是执政党，而且我们要长期执政，但是，我们这个党要不断进行自我革命，要用自我革命来引领社会革命。我们看十八大以来的全面从严治党，深刻充分地体现了这一点。一个时期以来，我们党内存在的问题是不少的，习近平总书记看得清清楚楚。所以，在2012年11月，十八届一中全会之后的常委见面会上的讲话中，总书记就提到了这一点。十八大之后，我们党和国家的工作头绪很多，但是习近平总书记是以中央政治局颁布八项规定，抓作风开局的。抓作风，反腐败，给我们这个党，给我们这个国家，带来了多大的变化！有的同志讲八项规定改变中国，这话一点都不夸张。在自我革命精神这一点上，我所了解到的其他政党，恐怕没有一个党能跟我们这个党比。

第六，中国共产党是有强大执政能力的党。中国共产党连续执政超过70年，这70多年取得的执政成就，2019年我们隆重庆祝新中国成立70年的时候，有全面丰富的展示。这些成就让我们感到骄傲、自豪、鼓舞，我们越来越有信心。很多其他的党，很多其他的国家羡慕、敬佩。我们想一想，中国共产党的执政能力，通过一件一件的事都体现出来了。比如说，最近正在进行的应对新冠肺炎疫情的工作，我们表现出的执政能力，就让很多人敬佩感叹。我注意到有的外国人讲，武汉封城这个举措，在他们看来是完全不可思议的。在西方国家感恩节之前一两天，你把一个上千万人口的城市封住，不让人流动，想都不敢想。我注意到，包括我们国内一些专家讲，如果没有这一步的举措，或者说这个举措晚几天，那局面完全不一样了。再比如，我们在很短的时间内，从全国范围调集42000多位医护人员，调集大量的物资来帮助武汉、帮助湖北，别的国家也很难做到，甚至就是做不到。我想例子不需要再举，再举还可以举更多，包括汶川地震之后的救灾，包括灾后的重建，我觉得，也是没有国家能跟我们比的。这当然是非常时期，这是重大事件。就是平时，我们党的执政能力也是在各个方面都能够体现出来。

我所概括的六个方面的优秀特质，可能不一定全，我们还可以概括出更多。但是，我觉得这六个方面确确实实都是中国共产党非常突出的。我觉得我们了解了这个党之后，就应该认同这个党，尤其是作为这个党的一员，作为党的领导干部，我们更得自觉担当起我们一个党员一个领导干部的责任，肩负起使命，按照习近平总书记的要求，按照党中央的要求，做好我们自己应该做的工作。

这就是今天这样一个大的题目我所讲的内容，谢谢大家。

第二讲　朱毛红军与古田会议

罗平汉

大家知道，2014年10月30日，全军政治工作会议在福建上杭县的古田召开。习近平总书记在讲话中强调：革命的政治工作是革命军队的生命线。实行革命的政治工作，保证了我军始终是党的绝对领导下的革命军队，为我军战胜强大敌人和艰难险阻提供了不竭力量，使我军始终保持了人民军队的本色和作风。

1929年12月召开的古田会议，对实行革命的政治工作具有里程碑式的意义。这次会议确立了党对人民军队的绝对领导，初步回答了在农村游击战争环境下，在以农民为主要成分的情况下，如何保持党的无产阶级先锋队性质，如何建设一支新型人民军队的问题，在我们党的历史上，在人民军队的历史上，具有积极重要的历史地位。而之所以要召开这次会议，与此前红四军内部在如何建党、建军的问题上，曾发生过一场争论有很大的关系。没有这场争论，也就不会有后来的古田会议。所以今天回顾这段历史，也许能够对我们进一步严肃党内的政治生活、增强党内团结、健全民主集中制等引发出一些思考。

我想和各位交流讨论这么三个问题。第一个问题，朱毛红军的由来与红四军出击赣南闽西。第二个问题，关于临时军委的不同意见与中共红四军七大。第三个问题，"中央九月来信"与古田会议的召开。

一、朱毛红军的由来与红四军出击赣南闽西

1929年古田会议之前,红四军内部发生的意见分歧,是由这年5月重新设立红四军军委这件事情引发出来的。因此,要回顾古田会议的前因后果,就有必要首先回顾红四军是怎么成立的,以及红四军军委究竟是个什么样的情况。

1927年9月9日,毛泽东领导了著名的湘赣边界的秋收起义。10月6日,在宁冈县的大仓村见到了袁文才。袁文才同意工农革命军在茅坪,也就是袁文才的驻地,建立工农革命军医院和留守处。10月27日,毛泽东率起义部队来到了井冈山的茨坪——王佐的驻地,开始创建井冈山革命根据地。

同志们一看这个时间就知道,秋收起义是1927年9月9日正式爆发的,而毛泽东真正上井冈山,开始创建井冈山革命根据地是10月27日。也就是说他是秋收起义爆发后的一个多月才正式上井冈山的。为什么这么久他才上井冈山?应该说,一开始按照秋收起义预定的计划,并没有想要上井冈山,而是要夺取湖南的中心城市长沙。这一计划本来是难以实现的,因为敌强我弱。当起义军师部和第一团在11日到达长沙东面的平江县城东郊时,由于起义前夕收编的黔军邱国轩团突然叛变,从背后发起袭击,使师部和第一团受到了重大损失。第三团也是在14日进攻浏阳东门市时失利。第二团一开始进展比较顺利,在12日和16日先后攻克了醴陵和浏阳县城,但后来因为国民党正规军集中兵力进行反攻,这个团几乎全部溃散。

在进攻长沙的过程当中,起义军遭遇了重大挫折。毛泽东看

到这个情况，当机立断，改变了原有的部署。下令各路起义军停止进攻，先退到浏阳县的文家市集中。这时，工农革命军第一师已由起义时的5000余人锐减到只有1500余人，受到了严重的挫折。9月19日晚上，毛泽东在文家市的里仁学校组织召开了起义军师、团主要负责人参加的前敌委员会会议，讨论工农革命军今后的行动方向问题。当时工农革命军第一师师长叫余洒度，他坚持"取浏阳直攻长沙"的方针，当然这也是符合中央的主张的。起义部队当中也有不少人抱有这样的情绪，赞同余洒度的意见，但毛泽东极力主张要放弃进攻长沙，要把起义军向南转移到敌人统治力量相对薄弱的农村山区，寻找落脚点，以保存革命力量，再图发展。这也是毛泽东与众不同的地方，他能够做到实事求是。

9月29日，起义部队到达江西永新县的三湾村，毛泽东决定对部队实行整顿和改编，这就是后来著名的三湾改编。三湾改编的主要内容有三个方面：一是把已经不足1000人的部队缩编为一个团，成为工农革命军第一团；二是在部队内部实行民主制度，官兵平等，待遇一致，规定官长不许打骂士兵，连以上建立士兵委员会；三是全军由党的全体委员会统一领导，班、排设党小组，支部建立在连上，营、团建立党委，连以上设党代表，由同级党组织的书记担任。可以说三湾改编在建立新型人民军队历史上跨出了非常重要的一步。

10月13日，起义军到达了井冈山脚下的宁冈县古城。在这里，毛泽东主持召开了两天前委扩大会议。他从前来联络的地方党组织负责人那里了解到，井冈山上有两支农民武装，一支叫袁文才，一支叫王佐。他们各有一百五六十号人、六十来支枪。王佐的部队驻扎在山上的茨坪和大小五井等地方，袁文才的部队驻扎在井冈山北麓的宁冈茅坪，他们互相配合，互相呼应。我们有不少同志去过井冈山干部学院学习，其实，井冈山干部学院就设在茨坪，即原来王佐的驻地。

当时工农革命军当中，有人就提议，解除袁文才和王佐的武装，干脆把他们解决，他们不就是几十条枪，一包围缴械不就完了吗？毛泽东说，谈何容易，你们太狭隘了，度量太小了。我们不能采取大鱼吃小鱼的吞并政策，三山五岳的朋友还多，历史上有哪个能把三山五岳的土匪消灭掉，三山五岳联合起来就是大队伍，不能只看到几十个人、几十杆枪的问题，这是个政策问题。对他们只能用文，不能用武，要积极争取改造他们，使他们变成跟我们一道走的真正革命武装。毛泽东还得知袁文才和王佐特别看重枪，人可以少一个，但枪不能少一支。袁文才的部队一百五六十号人当中只有60支枪，于是，毛泽东向前委提出，准备一下子送给袁文才100支枪，把袁文才的全部人员都武装起来。

应该说这是个非常大胆的设想。有的人表示怀疑，有的人坚决反对。经过毛泽东反复说明，这一提议才得以被多数通过。这年年底中共湖南省委还向中央报告说："润之在赣时曾有一大错误。"润之指的就是毛泽东。什么大错误呢？指的就是这件事情——上井冈山的时候送了100条枪给袁文才。

10月6日，毛泽东和袁文才见面后，毛泽东当场宣布给袁文才送100支枪，这让袁文才感到很意外，也使袁文才很受感动。袁文才向毛泽东表示，一定要尽全力帮助工农革命军解决各种困难，随即回赠给工农革命军600银元，并同意工农革命军在茅坪建立后方医院和留守处,也答应上山去做王佐的工作。

但与此同时,袁文才又委婉地对毛泽东说,你们既然来了,就有福同享、有难同当,伤员和部队的粮油我管,但钱宁冈有限,还需要到鄘县(鄘县,今湖南炎陵县)、茶陵、遂川一带去打土豪,其实言语当中流露出了送客的意思。为了不使袁文才为难,毛泽东决定工农革命军主力先到井冈山周围打游击。

10月27日,毛泽东率起义部队到达了井冈山上的茨坪,送了70支枪给王佐的部队。王佐资助工农革命军500担稻谷和一些银元。工农革命军在茨坪住了几天,又回到了北麓的茅坪,也就是袁文才驻扎的地方。从这个时候起,开始创建以宁冈为大本营的井冈山革命根据地。

毛泽东后来说:"有了共产党以后,就进行了革命战争。那也不是我们要打,是帝国主义、国民党要打。1921年,中国成立了共产党,我就变成了共产党员了。那时候,我们也没有准备打仗。我是一个知识分子,当一个小学教员,也没学过军事,怎么知道打仗呢?就是由于国民党搞白色恐怖,把工会、农会都打掉了,把五万共产党员杀了一大批,抓了一大批,我们才拿起枪来,上山打游击。"[1]他就是这样创建井冈山革命根据地的。

历史证明毛泽东用自己的实际行动开创出来一条农村包围城市、武装夺取政权的革命道路。自然,那个时候还没有"农村包围城市"这样的表述和概念,当时使用的是"工农武装割据",但实际上已经开始了这条新的革命道路的初步探索。但当时党内还存在着比较严重的"城市中心论",把革命的中心是要放在城

---

[1]《毛泽东文集》第八卷,人民出版社1999年版,第377—378页。

市，而不是乡村的。本来中央让他领导秋收起义的任务是要攻打湖南省会长沙，实际上毛泽东把起义部队带上了井冈山。所以，1927年11月，中央临时政治局召开扩大会议，认为中共湖南省委对于农民暴动的指导完全违背中央策略，而且"工农军所经区域没有执行屠杀土豪劣绅的策略"，而毛泽东作为中央特派员，实际上是湖南省委的中心，"湖南省委所作的错误毛同志应负严重的责任，应予开除中央临时政治局候补委员"[1]。他本来是对的，结果呢，当时临时政治局开会，错误地开除了毛泽东临时中央政治局候补委员。

既然中央做了决定，湖南省委要派人去传达，当时湖南省委十分困难，居无定所，于是就委托自己的下级组织中共湘南特委去指导井冈山的斗争。湘南特委就派了周鲁去井冈山上传达中共中央的决定。周鲁是中共湘南特委军事部长、湖南省军委特派员，他到井冈山后指责井冈山行动太右，烧杀太少，然后强迫他们革命的策略，批判毛泽东右倾逃跑，是枪杆子主义，并且把中共中央开除毛泽东政治局候补委员的决定误传为开除党籍。这样一来，毛泽东一度就成了党外人士，因为已经被周鲁宣布不是党员了。实际上，中共中央并没有开除毛泽东的党籍，只开除了政治局候补委员，但是，因为被宣布开除党籍了，毛泽东就不能继续担任前委书记和党代表，只能改任工农革命军第一师的师长。当然，随后不久，毛泽东得知中共中央并没有开除他的党籍，仅仅是开除了政治局候补委员。

---

[1] 中共中央文献研究室、中央档案馆编：《建党以来重要文献选编（1921—1949）》第4册，中央文献出版社2011年版，第646页。

这里有个问题，为什么井冈山今天属于江西，而要湘南特委派代表到山上去传达中共中央的相关指示呢？这与当时特殊的环境是有关系的。井冈山地处湘赣边界，当时同中共湖南省委和中共江西省委双方都有联系，但秋收起义是由湖南省委组织的，领导起义的前敌委员会也是由湖南省委任命的。这些历史原因，加上当时的交通条件，使毛泽东一直是向中共湖南省委报告和请示工作。这是毛泽东上井冈山的情况。

我们讲朱毛红军，那么，朱德又是怎么上井冈山的呢？1927年八一南昌起义后，根据中共中央的计划，起义军占领南昌后，要南下广东，准备与广东东江地区的农民起义军会合，然后占领广州，进而夺取整个广东，并取得出海口，以取得共产国际的援助，重新北伐。然而起义军来到广东潮州、汕头地区时，遭到重大失败，剩下的一部分部队转移到了广东的海陆丰地区，与当地的人民起义军会合，另有部分剩余的部队在朱德、陈毅的率领下转移到了湘南地区。

1928年2月，朱德、陈毅领导了声势浩大的湘南暴动，建立了湖南宜章、郴州、永兴、资兴等七个县的革命政权，一开始形势很好，整个湘南地区一片红旗招展。但不久，国民党纠集七个师的部队从南北两个方向对起义军进行夹击；同时，在起义过程当中，当时的中共湘南特委采取"烧杀政策"，造成一部分农民"反水"，起义军只得退出湘南，前往井冈山，与毛泽东的部队会合。

应该说，当时在湘南暴动的过程当中，湘南特委负责人在执行政策的问题上，一度发生了偏差，下令各县要搞所谓"大烧大杀"，不仅要烧掉衙门机关、土豪劣绅的房子，还要把县城的整条街道和所有的商店都要烧掉，而且曾提出把湖南耒阳至广东坪石公路两侧15华里内的所有村庄统统烧掉，使敌人来进攻的时候无房可住，想用这样的办法阻止敌人的进攻。当然，今天看起来这是非常幼稚的想法，敌人固然没有地方可住了，但把房子都烧了，老百姓也没有地方可住。所以，有相当一部分群众对这个政策是比较反感的，这也是导致农民"反水"的一个重要原因。

1928年4月，毛泽东率领的工农革命军和朱德率领的湘南起义军在江西宁冈县，也就是今天井冈山市的砻市（即原来的宁冈县城）会师了。朱毛会师的时候，毛部有1000余人，朱部有2000余人，与朱部同时上山的湘南农军有8000余人，全军有10000余人。两军会师后，在砻市的龙江书院召开了连以上干部会议，根据中共湘南特委的决定，两军合编为工农革命军第四军。同年6月，按照中共中央的指示，各地的工农革命军一律改称为中国工农红军，工农革命军第四军改称为工农红军第四军，简称红四军。应该说，这是我们党领导的第一支规模比较大的成建制的革命武装。按照今天的理解，应该把它称为红一军，怎么一开始就编为红四军呢？因为北伐那时候，国民革命军第四军作战非常勇敢，一路所向披靡，在老百姓当中留下了很大的影响，群众称之为"铁军"。我们在创建这支革命武装的时候，也希望自己的革命武装能像当年的北伐军第四军一样成为一支铁军，所以把它称为第四军。毛泽东的部队被编为第十师，朱德的部队被编为第十一师，湘南农军被编为第十二师，由朱德任军长，毛泽东任党代表。党史上著名的朱毛红军，就是由此而来的。

朱毛会师之初，全军编成三师九团，不久又缩编为二师六团，也就是第十师、第十一师，下辖第二十八团至第三十三团。其中，第二十八团是原南昌起义的余部，第二十九团是宜章农军，第三十一团是原秋收起义的部队，第三十二团是袁文才、王佐的部队，第三十团和第三十三团是原湘南郴州、永兴等地的农军。也就是说，在红四军当中，真正的主力部队是第二十八团和第三十一团，即原南昌起义部队和秋收起义部队。

当时，井冈山地区人口不满2000人，产谷不满万担，这是毛泽东写给中央的一个报告中讲到的情况。大家想想，这么一点人，这么一点粮食产量，忽然之间，上万人的部队来到了井冈山，部队的给养自然十分困难。5月底，工农革命军第四军决定撤销师的番号，由军直辖团，也就是第二十八、第二十九、第三十一、第三十二团，而由湘南农军组成的第三十团和第三十三团5000余人，由各县干部率领返回湘南，后来大部分散失了。

事后看，不应该让这两个团的部队回到湘南的，如果把他们留在井冈山上，虽然部队的给养可能一时有点困难，但是可以想办法解决的。而且这5000人的农军，是我们红四军很好的补充力量。但是，让他们回去就这么散掉，有点可惜了。当时作为农军干部的黄克诚（黄克诚1955年在新中国第一次授军衔的时候，被授予大将军衔），曾在他的回忆录里面讲到这个情况。他说："拉到井冈山上的湘南八千子弟兵，除保留下来少量干部和第二十九团少数部队外，其余都损失掉了，没有能形成一支武装力量。这主要是由于当时'左'倾盲动路线造成的结果，当然也和我们这一批县一级干部缺乏经验、缺少能力有关。但我始终认为，当暴动队伍拉上井冈山之后，上级作出让各县武装返回湘南打游击的决定,过于匆忙,欠缺周密的考虑。"[1]

应该说,当时毛泽东是不太赞同这5000人的农军回到湘南去的,但是随同上山的湘南地方党组织负责人坚持要求回去。朱老总当时主张精兵主义,也同意了各级负责人的意见。

朱毛会师后,召开了中国共产党红四军第一次代表大会,选举产生了以毛泽东为书记,朱德、陈毅为委员的红四军军委,这是红四军历史上第一次有了军委。这年5月下旬,中共湘赣边界第一次代表大会召开,成立了中共湘赣边界特别委员会,简称特委,选举毛泽东担任特委书记。因为这个时候,毛泽东既是红四军的军委书记,又是湘赣边界的特委书记,所以随后不久,红四军军委进行了改选,毛泽东不再继续担任军委书记,而由陈毅继任红四军军委书记。

1928年6月16日,中共湖南省委给红四军发来指示信,要求取消红四军军委,另外成立红四军前敌委员会,简称前委,指挥四军与湘南党务及群众工作。中共湖南省委还指定红四军前敌委员会,由毛泽东、朱德、陈毅、龚楚、宋乔生及兵士一人,湖南农民同志一人组成,毛泽东为书记。毛泽东、朱德、龚楚为常委。至于此前他所担任的中共湘赣边界特委书记一职,则由中共湖南省委派来的杨开明继任。杨开明是杨开慧的堂弟。从湖南省委的指示当中可以看出,前委不但可以领导军队,而且还可以领导地方,所以前委是根据地党的最高领导机关。

1928年7月中旬,为了阻止湘赣两省国民党军会合于井冈山,红四军决定第三十二团留守井冈山,朱德、陈毅率第二十八

---

[1]《黄克诚自述》,人民出版社2019年版,第52页。

团、第二十九团进入湖南境内，攻进湘军的后方基地酃县、茶陵，而毛泽东率第三十一团进攻宁冈，从东西两个方向来夹击湘军。

当时，部队成立了士兵委员会，进行民主化管理，但有的士兵委员会出现了极端民主化的倾向。我们党历来强调党的组织原则是民主集中制。民主集中制既要讲民主，也要讲集中，不能只讲集中，不讲民主，当然也不能只讲民主，不讲集中，那样的话，就可能出现极端民主化的倾向。

在井冈山及以后一段时间，红军队伍当中，曾经出现过极端民主化的倾向，对部队的发展并不是有利的。当时井冈山的老同志李志民在他的回忆录里，就曾讲过这样的情况："当时军官在行政管理上严格一些，操课的时间长一些，有的士兵委员会就提意见，个别的连队甚至有士兵委员会举手通过打连长排长屁股的事。"[1]这样一来，连长、排长领导部队，自然会出现一些不方便的地方。

朱德率领部队进入炎陵以后，由湖南宜章农军组成的第二十九团官兵，过不惯井冈山的艰苦生活，思乡心切，他们想回到湘南，回到自己的老家去。据后来杨开明给中共中央的一个综合报告，突然于12日晚上，士兵纷纷开士委会（士委会就是士兵委员会会议），也不通知上级官长及党代表，竟决定13日由酃县去湘南，私自找好了带路的人，出动的时间都决定了，军委得信后，召集军委扩大会议、士兵代表会，多方面阻止无效，后又由朱德召集士兵演讲，亦无效。与此同时，由中共湖南省委派来红四军的代表杜修经，也支持红四军去湘南活动。于是，红四

---

[1]《李志民回忆录》，解放军出版社1993年版，第95页。

军于 7 月 15 日召开了军委扩大会议，决定按照中共湖南省委的指示，将军委改成前委，因为当时毛泽东在永新，就由陈毅代理前委书记。会议允许第二十九团也就是宜章农军组成的这个团回到湘南，同时为了避免第二十九团回到湘南孤军作战，又命令二十八团也前往湘南，实际上就等于第二十八团和第二十九团都要回到湘南去。

7 月下旬，前往湘南的部队遭受重大损失，其中第二十九团几乎全部散失。因为第二十九团的官兵都来自湘南的宜章，当时，第二十九团占领了郴州，郴州是国民党军队后方补给基地，这里有国民党军的仓库，缴获不少，而郴州紧靠宜章，所以第二十九团的官兵得到缴获之后，纷纷想回家看看，这一回去部队彻底散了，后来被国民党各个击破，只有萧克率领一个连回到了井冈山。同时，由于红四军主力离开了井冈山，8 月，国民党军占领了井冈山根据地的永新、莲花、宁冈等县城。这便是井冈山革命根据地历史上的"八月失败"。

8 月 23 日，毛泽东率第三十一团在湖南桂东县与朱德、陈毅率领的第二十八团会合。当天晚上红四军前委召开扩大会议，决定红四军主力重返井冈山，并取消前委，另外组织行动委员会指挥部队行动，以毛泽东为书记。到这个时候，红四军既没有军委，也没有前委，只有一个行委，行委书记是毛泽东。

此前的 6 月 4 日，中共中央致信朱德和毛泽东，认为有前敌委员会组织之必要，并指出全体委员会的名单指定如下：毛泽东、朱德、一工人同志、一农民同志以及前委组织地党部的书记五人组成，而以毛泽东为书记。前委之下组织军事委员会，同时即是最高苏维埃的军事委员会，以朱德为书记。中共中央的指示非常清楚，既要组织前委，也要组织军委，由前委领导军委，前委书记为毛泽东，军委书记为朱德。中共中央在信中还提出，前委所管辖的范围当然要由环境决定，暂时可以包括湘赣边界工农武装割据各县，所有这一区域内的工作完全受前委指挥。这也很清楚，前委是我们根据地最高的党的领导机关，既可以领导红四军，也可以领导地方工作。

朱德、毛泽东收到这封信时，已经是11月2日。11月6日，毛泽东主持召开了中共湘赣边界特委扩大会议，讨论中共中央6月4日的来信，并根据中共中央的指示，决定重新成立红四军前委，由毛泽东、朱德、谭震林、宋乔生、毛科文五人组成，以毛泽东为书记。11月14日到15日，中共红四军第六次代表大会召开，选举二十三人组成军委，由朱德担任军委书记。那就是说，到这个时候红四军既有前委，也有军委，前委书记是毛泽东，军委书记是朱德。

1928年12月，彭德怀率红五军到达了井冈山。红四军和红五军加在一起，总人数达五六千人，部队的给养相当困难。与此同时，湘赣两省国民党军队约30000人开始向井冈山发动新的"会剿"。为了打破敌人这次"会剿"，1929年1月，红四军前委在宁冈县的白露村召开了红四军军委、红五军军委、湘赣边界特委常委及边界各级党组织负责人，和红四军、红五军代表参加的联席会议，即白露会议，决定由毛泽东、朱德率红四军的主力也就是第二十八团和第三十一团出击赣南，由彭德怀率红五军留守井冈山。

红四军主力离开井冈山之后，一开始不是太顺利的。在大余一战伤亡二三百人，在寻乌县项山圳下村又遭到敌人的袭击，军部被冲散。朱德的妻子伍若兰被俘，随后牺牲于赣州。

伍若兰是湖南第三女子师范学校的学生，文武双全，听说还能同时使用双枪，被俘之后非常坚强，坚贞不屈。国民党方面不但把她杀了，还把她脑袋割下来，挂在赣州的城楼上，非常地残酷。朱老总一生都喜爱兰花，1962年3月，他重上井冈山，临下山的时候别的什么也没有带，只带走了一盆井冈兰花，以示对伍若兰的怀念。

1929年2月初，红四军到达了湘粤赣三省交界寻乌县的罗福嶂山区，这时，前委召开了扩大会议，鉴于部队行军打仗和军情紧急，为了减少领导层次，决定军委暂时停止办公，把权力集中到前委，由前委直接领导军队各级党委。这样一来，因为军委临时停止办公了，所以朱德的军委书记一职自然也就暂时被停止了。

2月11日，红四军在瑞金与宁都间的大柏地设伏，歼灭了一直尾追自己的敌军刘士毅两个团大部，歼敌800余，取得了自离开井冈山以来的第一个重大胜利。2月14日，又歼灭了福建省防军第二混成旅郭凤鸣部2000余人，占领了闽西重镇长汀，接管了郭部的军需工厂，全军每人发了一套军装，红四军第一次实现了统一着装，并且每人还发了四块钱的津贴费。现在一些反映井冈山革命斗争的影视作品，井冈山的红军都是穿着整齐的红军服装，这恐怕不符合当时历史的真实。因为红四军第一次统一着装是1929年占领闽西的长汀之后才实现的，其实在井冈山上部队是有什么穿什么。

在长汀，红四军进行了整编，将原来的两个团编为三个纵队，即原第二十八团大部为第一纵队，司令员林彪，党代表陈毅；原军部直属的特务营和独立营加原第二十八团一部编为第二纵队，司令员胡少海，党代表谭震林；原第三十一团改为第三纵队，司令员伍中豪，党代表蔡协民。不久，又将闽西地方红军编为第四纵队，傅柏翠任司令员，张鼎丞任党代表。这其中的胡少海、伍中豪和蔡协民后来都为革命牺牲了。

1929年2月2日，中共中央政治局召开会议，专门讨论朱毛红军撤离井冈山以后的行动方针问题。因为中共中央有一段时间没有得到朱毛红军的消息了，他们来到闽西、赣南，也是从国民党方面的报道当中才得知的。中共中央认为在目前形势下，很难形成一个大的割据局面，部队应分散活动，朱德和毛泽东应当离开红四军，以减少敌人的目标。会议决定，由周恩来起草一封信给红四军，这封信就是我们党史上的"中央二月来信"。

"中央二月来信"的主要内容有两个方面。一是要求红四军将武装力量分编散入到乡村去，部队的大小可以依照条件的许可定为数十人至数百人，最多不要超过500人。应尽可能散在人民中间发动人民的日常斗争，走入广大的土地革命。也就是说要红四军分散行动，不要集中在一块了。另一个内容就是要求朱毛离开部队到中央工作。信中说："两同志在部队中工作年余，自然会有不愿即离的表示，只是中央从客观方面考察和主观的需要，深信朱、毛两同志在目前有离开部队的必要：一方朱、毛两同志离开部队不仅不会有更大的损失且更利便于部队分编计划的进行，因为朱、毛两同志留在部队中目标既大，徒惹敌人更多的注意，分编更多不便；一方朱、毛两同志于来到中央后更可将一年来万余武装群众斗争的宝贵经验贡献到全国以至整个的革命。两同志得到中央的决定后，不应囿于一时群众的依依而忽略了更重大的、更艰苦的责任,应毅然地脱离部队速来中央。"[1]

4月3日,毛泽东和朱德在瑞金收到了中共中央2月的来信。4月5日,红四军前委会议对此进行讨论。会后,毛泽东根据会议所讨论的情况给中共中央回信,认为2月的来信对客观形势和主观力量的估计都太悲观了,不赞成将队伍分散在农村游击和朱毛离开红四军。信中强调:"中央若因别项需要朱毛二人改换工作,望即派遣得力人来。我们的意见,刘伯承同志可以任军事,恽代英同志可以任党及政治,两人如能派来,那是胜过我们的。"[2]信里面讲得比较清楚,自己不愿意离开红四军。当然啦,如果中央需要我们离开,那也是可以离开的。请你们一定要派两个能力比我们更强的同志来,刘伯承军事上比朱德强,恽代英政治上比毛泽东强。如果你们能把这两个人派来,那我们当然就可以离开红四军。

为什么当时中央一定要红四军分散活动,又要红四军的主要领导人毛泽东和朱德离开部队呢? 1928年6月,在党的六大上,当时指导六大的共产国际书记处书记布哈林在会上说,共产党领导的工农武装,在农村不要老待在一个地方不动,那样会把那里的老母鸡吃光的。我建议你们化整为零,不断地游动,今天到这个地方住一些时候,杀一杀土豪劣绅,吃一吃饭,喝一喝鸡汤,明天到另外一个地方杀一杀土豪劣绅,照样吃饭喝鸡汤。等到有一天民众都起来了,放一个号炮,就可以杀出来参加总暴动了。也就是说,现在的主要任务还是分散活动,以后再集中起来。周

---

[1]《周恩来军事文选》第一卷,人民出版社1996年版,第86页。
[2]《毛泽东文集》第一卷,人民出版社1993年版,第57页。

恩来后来在回顾党的六大的时候,就讲过这样的情况。他说:"布哈林对中国苏维埃、红军运动的估计是悲观的。他认为只能分散存在,如果集中,则会妨害老百姓利益,会把他们最后一只老母鸡吃掉,老百姓是不会满意的。他要高级干部离开红军,比方说,要调朱德、毛泽东同志去学习。所以我们回国后就指示要调朱德、毛泽东同志离开红军。朱德、毛泽东同志不同意。后来蒋桂战争起来了,我们觉得红军有可能发展,就作罢了,但没有认识到这种调动是错误的。"[1]这就是中共中央2月的来信为什么要红四军分散活动,要朱毛离开红军的缘由。

随后,蒋介石和桂系之间的战争(历史上叫蒋桂战争)爆发,中共中央对形势的估计有所改变,不再坚持朱毛离开红四军,也没有将朱毛认为能够胜过他们的刘伯承和恽代英派来。刘伯承后来确实来到了中央苏区,但时间是1932年1月,那是好几年以后的事情了。恽代英直到他牺牲,也没有到过中央苏区。中共中央后来是把刚刚从苏联学习回来的刘安恭给派来了。

刘安恭是个什么人呢?刘安恭是四川永川人(永川现在已经划给重庆了),1918年他赴德国留学,1922年,刘安恭结识了朱德、章伯钧等中共旅欧支部的成员,并加入了中国共产党。1924年刘安恭回国后,派往四川军阀杨森的部队做秘密工作,公开身份是杨部参谋和成都市电话局局长。不久,杨森在四川军阀的混战中被打败了,移驻川东的万县,于是刘安恭也就随之去了万县。1926年8月,朱德根据中共中央的指示,前来万县做杨森部队的统战工作,与刘安恭再一次相遇。同年9月,刘安恭因策动杨森

---

[1]《周恩来选集》上卷,人民出版社1980年版,第184页。

部队一个团起义没有成功，遭到了杨森的通缉，只好跑到武汉。不久，朱德在杨森部队的处境也比较困难，同样离开了杨森的部队去了武汉。1927年年初，朱德在南昌国民革命军第三军军官教导团担任团长，刘安恭担任了该团的副团长。刘安恭也参加了著名的八一南昌起义。南昌起义失败后，根据中共中央的指示，刘安恭前往苏联高级射击学校学习。1929年年初，刘安恭从苏联学习回国，随即被中共中央任命为特派员，前往红四军工作，同年5月，抵达红四军驻地江西宁都。

现在刘安恭来了，应当说毛泽东和朱德对于刘安恭的到来非常重视，一定要给他安排一个适当的职务。于是，红四军前委决定恢复2月初曾经停止办公的军委，便由刘安恭担任军委书记兼军政治部主任。一时间，刘安恭成了红四军内部仅次于朱德、毛泽东的第三号人物，当了个三把手。不过，客观地讲，刘安恭这个三把手没有当得很好。

为什么要给刘安恭这么一个重要职务呢？1929年6月1日，毛泽东给中央的报告当中是这样解释的，他说："今年1月四军从湘赣边界出发向闽赣边境，每日行程或作战，在一种特殊环境之下，应付这种环境，感觉军委之重叠，遂决议军委暂时停止办公，把权力集中到前委，前委直接指导之下组织委员会。现在因时间开长而发达红军数量比前大增，前委兼顾不来，遂决定组织军的最高党部，刘安荣〔恭〕同志为书记兼政治部主任。"[1]

毛泽东给中共中央的报告中说为什么要恢复军委，主要是

---

[1] 中央档案馆：《中共中央文件选集》第5册，中共中央党校出版社1990年版，第684页。

"时间开长而发达红军数量比前大增"。实际上大柏地战斗之后的几个月时间里，红四军确实得到了较大的发展，增加了1000多兵力，并且配合地方党组织建立了几个县的革命政权，但我个人觉得这恐怕不是恢复军委的主要理由。更重要的是，刘安恭来头大——中共中央直接派来，而且又有国际背景——在苏联学习过，自红四军创立以来，有此身份和经历者还未曾有过，所以朱德、毛泽东对刘安恭的到来十分重视，先让刘担任军政治部主任（这一职务原本是毛泽东兼的），后又于5月23日攻占龙岩城后，前委决定成立临时军委，并由刘安恭担任军委书记。

二、关于临时军委的不同意见与中共红四军七大

离开井冈山之后的一段时间，由于处境比较困难，在红四军内部，包括高级领导干部当中对井冈山时期以及下山后的一些政策和做法产生了各种议论。对红军中党的领导、民主集中制、军事和政治的关系、红军与根据地建设等问题，可以说争论更是一直不断。这也是可以理解的。这是一支新型的人民军队，有许多未曾遇到的情况和问题，比方说怎么保证党对这支军队的领导，在军队当中军事和政治是什么关系，党代表与军长的关系怎么处理，这都是新问题。收到中共中央2月的来信后，这些争论又逐渐发展到了基层，而刘安恭的到来与这个临时军委的设立，又进一步地加剧了红四军内部的争论。

那为什么当年红四军内部引发激烈的争论呢？争论的起因可以说是多种因素造成的。

第一，前委与军委的职权如何划分？引发红四军内部这场争论的导火索，是刘安恭担任军委书记一职不久，就做了一项限制

前委权力的决定,前委只讨论行动问题,不要管军事。这显然是不妥当的。因为军委是前委的下级党委,现在是下级党委给上级党委做了一条决定,限制了上级党委的权力。曾经历过此事的萧克在他的回忆录《朱毛红军侧记》中说:"问题就出在新组织的军委。刘安恭在军委会讨论工作时,对上级机关——前委作了条决议,'前委只讨论行动问题'。对这条决定,许多人就觉得不合适,下级怎么能决定上级的权力范围呢? 从而议论纷纷。"[1]

也是井冈山老同志的曾志曾经回忆说,事情的起因是这样的:这年5月中旬,红四军从宁都回师瑞金途中,快到宿营地的时候,有人就发现田野不远处有四只肥猪在觅食,于是就断定这些猪不是穷人家养的,将其没收杀了,改善部队的生活。对于这件事情朱德知情但没有制止,但后来一了解,那猪不是地主的,是富人经商买卖的猪。我们党的政策是非常清楚的,土豪劣绅的财产可以没收,但商人的财产必须保护。现在把富人经商的猪杀了吃了。毛泽东听了汇报以后,比较生气,命令有关部门向那商人赔礼道歉,并且赔偿了猪款。当天晚上,毛泽东又召开了干部会议,对这件事情提出了严厉的批评。刘安恭听了毛泽东的批评后很不满意,觉得这次批评是针对朱德的,会后刘安恭对朱德说,前委书记在政治上干预太多了,军队是司令部对外,政治部门不能对外,政治部门不能直接干预军队的事。刘安恭这个说法是不对的,前委是我们红四军的最高领导机构,怎么就不能干预军队的事情呢?

第二,小团体主义的影响。这年9月,陈毅在给中共中央的

---

[1] 萧克:《朱毛红军侧记》,中共中央党校出版社1993年版,第89页。

报告中说:"因四军是由各种自有其本身奋斗的历史部队而组成,混编的办法始终未执行,因此历史的残余尚保留在一般同志的脑中,武昌出发(毛部)南昌出发(朱部)的资格在军队中是有相当的尊重的。""尤其军队的习惯,一班、一排、一连、一营、一团,生活各为一集团,农民的自私关系自然要划分界而且非常清楚,因此小团体主义的色彩就很浓重。各团为各团争利益,各营为各营争利益,各连为各连争利益,如枪弹人员之类则主张自己要多,如担任勤务则主张自己要少一点。尤其各连还有同乡关系,广东人、湖南人、北方老乡,他们总是情投意合,分外不同,遇有病痛,以这一类人为最能帮忙自己的。"[1]我们中国人是最喜欢讲老乡观念的,一听说老乡,就感到很亲切。红四军内部也难免出现类似的情况。

第三,政治工作人员与军官的关系如何处理?陈毅在给中央的报告中说:"政治工作人员与军官常常发生纠纷,恍惚(仿佛)是国民革命军旧习一样。前委为根本解决这个问题,特考查政治工作人员与军官可以有四个方式:一、政治工作人员与军官平等(结发夫妻式),结果天天要吵嘴。二、把政治工作人员权力只限于政治训练,这样军官权力过大,政治人员会变成姨太太。三、照江西红军二四团的办法,军官须听命于政治工作人员,这样成了父子式了。四、军官与政治人员平等,由党内书记总其成,一切工作归支部,这样可以解决许多纠纷,划分职权,但这要许多

---

[1] 中共中央文献研究室、中央档案馆编:《建党以来重要文献选编(1921—1949)》第6册,中央文献出版社2011年版,第473页。

人才了。"[1]

1929年5月底,红四军前委在福建永定的湖雷召开会议,会议上就个人领导与党的领导,前委与军委的分权等问题发生了比较激烈的争论。一种意见是要求成立军委,理由是既然叫四军,就应该有军委,建立军委是完成党的组织系统,而前委"管得太多""权力太集中""代替了群众工作",是"书记专政",有"家长制"倾向,这是一种意见,他们认为还是要设一个军委好。另一种意见,认为没有必要再设一个军委了,因为现在领导工作的重心在于军队,军队指挥需要集中而敏捷,由前委直接领导更有利于作战,没有必要设置重叠的机构,并且批评要求设立军委的人是分权主义。

毛泽东本人是什么态度呢?在这年6月14日,他写给林彪的信中,把自己的态度讲得很清楚了。他说:"少数同志们硬是要一个军委,骨子里是要一个党的指导机关拿在他们的手里。""现在只有四千多人一个小部队,并没有多数的'军',如中央之下有多数的省一样。行军时多的游击时代与驻军时多的边界割据时代又绝然不同,军队指导需要集中而敏捷。少数同志们对这些实际的理由一点不顾及,只是形式地要于前委之下、纵委之上硬生生地插进一个军委,人也是这些人,事也是这些事,这是什么人都明白在实际上不需要的。"[2]毛泽东的意思很清楚,没有必要再设一个军委了。现在我们是行军时多的游击时代,不像

---

[1]中共中央文献研究室、中央档案馆编:《建党以来重要文献选编(1921—1949)》第6册,中央文献出版社2011年版,第471页。
[2]《毛泽东文集》第一卷,人民出版社1993年版,第71页。

在井冈山时期，那是驻军时多的边界割据时代。那个时候既有前委，又有军委，是可以的，现在就没有必要设这么一个重叠的机构了。

其实，湖雷会议没有解决军委是否应该设立的问题，可以说是议而未决，讨论了，提出来了，没解决问题。怎么办呢？继续开会。6月7日，红四军攻克了福建上杭县的白砂。第二天，红四军前委在白砂再一次召开会议，再度讨论军委问题。毛泽东在会上提出了一份书面意见，认为前委军委分权，前委不好放手工作，但责任又要担负，陷入不生不死的状态。毛泽东甚至表示，我不能担任这不生不死的责任，请求马上调换书记，让我离开前委。毛泽东为什么说自己陷于不生不死的状态呢？是因为他发现，红四军在写给中共中央的报告中，竟然没有经过他这个前委书记签字。红四军在龙岩小池召开作战会议，决定三打龙岩，也没有通知他与会。他是前委书记，这么大的军事行动，他居然不知道。经历过这段争论的江华也在他的回忆里说，军委在小池开会，研究部署三打龙岩的作战计划时，通知谭震林参加，谭震林是前委委员，而党代表毛泽东没有接到通知，当时谭震林建议毛泽东也去参加，毛泽东说没有通知，怎么好参加。

会上，朱德就党以什么方式领导红四军的问题发表了意见。认为党应该经过无产阶级组织的各种机关——苏维埃起核心作用去管理一切，表示极端拥护一切工作归支部的原则，并认为红四军在原则上坚持得不够，成为一切工作集中于前委，前委对外代替行政机关，对内代替了各级党部。结果，白砂会议以36票对5票通过决议，决定取消临时军委，刘安恭所担任的临时军委书记自然被免除，随后改成第二纵队司令员，他所担任的军政治部主任一职,则由陈毅来担任。

事情至此似乎问题已经解决了,但是,问题并没有解决,因为这时林彪给毛泽东写了一封信。就在白砂会议的当天,林彪给毛泽东写信,提出"党管理一切"的主张,支持权力集中,而且是集中到政治领导,并认为毛泽东不应消极辞职,而应与不良现象做斗争。信中还说:"现在四军里实有少数同志的领袖欲望非常高涨,虚荣心极端发展。这些同志又比较在群众中是有地位的。因此,他们利用各种封建形成一无形结合(派),专门吹牛皮地攻击别的同志。这种现象是破坏党的团结的,是不利于革命的,但是许多党员还不能看出这种错误现象起而纠正,并且被这些少数有领袖欲望的同志所蒙蔽的阴谋,(附)和这些少数有领袖欲望的同志的意见,这是一个可叹息的现象。"[1]

大家都知道,自从八一南昌起义开始,林彪就一直是朱老总的部下,那么在这个时候,林彪写信支持毛泽东意见,那他到底出于什么样的动机或者出于什么样的考虑呢?党史界有这么几种说法。

一种说法,说这封信暴露林彪的严重私心,林的私心已经在此前的 6 月上杭县白砂一次支队长以上干部会议上,被公开暴露过。他在会上说,朱德在赣南行军途中,说我逃跑暴露了目标,给了我记过处分,这点我不在乎。就因这个月扣了我两块钱饷,弄得我没钱抽烟,逼得我好苦。其实,林彪对朱德给他处分是很在乎的,他马上就给毛泽东写了一封攻击朱德的信,说朱德好讲

---

[1] 中共中央文献研究室编:《朱德年谱》新编本上册,中央文献出版社 2006 年版,第 148 页。

大话，放大炮，拉拢下层，游击习气。什么叫游击习气呢？说朱德平时衣服破烂不整，说话高兴的时候喜欢提裤子。现在林彪认为出气的机会终于来了，于是他给毛泽东写了这封信。这是一个学者在他的一本书里面提出的一个观点。

另一种说法，说林彪对朱德的不满由来已久，有三件事使他对朱德耿耿于怀。一是1927年南昌起义失败后，朱德率起义军余部向湘南转移途中，林彪曾想脱离队伍开小差，但没有走出去又回来了，朱德为此严厉地批评了他。二是在井冈山时期，第二十八团团长王尔琢牺牲后，有人提议由时任第一营营长的林彪继任。但朱德鉴于林在湘南时的表现没有马上同意，后来林彪了解到这些情况后，对朱德忌恨在心。三是下井冈山后部队在寻乌的项山遭敌人突袭时，第二十八团担任后卫，时任该团团长的林彪拉起队伍就走，致使毛泽东、朱德和军直属机关被抛在后面，情况十分紧急，朱德在战后严厉批评了林彪，并扣发了他当月的饷金，林彪对朱德更加不满。所以，林彪是借此次朱毛之间的争论，攻击朱德，以泄私愤。这是另外一位学者在他们的一本书当中讲到的一个情况，这仅仅供同志们参考。

毛泽东6月14日在福建连城县的新泉给林彪写了一封回信，并把这封信送给了前委，这实际上是一封公开信。信中说："你的信给我很大的感动，因为你的勇敢的前进，我的勇气也起来了，我一定同你及一切谋有利于党的团结和革命的前进的同志们，向一切有害的思想、习惯、制度奋斗。"[1]

毛泽东在信中认为，现在争论的问题不是个人和一时的问

---

[1]《毛泽东文集》第一卷，人民出版社1993年版，第64页。

题，而是关系到整个红四军发展的问题。他在信中将红四军内部所争论的问题总结为14个方面，并且认为个人领导与党的领导，这是四军党的主要问题。毛泽东还分析了红四军内部产生这样纷争的思想根源，他说："我们千万不要忘记红军的来源和它的成分，五月份统计，全军一三二四名党员中，工人三百一十一，农民六百二十六，小商人一百，学生一百九十二，其他九十五，工人与非工人的比例是百分之二十三对百分之七十七。讨论到个人思想时，不要忘记他的出身、教育和工作历史，这是共产主义者的研究态度。四军党内显然有一种建立于农民、游民、小资产阶级之上的不正确的思想，这种思想是不利于党的团结和革命的前途的，是有离开无产阶级革命立场的危险。我们必须和这种思想（主要的是思想问题，其余是小节）奋斗，去克服这种思想，以求红军彻底改造，凡有障碍腐旧思想之铲除和红军之改造的，必须毫不犹豫地反对之，这是同志们今后奋斗的目标。"[1] 应该说，毛泽东在许多问题上确实比一般人看得更深刻。他认为现在红四军内部所发生的这些争论，不是个人权力的问题，而是思想认识问题，是党与红军的关系问题。

毛泽东给林彪写信的第二天，朱德也给林彪写了一封信，就红四军党的组织领导问题阐述了自己的看法。信中表示不同意"党管理一切"为最高原则，认为如果真要执行此口号，必然使党脱离群众，使党孤立，并说这个口号"违背了党的无产阶级专政的主张"。朱德说，我们反对此口号，是因为拥护共产党的组织最高原则，恐被人曲解。一切工作归支部，此原则我是极端拥

---

[1]《毛泽东文集》第一卷，人民出版社1993年版，第74—75页。

护的。党的新生命，就在此原则的实行，巩固党的基础，要打破家长制及包办制。一切实际工作集中于前委，前委开联会开了数日，各级党部坐等命令到来，以便遵照办理，这样何尝有工作归支部呢？

毛泽东和朱德给林彪的信，都公开登载在这年6月中旬前委编的油印刊物《前委通讯》第三期上，实际上也使他们之间的分歧在军内公开化。现在看起来这个做法不是很妥当。领导班子内部有不同的意见，如果说还没有找到妥善的解决办法之前，就把不同的意见在下级或者群众当中公开，是不利于班子团结的。

这个时候，在白砂会议上被免除了军委书记和政治部主任职务的刘安恭，不但继续坚持要设立军委的主张，并且说红四军的党分成了两派，一派以朱德为首，是拥护中央指示的；一派以毛泽东为首，是自创原则、不服从中央指示。刘安恭进而提出，要通过建立完全选举制及党的负责同志轮流更换来解决纠纷。刘安恭在这个问题上是不对的。首先，红四军内部没有分成所谓两派，不能说朱德是拥护中央指示，而毛泽东是不服从中央指示。其次，刘安恭提出的解决问题的办法也是不妥当的。如果说领导班子内部出现了问题，采取轮流更换能够解决相互之间的纠纷吗？后来萧克回忆说，在这种情况下，各纵队、支队党委讨论得更热闹了，甚至连朱毛去留的问题都提出来了。红四军驻新泉的七八天，连以上，尤其是支队、纵队干部天天在开会，老是争论这么几个问题。党应不应该管理一切？是管理一切、领导一切，还是指导一切？当时号召大家发表意见，放手争论，但得不出结果。大家觉得应由上边领导人管了，多数干部希望停止争论。

在这种情况之下，1929年6月22日，中共红四军第七次代表大会在龙岩城的公民小学召开，大会由陈毅作报告，参加会议的有支队以上干部和士兵代表四五十人。对于红四军七大的情况，红四军第四纵队司令员傅柏翠后来回忆说："当我到会场时，在主席台上坐有三五个人，朱军长正在发言，还在答辩那些问题，说得很多。大家说不要再讲了。他还在讲，并说让我说完吧。毛主席也发了言，他讲话简明扼要，胸怀宽阔，我记得毛主席说，有问题以后还可以争论，也可以写文章，现在不需要作出答辩则留待以后由历史来证明，不同意见可以保留吧。"[1]

这个时候，主持会议的陈毅应该说态度就比较关键了。而陈毅认为毛泽东领导是正确的，但不太民主；朱德对红军有建树，但重用刘安恭是不对的。实际上采取的是各打五十大板的方法。

会议还讨论了前委的组成人选问题，决定以前由中央指定的前委委员毛泽东、朱德不变动，仍为委员。按照中共中央的指示，红四军所到之处的地方党部派一名主要负责人为委员。其余的委员名额，由军直属队推选出陈毅，第一、第二、第三、第四纵队各推选纵队负责人林彪、刘安恭、伍中豪、傅柏翠，上述五单位又各推选出一名士兵代表。在正式选举中，这十三个人选全部当选。接着，举行前委书记的选举，结果陈毅当选，毛泽东落选。应该说红四军七大确实存在着极端民主化的倾向，毛泽东是中共中央指定的红四军前委书记，没有经过中共中央的同意和批准，在红四军七大上就擅自将毛泽东的前委书记选掉了。

---

[1] 蒋伯英：《朱毛红军与古田会议》，福建人民出版社2009年版，第165—166页。

为什么毛泽东落选，陈毅当选？萧克是这样解释的，他说："当时在四军上下比较有威信的是毛、朱、陈。朱毛因对一些问题认识不一致，大家认为他们两人都有不对的地方，陈毅受命筹备'七大'并主持召开会议。因为自四军成立以来，陈毅同朱毛一样也曾担任过军委书记、前委书记，尽管我们也觉得毛陈两人相比，毛应居先，但陈亦是好领导人之一。所以通过民主选举，陈毅担任了前委书记。但决议还强调了一点，要把决定呈报中央批准，没有批准之前，先开展工作。"[1]这是萧克在回忆录里面的解释。

贺子珍也有一个解释。贺子珍说：在红四军第七次代表大会上，选举前委书记，许多人不投毛泽东的票，他落选了。他为什么落选？有的人说这是因为毛泽东民主作风不够，在党内有家长作风。毛泽东是不是有家长作风，我的看法是他脾气是有点，在这方面不如朱德同志，朱德的作风是更好一些。我看他所以落选，主要是一些人轻视党对军队的领导，否定红军的党代表制，不正视政治工作。另外，毛泽东对部队中的不正之风进行了批评和抵制，也引起了一些人的不高兴。[2]

结合萧克和贺子珍两个人的回忆，就对红四军七大毛泽东为什么落选的原因，有一个大致的了解了。

红四军七大用举手表决的方式，通过了陈毅起草的红军第四军第七次代表大会决议案。对于红四军这次争论的原因，决议案认为主要是由以下原因造成的：一是由于四军党员的经济背景复

---

[1] 萧克：《朱毛红军侧记》，中共中央党校出版社1993年版，第100页。
[2] 王行娟：《贺子珍的路》，辽宁人民出版社1985年版，第139页。

杂，思想认识不一致。二是负责同志间工作方式和态度不好，引起了意见纠纷。三是组织上不完备，兼职较多，责任心都很重，爱多管事。四是新的理论批评，旧的习惯反响。五是过去党缺乏批评精神。应该说，决议案没有找到问题的实质所在，其实这次争论的主要原因，就在于党和军队的关系究竟应该怎么去处理。

这样一来，因为毛泽东在红四军七大上没有当选为前委书记，他继续留在红四军工作，就不那么方便了。所以红四军七大后，毛泽东与第三纵队党代表蔡协民、第四纵队政治部主任谭震林、红四军政治部秘书长江华、红四军直属队支部书记曾志等，受红四军前委的委派，于7月8日在龙岩动身，前往上杭的蛟洋，代表前委出席中共闽西一大，并对大会加以指导。后来江华回忆说："我们离开部队，由龙岩出发时，把我们的马也扣留了。那时候我们一行人真有些灰溜溜的样子。"[1]

三、"中央九月来信"与古田会议的召开

6月12日，中共中央政治局召开会议，由周恩来报告红四军4月5日从瑞金发出的对中共中央2月来信的复信。周恩来提出，中央政治局常委已决定召开一次军事会议，朱德、毛泽东处应派一得力人员来参加。于是，中共中央再一次致信红四军，要求派人参加会议并汇报工作。

7月29日，朱德与陈毅从新泉赶赴蛟洋，与毛泽东等人召开红四军前委紧急会议，商讨应对闽、赣、粤三省国民党军对闽西革命根据地的第一次"会剿"的作战计划，并决定由陈毅赴

---

[1] 江华：《关于红军建设问题的一场争论》，《党的文献》1989年第5期。

上海向中央汇报工作，前委书记一职暂由朱德代理。

8月下旬，陈毅抵达上海，向中共中央政治局委员李立三汇报了红四军有关情况。李立三表示，他将尽快向政治局作报告，并要陈毅赶紧写出几种上报的书面材料。8月17日，李立三向中央政治局扼要介绍了陈毅报告的红四军的有关情况，会议决定召开临时政治局会议，由陈毅出席并作详细报告。

8月29日，中共中央政治局召开会议，出席会议的有当时的总书记向忠发和政治局委员李立三、周恩来、项英和关向应，陈毅在会上就红四军的全面情况和朱毛之间的争论作了详细报告。会议认为，红四军的经验和问题都很重要，于是，决定由李立三、周恩来和陈毅组成一个委员会，由周恩来任召集人，就有关问题进行深入的讨论审议，并起草一个决议，提交政治局讨论通过后发给红四军。

随后，周恩来、李立三和陈毅多次讨论研究红四军问题。周恩来一再强调，要巩固红四军的团结，恢复朱德、毛泽东的领导，并代表中央宣布，毛泽东继续担任红四军前委书记。同时，周恩来让陈毅根据其间召开的中共中央军事会议和谈话精神，代中共中央起草一份给红四军的指示信。很快，陈毅写出了这份题为《中共中央给红军第四军前委的指示》的文件，在经周恩来审定后，于9月18日经中央政治局讨论通过。这就是中国革命历史上著名的"中央九月来信"。其实，"中央九月来信"是陈毅起草的。在红四军内部这场争论的化解过程当中，陈毅起到了很好的作用。要知道，陈毅这个时候实际上已经是前委书记了，但是他经过一段时间观察，发现红四军离不开毛泽东，需要毛泽东回来工作，而且他对有关问题的认识经过这一段经历也更加深刻了。

"中央九月来信"的主要内容已经收录在《周恩来选集》。

关于毛泽东和朱德的关系,"中央九月来信"专门以一节做出指示,强调"红军是生长在与敌人肉搏中的,它的精神主要的应是对付敌人",而此前红四军前委在处理朱毛问题时,存在四个方面的缺点:一是没有引导群众注意对外斗争,自己不先提办法,而交由下级自由讨论,客观上有放任内部斗争关门闹纠纷的精神,前委自己铸成这个错误;二是没有从政治上指出正确路线,"使同志们得到一个政治领导来判别谁是谁非,只是在组织来回答一些个人问题";三是削弱了前委的权力,客观上助长极端民主化的发展;四是对朱毛问题没有顾及他们在政治上的责任之重要,公开提到群众中没有指导的任意批评,使朱毛两同志在群众中的信仰发生影响。

指示明确要求红四军前委应立即负责纠正上面的一些错误,并提出了四条具体办法。第一,应该团结全体同志努力向敌人斗争,实现红军所负的任务。第二,前委要加强指导机关的威信,与一切非无产阶级意识作坚决的斗争。第三,前委应纠正朱、毛两同志的错误,要恢复朱、毛两同志在群众中的信仰。第四,朱、毛两同志仍留前委工作。经过前委会议,朱、毛两同志诚恳接受中央指示后,毛同志应仍为前委书记,并须使红军全体同志了解而接受。[1]

"中央九月来信"强调,党代表名称也立即废除,改为政治委员,其职务为监督军队行政事务,巩固军队政治领导,副署命

---

[1] 中共中央文献研究室、中央档案馆编:《建党以来重要文献选编(1921—1949)》第6册,中央文献出版社2011年版,第521—522页。

令等。军政治委员可以由前委书记兼，军政治委员可不兼政治部主任。指示还强调，党的一切权力集中于前委指导机关，这是正确的，决不能动摇，不能机械地引用"家长制"这个名字来削弱指导机关的权力，来作为极端民主化的掩护。

红四军七大后，红四军中的主要领导人只剩下朱德一人，军中的思想政治工作难免有所放松。1930年1月6日，红四军前委在给中央的报告中说："四军八九十三个月中，前委机关不健全，毛同志去地方养病，陈毅同志去中央，前委只余朱德同志一人，因此应付不开，政策上发现许多错误，党及红军组织皆松懈。"[1]面对这种情况，朱德是相当着急的。他一面决定召开中共红四军第八次代表大会，以解决七大所没有解决的一些争议问题。一面要亲自给毛泽东写信，希望他能回来主持前委，但遭到了毛泽东的拒绝。毛泽东回信说：我平生精密考察事情，严正督促工作，这是陈毅主义的眼中钉，陈毅要我做"八边美人，四方讨好"，我办不到，红四军党内是非不解决，我不能够随便回来。再者身体不好，就不参加会了。

毛泽东是不是真的身体不好呢？这段时间他确实身体比较差，他得了疟疾，也就是打摆子，身体非常虚弱。这个时候，国民党方面因一时得不到他的消息，竟然造谣说他已经死于肺结核病。甚至共产国际也误以为毛泽东已经病故了，还在1930年年初的《国际新闻通信》上发了个1000多字的讣告。讣告说："据中国消息：中国共产党的奠基者，中国游击队的创立者和中国红军

---

[1] 中国人民解放军政治学院党史教研室编：《中共党史教学参考资料》第14册，1985年编印，第236页。

的缔造者之一的毛泽东同志，因长期患肺结核而在福建前线逝世。""作为国际社会的一名布尔什维克，作为中国共产党的坚强战士，毛泽东同志完成了他的历史使命。"应该说毛泽东同志还没有完成历史使命。

9月下旬，中共红四军第八次代表大会在上杭城的太忠庙召开，会议由朱德主持。这次会议由于前委领导不健全，会议也没有做好必要的准备，事先没有拿出一个意见就让大家讨论，结果，会议开了三天，七嘴八舌，毫无结果。

中共红四军八大上，陈毅再一次当选为前委书记，在他未回来之前由朱德代理。在会议过程中，第三纵队九支队党代表罗荣桓提出要将毛泽东请回来，得到了不少代表的支持。其实朱德也有这个意思，但他担心毛泽东不愿意回来，于是就让刚来到红四军的军政治部主任张恨秋给毛泽东写了一封敦请信。张恨秋在信中说，接此信后如不回来，就要给予党内处分。毛泽东也怕组织处分，所以当时他尽管病得很厉害，接到信后，只得坐担架从永定的金丰大山前来。可是，等到他来到上杭城的时候，红四军八大已经开完了。

红四军八大以后，毛泽东在上杭县城的临江楼养病。这时，地方党组织给他请了一位当地的著名中医，为他开了一个方子。服了这位老中医的方子之后，毛泽东的身体逐渐地好转。在农历重阳节也就是10月11日这一天，他看到临江楼院前汀江边的黄菊盛开，于是填了一首词叫《采桑子·重阳》。这首词我们都非常熟悉。从这首词可以看得出来，毛泽东的情绪也是在好转的。

10月22日，陈毅带着"中央九月来信"，在广东蕉岭县的松源与朱德会面。当天晚上,红四军前委召开会议听取陈毅传达中央的指示。会议根据中共中央的指示精神,致信毛泽东,请其回到红四军,重新担任前委书记。同时,考虑毛泽东因病一时不能返回部队,决定前委书记暂由陈毅代理。

就在陈毅回到红四军的前两天,曾经在红四军那场争论当中起了不是很好作用的刘安恭,在率部进攻广东大埔的虎头沙时,中弹牺牲,时年30岁。所以今天我们对刘安恭也没有必要过多地加以指责和埋怨,他毕竟为革命献出了自己年轻的生命。

11月2日,陈毅再一次给毛泽东写信,请他回前委工作。11月18日,朱德和陈毅率部抵达上杭的官庄,两人又一次致信毛泽东,请他回军中主持前委工作。由此也可以看得出来,朱德和陈毅请毛泽东回来的态度是相当诚恳的。

11月13日,红四军第三次攻占了长汀,红四军前委在这里做出决定:请毛泽东速回主持工作,并派部队去迎接。这时的毛泽东,一方面,身体情况正在恢复;另一方面,看了陈毅传达的"中央九月来信",已经知道了中央的态度。11月26日,在中共福建省委巡视员、组织部长谢汉秋的陪同下,毛泽东来到长汀,与朱德、陈毅会合,并重新担任红四军前委书记。可以说,古田会议前红四军内部的争论,到这个时候就已经完全化解了。

11月28日,毛泽东在长汀主持召开中共红四军前委扩大会议,决定召开中共红四军第九次代表大会。同一天,毛泽东向中共中央写了一份报告,汇报自己回到红四军的情况和目前的工作计划。信中说:"四军党内的团结,在中央正确指导之下,完全不成问题。陈毅同志已到，中央的意思已完全达到。"[1]

12月28日和29日，中共红四军第九次代表大会在福建上杭县的古田召开。毛泽东在会上作了政治报告，朱德作了军事报告，陈毅传达了中共中央的指示。会议一致通过了毛泽东起草的八个决议，总称《中国共产党红军第四军第九次代表大会决议案》。这就是历史上著名的古田会议决议。大会通过选举，产生了红四军新一届前委成员，毛泽东重新当选为前委书记。

古田会议强调，"红军是一个执行革命的政治任务的武装集团"[2]，必须坚决贯彻党的纲领、方针政策。红军中必须健全各级党的组织，实行政治委员制度。反对以任何借口来削弱党对红军的领导。今天我们讲古田会议确定了党对红军的绝对领导，其中这句话就非常关键。红军是一个实行革命的政治任务的武装团体，红军与别的军队相同的地方，那就是要打仗，军队是为打仗做准备的。但是，红军与其他军队也有很多不同的地方，除了要打仗，还要做群众工作，还要筹款，还要帮助地方党组织建立政权，等等。总之，红军是执行党的政治任务的武装团体，这就意味着只能是党指挥枪，而不能枪指挥党。所以，军队必须处于党的绝对领导之下。

可以说，古田会议决议实际上是立下了一系列的规矩。比方关于红四军内部曾经一度存在的极端民主化问题，决议案提出的纠正的办法，除了要解决思想认识问题外，还强调在组织上要厉

---

[1] 中共中央文献研究室编：《毛泽东年谱（1893—1949）》上卷，人民出版社、中央文献出版社1993年版，第290页。
[2]《毛泽东选集》第一卷，人民出版社1997年版，第86页。

行集中指导下的民主生活。那么，实行什么样的集中指导下的民主生活呢？古田会议提出的办法是：一、党的领导机关要有正确的指导路线，遇事要拿出办法，以建立领导的中枢。二、上级机关要明了下级机关的情况和群众生活的情况，成为正确指导的客观基础。三、党的各级机关解决问题，不要太随便。一成决议，就须坚决执行。

对于当时党内存在着的非组织的观点（主要表现为少数不服从多数，少数人提议被否决，他们就不诚意地执行党的决议），古田会议提出的纠正的办法是：一、开会时要使到会的人尽量发表意见。有争论的问题，要把是非弄明白，不要调和敷衍。一次不能解决的，二次再议（以不妨碍工作为条件），以期得到明晰的结论。二、党的纪律之一是少数服从多数。少数人在自己的意见被否决之后，必须拥护多数人所通过的决议。除必要时得在下一次会议再提出讨论外，不得在行动上有任何反对的表示。今天我们党的政治纪律最根本的是"四个服从"，"四个服从"当中有一个服从叫少数服从多数，少数服从多数在党的二大通过的党章当中就已经提出来了，在古田会议决议案中得到了进一步的强调。

对于红四军内部一度存在的非组织的批评，古田会议决议强调：党内批评是坚强党的组织、增加党的战斗力的武器。但是红军党内的批评有些不是这样，变成了攻击个人。其结果，不但毁坏了个人，也毁坏了党的组织。这是小资产阶级个人主义的表现。怎么去纠正？决议案强调就在于使党员明白批评的目的是增加党的战斗力以达到阶级斗争的胜利，不应当利用批评去做攻击个人的工具。批评和自我批评是我们党的优良传统与作风之一，怎么样开展批评和自我批评？特别是怎么去开展批评？决议案讲得很好，批评的目的是增加党的战斗力，是要增加党的团结，而不应当把批评作为攻击别人的工具。

对于当时红四军内部所存在的组织不纯的问题，决议案为此提出的纠正办法是：一、旧的基础厉行洗除。如政治观念错误、吃食鸦片、发洋财及赌博等，屡戒不改的，不论干部及非干部，一律清洗出党。二、以后新分子入党条件：1. 政治观念没有错误的。2. 忠实。3. 有牺牲精神，能积极工作。4. 没有发洋财的观念。5. 不吃鸦片、不赌博。以上五个条件完备的人才能介绍他进党。有些同志看了这五条以后，觉得这个要求也不是很高，怎么把不吃鸦片、不赌博也作为入党条件之一呢？其实这是很有针对性的。因为红军相当多的来源是旧军队，而在旧军队抽鸦片、赌博是个普遍现象，所以古田会议特别强调新党员的条件之一就是不能吃鸦片，不能赌博。至于其中所提出的发洋财的观念不能有，实际上更有现实意义。为什么今天我们党员干部当中有些人出问题，不就是脑子里面有发洋财的观念吗？共产党员不应该有发洋财的思想。

讲到这儿，今天我们想一想，如果当年毛泽东、朱德、陈毅等人在红四军内部的这场争论中，仅仅为他们个人的名誉地位考虑，为他们的个人权力着想，他们之间的这场争论是否能够得到化解？如果这场争论不能化解，那朱毛红军的结局又怎么样？所以为什么我们说团结出战斗力，道理就在这个地方。

第二年的9月、10月，中共中央特派员涂振农在给中央的一份报告中说："要说到四军党内虽有争论，但都是站在党的立场上，在党的会议上公开讨论，虽有不同的意见，但没有什么派别的组织，只是同志间个人的争论，而不是形成了那一派和这一派的争论。"[1]这正是红四军虽然经历了一场争论，但最后形成一个良好结局的重要原因。

以上就是今天我和大家的交流内容。谢谢大家。

---

[1] 转引自中共中央文献研究室：《毛泽东传（1893—1949）》，中央文献出版社1996年版，第207—208页。

第三讲　遵义会议与长征胜利

高中华

第五次反"围剿"失败后，从1934年10月至1936年10月，中国共产党领导下的中国工农红军第一、第二、第四方面军和第二十五军进行了伟大的长征，经历了生死存亡的严峻考验。在实施战略大转移的过程中，以毛泽东为代表的中国共产党人力挽狂澜，绝地逢生，实现了中国共产党革命事业从挫折走向胜利的伟大转折，在中华民族伟大复兴的历史进程中，具有极其重大的历史意义。习近平总书记在2016年10月21日纪念红军长征胜利80周年大会上指出："长征途中，党中央召开的遵义会议，是我们党历史上一个生死攸关的转折点。"[1]遵义会议是党的历史上一次极为重要的会议。我们讲三个问题：一、遵义会议召开的历史背景，二、遵义会议的召开，三、维护遵义会议决议与长征胜利。

一、遵义会议召开的历史背景

红军长征的起因是第五次军事反"围剿"的失败，而这次反"围剿"失败的根源就在于博古、李德等人推行的"左"倾教条

---

[1]习近平：《在纪念红军长征胜利80周年大会上的讲话》，人民出版社2016年版，第5页。

主义的错误。错误的思想路线开始在党内蔓延，才导致了战略转移。在长征途中，中共中央召开的遵义会议，深入分析了"左"倾教条主义的错误，重新树立了实事求是的军事路线，为全面确立独立自主、实事求是的思想路线奠定了思想基础。这段历史启示我们：只有掌握科学理论才能把握正确的前进方向，只有立足实际、独立自主开辟前进道路，才能不断走向胜利。

20世纪30年代，国民党政府执行"攘外必先安内"的政策，置民族危亡于不顾，向革命根据地连续发动多次大规模的军事"围剿"，其中前四次以国民党的失败而告终。1933年9月，国民党政府集结重兵向中央革命根据地等发动了第五次军事"围剿"，并改变了以往的战略与战法。敌变我亦有变，毛泽东提出外线作战以调动敌人的战略战术。然而"左"倾路线执行者只知进攻而不知适时的退却，反而以弱击强，致使军事节节失利。其他革命根据地和红军也都受到严重的损失，根据地不断缩小。"左"倾教条主义路线给中国革命造成了难以估量的巨大损失，中国共产党的革命事业再次到了一个生死存亡的危急关头。中国共产党重视从历史中总结经验，汲取教训，是很有必要的。2011年11月4日，习近平同志在纪念中央革命根据地创建暨中华苏维埃政府成立80周年座谈会的讲话中指出，革命根据地建设好端端的局面后来之所以丢掉了，最根本的原因则是由于当时"左"倾教条主义、冒险主义领导违背了马克思主义基本原理同中国革命具体实际相结合的原则，把马克思主义教条化，把共产国际决议和苏联经验神圣化。正是他们不再使用历次反"围剿"战争中正确的战略战术原则，把奉行这些正确战略战术原则的毛泽东等人排挤出党的领导机构，从而使中国共产党及其领导的武装力量遭到极为严重的损失。第五次反"围剿"的失败，使得红军被迫长征。

1933年9月下旬，蒋介石调集50万重兵，在南昌设立行营亲自坐镇指挥，企图"围剿"中央革命根据地及与之相邻近的湘赣、湘鄂赣、闽浙赣等革命根据地。蒋介石还从国外专门聘请了一位军事顾问——前德国国防军总司令、67岁的退休将军赛克特。赛克特为蒋介石制定了"堡垒战术"：以密集的碉堡群对中央苏区进行包围，一边缓缓推进，一边修筑碉堡，不断消耗红军的有生力量，最后将红军压缩在狭小区域内，聚而歼之。蒋介石深以为然。在赛克特的参谋之下，蒋介石制定了第五次"围剿"的新策略：战术上要取守势，即以守为攻，战略上要取攻势，即以攻为守；军行所至，立建碉堡，逐步推进，稳扎稳打，三里五里一进，十里八里一推；进得一步，即守一步，逐渐前进，缩小苏区。

当时，中央苏区红军已发展至八万多人，如果采取正确的战略战术，打破敌人的第五次"围剿"仍然是可能的。但在这样严峻的局势面前，"左"倾冒险主义者执行了错误的军事指导，其中军事顾问李德就要承担主要的责任。1933年10月初，共产国际派来一位军事顾问——李德，由上海来到中央苏区。李德，原名奥托·布劳恩。1919年，李德成为德国共产党党员，1929年春，李德进入苏联伏龙芝军事学院学习，接受了战术和战略方面的训练，三年后毕业。就在这时，他接到共产国际执行委员会的通知被派往中国，在军事总顾问曼弗雷德·施特恩将军手下担任一名顾问。李德之所以被选中派往中国大致有三个原因：一是他有过街垒战经验，而当时统治中共全党的王明路线正在搞"城市中心论""夺取城市"，很需要"街垒战专家"的指导；二是他会俄语、英语，便于在中国工作；三是他有过地下工作的经验。

第五次军事反"围剿"开始时，李德正好来到中央苏区。李德是作为一名"没有指示权力的顾问"被派往中央苏区的。他在1973年写的《中国纪事（1933—1939）》一书中自述："我表示同意去苏区，但提出一个条件，请共产国际执行委员会发出一个相应的指示。尤尔特和博古因此向莫斯科发出了几封电报。1933年春天，他们得到了肯定的答复，大意是：我作为没有指示权力的顾问，受支配于中国共产党中央委员会。其他的命令和指示我没有得到。"[1]但是，到苏区后的情形却远非如此。中共临时中央负责人博古把反"围剿"的军事指挥权完全交给了李德。据李德回忆："当天晚上，我们还规划了一下我们的工作范围，我们一致同意，由我主管军事战略、战役战术领导、训练以及部队和后勤的组织问题。"[2]

那么，李德是怎么指挥的呢？据给他当翻译的伍修权回忆："李德在担任我党军事顾问时，推行的完全是军事教条主义那一套，他根本不懂得中国的国情，也不认真分析战争的实际情况，只凭他在学院学到的军事课本上的条条框框，照样搬到我国，搬到苏区，进行瞎指挥。""李德的独断专行取代了军委的集体领导，也抛弃了红军多年血战中取得的成功经验，李德一人躲在房子里凭着地图指挥战斗。"[3]

---

[1] 李德（奥托·布劳恩）：《中国纪事（1933—1939）》，李亚红译，新疆人民出版社1999年版，第30页。
[2] 同上书，第38页。
[3] 伍修权：《伍修权回忆录》，中国青年出版社2009年版，第76—77页。

在第五次军事反"围剿"中，军事行动都是按李德那一套进行的，什么"短促突击"、"两个拳头作战"、"御敌于国门之外"、建立正规军打阵地战等，完全是一条不切合实际的错误的军事路线。李德不懂中国的国情，面对蒋介石和赛克特的堡垒推进，"步步为营"，他命令红军处处设防，节节抵抗，"以碉堡对碉堡"。结果，国民党军队步步推进，而红军在节节抵御中屡遭败绩，伤亡严重。据陈云同志回忆："'短促突击'的结果，使一九三三年红五月直到一九三四年九月扩大来的十五万以上（将近二十万）的新战士，除去因为政治工作的薄弱、动员扩大红军时工作上的错误而使一部分减员以外，都在这个战术之下损失了。"[1]

1934年4月，国民党军队集中了11个师的兵力分两路进攻广昌，企图从北面打开中央苏区的大门。为保卫广昌，中革军委不顾红军连续作战、十分疲劳和减员很大等情况，命令红一、红三军团和红五军团第十三师，从福建建宁地区迅速回师江西，会同新从龙冈地区调来的兵力，准备在广昌以北地区同国民党军"决战"。4月10日6时，国民党军开始向广昌实施进攻。红一、红三军团和红五军团第十三师等部坚守盱江东岸大罗山、连福峰、白叶堡阵地，抗击敌河东纵队；红九军团和新从龙冈地区调来的第二十三师等部英勇奋战，坚守阵地；红三军团第五师指战员积极响应中共中央"武装保卫赤色广昌，不让敌人侵占苏区寸土"的号召，依托阵地，向进攻之敌实施"短促突击"，连续打退敌人两次进攻，歼敌第三十三团大部，俘敌团长以下官兵120余人。鉴于其河东纵队受阻，陈诚即改取以河东纵队在盱江

---

[1]《陈云文选》第一卷，人民出版社1995年版，第40页。

东岸钳制中央红军主力,河西纵队向前推进。但是,博古、李德没有觉察到敌情的变化,仍命令中央红军主力坚守河东阵地,与敌对峙。

4月27日,国民党军集中十个师的兵力开始会攻广昌,不到半天,便把李德所谓坚固的永久性工事轰平了,守备在工事里面的红军战士壮烈牺牲。红军广大指战员在众敌夹击下经过一天激战,发动了多次突击,均未成功,受到很大伤亡。博古、李德被迫放弃坚守广昌的计划,命令红军退出广昌。在这场战役中,中央红军毙伤俘敌共2626人,自身却伤亡5093人,约占参战总人数的1/4,这是红军历史上最典型的阵地战、消耗战,给尔后红军的反"围剿"带来了极为有害的影响。

对于广昌保卫战的失败和部队遭受的重大伤亡,广大红军指挥员极为不满。红三军团军团长彭德怀回忆广昌战役时曾说:"三、四月间,敌集中大量兵力进攻广昌。方面军前方司令部撤回瑞金,另组临时司令部。博古为政委,实际上是李德为总司令,亲上前线,指挥坚守广昌。我再三说广昌是不能固守的,必须估计敌军技术装备。他们不相信,而相信他们自己构筑的永久工事。我说,在自己没有飞机大炮轰击的情况下,就算是比较坚固的野战工事,在今天敌军的装备下,是不起作用的。如果固守广昌,少则两天,多则三天,三军团一万二千人,将全部毁灭,广昌也就失守了。"

当天战斗停止时,博古来电话,说李德、博古约彭德怀和杨尚昆去。见面时,李德还是谈如何进行"短促突击",如何组织火力。彭德怀批评李德是图上作业的战术家。中央苏区从1927年开创到现在快八年了,一、三军团活动到现在,也是六年了,创造根据地之不易，他说李德是"崽卖爷田心不痛"。[1]红军在付出了伤亡几千人的代价后，终于被迫撤出了广昌。

广昌失守之后，博古、李德不但没有吸取教训，反而继续固守堡垒对堡垒和"短促突击"的做法，这时中央苏区的生产已经遭到严重破坏，部队供给和人民群众的生活已十分困难，中央苏区进一步缩小。9月上旬，"围剿"中央苏区的国民党军加紧向中心区发动进攻，苏区内的人力、物力已经极度匮乏，红军在苏区内打破敌人的进攻已经根本没有可能。当时，中央苏区一度执行"左"的查田政策，致农民"反水"。据陈毅同志讲，走到平均分配一切土地，最后就发展到政治上、经济上、肉体上消灭地主，以至消灭富农，并损害了中农，造成一系列的错误，走了陈独秀的反面。同样地绞杀了农民运动，在政治上造成党和农民的严重隔离，造成了党的孤立。[2]中央红军开始了更艰苦的防御作战，一味与敌人拼消耗，博古、李德等被迫决定于10月底或11月初，实行战略转移。

然而，此时突围已非易事。面对不断恶化的严峻形势，坚持"左"倾路线的中央领导只承认打而不承认走，实际上是不会走，当然就难以做到早走、快走，而在战略转移开始之初的一场大搬家式的军事行动，使自己处于处处挨打的被动地位，未能抓住一些有利时机消灭敌人的有生力量，以至于在转移中继续遭受更加严重的损失。起初尚得益于与粤军签订的借道合约，中央红

---

[1]《彭德怀自述》，人民出版社1981年版，第189—191页。
[2] 陈毅：《如何正确执行中央五四指示》，中共山东省委党史研究室编：《山东党的革命历史文献选编（1920—1949）》，第9卷，山东人民出版社2015年版，第190页。

军才突破了国民党军队的第一、二道封锁线。湘军也打"小算盘",红军通过第三道封锁线。中央红军渡湘江时,没有抓住稍纵即逝的时机,酿成了一次极为严重的损失。

从1934年11月29日到12月1日凌晨,中央红军血战湘江,担任后卫的红五军团第三十四师、红三军团第六师第十八团及红八军团的部分兵力为了掩护主力红军及中央纵队力过湘江,被国民党军队阻隔在湘江东岸,大部壮烈牺牲。据一军团二师四团政委杨成武回忆:"敌人像被风暴摧折的高粱秆似的纷纷倒地,但是打退了一批,一批又冲上来,再打退一批,又一批冲上来。从远距离射击,到近距离射击,从射击到拼刺,烟尘滚滚,刀光闪闪,一片喊杀之声撼山动地。——敌人死伤无数,我们亦减员很大。"[1]

此时,中央红军是继续执行数月前制定的既定战略继续向湘西,还是根据已经变化的敌情加以适时调整呢?当时的情况是,蒋介石已命令国民党军队在红军去往湘西的沿线构筑了多道封锁线,可谓凶多吉少。如红军一意孤行,无疑是以数万红军战士的生命做赌注,是以中国革命的前途做赌注。许久隐忍未发的毛泽东审时度势,当机立断反对再向北走,在得到张闻天、王稼祥、周恩来支持的情况下,召开了通道会议,力主中央红军转入贵州。接着,在黎平召开中共中央政治局会议,中央接受了毛泽东向黔边发展的主张,否定了"在湘西创立新的苏维埃根据地的决定",改向川黔边区进军,开始了正式的战略转移,这是一次重要的战略转折。由于军事顾问李德几

---

[1] 杨成武:《杨成武回忆录》,解放军出版社2005年版,第57—58页。

次干扰军事方针的实施，中央政治局又在猴场召开会议，通过了"关于作战方针以及作战时间与地点的选择，军委必须在政治局会议上做报告"，限制了三人团的最高军事指挥权，为战略转移提供了可靠的组织保证，为遵义会议的召开准备了条件。

1935年1月4日一早，红一军团第二师第六团团长朱水秋、代理政委王集成刚刚率全团渡过乌江，总参谋长刘伯承便命令他们作为前锋，向遵义急行军。经过一天一夜急行军，红六团就推进到团溪镇。1月7日凌晨，红军占领遵义。1月15日至17日，中央政治局在遵义召开了扩大会议，这就是著名的遵义会议。遵义会议的召开，经历了一个长期而紧张的酝酿过程，在这一过程中，毛泽东始终起了主导和决定作用。

早在第五次军事反"围剿"过程中，毛泽东就曾多次提出战略性建议，均被"左"倾领导者所拒绝。长征开始后，毛泽东在中央领导集团中做了大量细致的思想工作，帮助一些同志明辨了是非，转变了错误立场。

毛泽东首先争取到的是当时担任中革军委副主席、红军总政治部主任的王稼祥。伍修权回忆说："王稼祥同志也早就觉察到李德等人的军事错误。他那时是军委副主席、红军总政治部主任。王稼祥同志向毛泽东同志坦率地表示了自己对当前形势的忧虑，认为这样下去不行，应该把李德等人'轰'下台。毛泽东同志很赞赏他的想法，并针对现实情况，谈了马列主义的普遍真理必须与中国革命实践相结合的道理。这给了王稼祥同志很大的启示，也更加坚定了他支持毛泽东同志的决心。这时，他们就商谈了准备召开中央政治局会议,解决面临的严重问题。"[1]

接着,毛泽东又做张闻天的工作。张闻天是中共中央政治局委员、书记处书记,在许多问题上与毛泽东有着相同的看法。长征开始后,他同毛泽东、王稼祥二同志住一起。毛泽东开始对他解释第五次军事反"围剿"中中共中央军事领导上的错误,张闻天很快地接受了毛泽东的意见,并且在政治局内开始了反对李德、博古的斗争。据张闻天回忆:"在出发以前,最高'三人团'要把我们一律分散到各军团去(后因毛泽东同志提议未分散)。我当时感觉到我已经处于无权的地位,我心里很不满意。记得在出发前有一天,泽东同志同我闲谈,我把这些不满意完全向他坦白了。从此,我同泽东同志接近起来。他要我同他和王稼祥同志住在一起——这样就形成了以毛泽东同志为首的反对李德、博古领导的'中央队'三人集团,给遵义会议的伟大胜利打下了物质基础。"[2]

在同毛泽东商议后,王稼祥出面提议召开中央政治局会议,并得到了周恩来、朱德等人的支持,于是,召开会议的条件就成熟了。据耿飚同志1990年在纪念张闻天同志的座谈会上回忆,(在黄平县)王稼祥问张闻天:"我们这次转移的最后目标中央究竟定在什么地方?"张闻天忧心忡忡地回答说:"也没有个目标,这个仗看起来这样打下去不行。毛泽东同志打仗有办法,比我们都有办法。我们是领导不了了,还是请毛泽东同志出来。"[3]王稼

---

[1] 中共中央党史资料征集委员会、中央档案馆编:《遵义会议文献》,人民出版社1985年版,第112页。

[2] 同上书,第78页。

[3] 耿飚:《张闻天对遵义会议的特殊贡献》,《中共党史研究》1995年第1期。

祥将这个消息先后告诉彭德怀、毛泽东等同志。据聂荣臻回忆："王稼祥同志提出，应该让毛泽东同志出来领导，我说我完全赞成，我也有这个想法。而这个问题，势必要在一次高级会议上才能解决。"[1]

二、遵义会议的召开

在生死存亡的紧要关头，全军上下顾全大局、团结一致关系到革命事业的兴衰成败。1935年1月15日至17日，党中央在贵州遵义城内召开了中共中央政治局扩大会议。历史终将赋予遵义会议在中国革命史上独特的贡献。它是中共中央政治局召开的独立自主地解决中国革命问题的一次极其重要的扩大会议，是在红军第五次反"围剿"失败和长征初期严重受挫的情况下，为了纠正王明、博古等人"左"倾领导在军事指挥上的错误而召开的。这次会议是中国共产党第一次独立自主地运用马克思列宁主义基本原理解决问题的路线、方针、政策的会议。

会议由博古主持。会议的中心议题是："（一）决定和审查黎平会议所决定的暂时以黔北为中心建立苏区根据地的问题。（二）检阅在反对五次'围剿'中与西征中军事指挥上的经验与教训。"[2]会议首先根据刘伯承、聂荣臻的建议，分析了黔北地区是否适合建立根据地的问题。经过讨论，大家认为这里人烟稀少，少数民族又多，党的工作基础薄弱，不便于创建

---

[1]《聂荣臻回忆录》，解放军出版社1984年版，第243、246页。
[2] 中共中央党史资料征集委员会、中央档案馆编：《遵义会议文献》，人民出版社1985年版，第34页。

根据地，应放弃黎平会议确定的以黔北为中心创建根据地的计划，决定北渡长江，同红四方面军会合，在川西或川西北创建根据地。

接着，会议讨论总结第五次反"围剿"以来的经验教训。博古作了关于第五次反"围剿"的主报告，把第五次反"围剿"失败的主要原因归结于敌人的力量过于强大。对博古的这一结论，大家都不同意。博古在报告中强调，当时白区领导的反帝反封建运动没有显著进步，瓦解敌军的工作薄弱，游击战争薄弱，各根据地互相配合不够密切，是第五次反"围剿"失败的另一个重要原因。对此，大家认为，这虽然也是一个原因，但并不是主要原因。因为在第一至第四次反"围剿"斗争时期，各根据地也是处于被分割状态，根据地的范围比第五次反"围剿"时小，白区开展的瓦解敌军的工作也很有限，但是红军都取得了胜利。

博古还强调，由于中央根据地的后方工作、物资供应工作没有做好影响了第五次反"围剿"斗争，这更遭到大家的一致反对。事实上，在第五次反"围剿"过程中，中央苏区的支前工作做得是很出色的。当时，在"一切为了前线上的胜利"的口号号召下，广大群众革命积极性空前高涨。尽管战争激烈，条件艰苦，但红军的粮食和其他物资需要都得到了供应和保障。说支前不力，完全是歪曲事实，颠倒黑白。博古经过革命斗争锻炼后，终于认识到了自己的错误，并做了深刻的自我批评。后来，他在中共七大上说："在这个会议上，我个人是不认识错误的，同时不了解错误，我只承认在苏区工作的政策上有个别的错误，在军事指导上有个别政策的错误，不承认是路线的错误，不承认军事领导上的错误。"[1]

博古报告结束之后,周恩来接着作报告。周恩来是中央军委负责人,着重谈了军事问题,他检讨了"三人团"在战略战术方面的重大失误,并主动承担自己的责任,做了自我批评,也批评了李德、博古。毛泽东后来高度评价了周恩来在遵义会议上的重要贡献。毛泽东说:如果周恩来不同意,遵义会议是开不起来的。这次会议之所以开得很好,周恩来同志起了重要作用。同时,时任红三军团政治委员杨尚昆也说:"他出以公心,不计较个人得失的这种正确态度,我觉得对扭转会议形势也起了关键性的作用。如果没有他站出来,会议要取得这样大的成功是不容易的。"[2]

接着,张闻天发言,他按照与毛泽东、王稼祥商量的意见,作了反对"左"倾军事错误的报告,比较系统地批评了博古、李德在军事指挥上的错误。他作的报告,为遵义会议彻底否定单纯防御路线定了基调。张闻天发言的第一句话,就使博古和李德吃了一惊。他说:"听了博古同志关于第五次反'围剿'总结报告和周恩来同志的副报告之后,我们认为博古同志的报告基本上是不正确的!博古同志在他的报告中过分估计了客观的困难,把第五次反'围剿'不能在中央苏区粉碎的原因归之于帝国主义、国民党反动力量的强大,同时对于目前的革命形势却又估计不足,这必然会得出客观上第五次反'围剿'根本不能粉碎的机会主义

---

[1] 李忠杰、李明华主编:《中国共产党第七次全国代表大会档案文献选编》,中共党史出版社 2015 年版,第 372 页。
[2] 杨尚昆:《杨尚昆回忆录》,中央文献出版社 2001 年版,第 119 页。

的结论。"[1] 张闻天批评了博古和李德："由于对堡垒主义的恐惧所产生的单纯防御路线与华夫同志（即李德）的'短促突击'的理论，却使我们从运动战转变到阵地战，而这种阵地战的方式仅对于敌人有利，而对于现时工农红军是极端不利的。我们突围的行动在华夫同志等人的心目中，基本上不是坚决的与战斗的，而是一种惊慌失措的逃跑的以及搬家式的行动。"

接着，张闻天批评了博古的错误领导："博古，特别是华夫同志的领导方式是极端的恶劣，军委的一切工作为华夫同志个人所包办，把军委的集体领导完全取消，惩办主义有了极大的发展，自我批评丝毫没有，使军事上一切不同意见不但完全忽视，而且采取各种压制的方法……特别指出博古同志在这方面的严重错误，他代表中央领导军委工作，他对于华夫同志在作战指挥上所犯的路线上的错误以及军委内部不正常现象，不但没有及时地去纠正，而且积极地拥护了助长了这种错误的发展。博古同志在这方面应负主要的责任。"[2] 据参加遵义会议的杨尚昆回忆："我当时是三军团政委，与军团长彭德怀一起列席了这次具有历史意义的会议。我清楚地记得，遵义会议上反对'左'倾军事路线的报告（通称'反报告'）是闻天同志作的。他作报告时手里有一个提纲，基本上是照着提纲讲的。这个提纲实际上是毛泽东、张闻天、王稼祥三位同志的集体创作而以毛泽东同志的思想为主

---

[1] 中央党史研究室张闻天选集传记组编：《张闻天文集（1919—1935）》，中共党史出版社2012年版，第361页。
[2] 同上书，第364—365页。

导的。"[1]

张闻天的"反报告",使与会同志们积压多日的对于博古、李德错误领导的怒火一下迸发出来。李德板着面孔、硬着头皮听着张闻天对他当面的尖锐批判。博古则埋头记笔记,显然张闻天的报告完全出乎意料。虽说他预想到同志们可能会对他的报告提出一些意见,但他绝未想到是这样彻底地否定他。

张闻天讲完后,毛泽东作了重要发言,讲了大约一个多小时。遗憾的是,毛泽东发言的原始记录迄今未查找到。毛泽东在陕北撰写的《中国革命战争的战略问题》,就是在当时发言的基础上整理的。毛泽东说:只知道纸上谈兵,不考虑战士要走路、要吃饭,也要睡觉,也不问走的是山地、平原还是河道,只知道在地图上一画,限定时间打,当然打不好。据周恩来回忆,毛泽东的发言用三个"主义"概括了博古、李德的错误,即"先是冒险主义,继而是保守主义,然后是逃跑主义"。毛泽东概括的这三个"主义",颇为深刻、准确:先是冒险主义,指的是打赣州,夺取中心城市,争取一省或数省首先胜利;继而是保守主义,指的是广昌之役,阵地战,堡垒对堡垒;然后是逃跑主义,仓促突围,实行逃跑。

王稼祥因负伤是坐着担架去开会的。毛泽东讲完后,王稼祥激动地发言,直截了当地讲了三点意见:第一,完全赞同张闻天、毛泽东的发言;第二,红军应该由毛泽东这样富有实际经验的人来指挥;第三,取消李德、博古的军事指挥权,解散"三人

---

[1] 杨尚昆:《坚持真理,竭忠尽智——缅怀张闻天同志》,《人民日报》1985年8月9日。

团"。中革军委主席朱德发言支持毛泽东的意见。据伍修权回忆："朱德同志历来谦逊稳重，这次发言时，却声色俱厉地追究临时中央领导的错误，谴责他们排斥了毛泽东同志，依靠外国人弄得丢掉根据地，牺牲了多少人命！他说：如果继续这样的领导，我们就不能再跟着走下去！"[1]后面这句话"如果继续这样的领导，我们就不能再跟着走下去"收入了《朱德年谱》。[2]另一些资料提及朱德在会议上说："有什么本钱，就打什么仗，没有本钱，打什么洋仗？"[3]朱德态度鲜明地支持毛泽东的正确意见。他对博古、李德军事上瞎指挥有着直接的充分的了解，因此讲话时很激动。刘伯承、李富春、聂荣臻、彭德怀、李卓然等相继发言，表示支持毛泽东的发言和张闻天的"反报告"。

由于大部分与会者军务在身，白天忙于处理军务，会议总在夜间举行，16日、17日又接连开了两个晚上的会。1月16日，刘少奇和李卓然从棉山关赶到遵义参加会议。彭德怀和杨尚昆在出席了16日晚的会后匆匆赶赴前线——因为会场所在的柏公馆的主人柏辉章率师在遵义以南的刀靶水"围剿"军团第六师，战事紧迫。据伍修权回忆："在我印象中比较深的是李富春和聂荣臻同志。他们对李德那一套很不满，对'左'倾军事路线的批判很厉害。彭德怀同志的发言也很激烈，他们都积极支持毛泽东同志的正确意见。""周恩来同志在发言中也坚决支持毛泽东同志对

---

[1] 伍修权：《伍修权回忆录》，中国青年出版社2009年版，第88页。
[2] 中共中央文献研究室编：《朱德年谱》新编本上册，中央文献出版社2006年版，第450页。
[3] 军事科学院军事历史研究所编：《伟大历程 不朽丰碑》下册，军事科学出版社2007年版，第759页。

'左'倾军事错误的批判,全力推举毛泽东同志为我党我军的领袖。他指出,只有改变错误的领导,红军才有希望,革命才能成功。他的发言和倡议得到了与会绝大多数同志的积极支持。"[1]

经过激烈争论,会议做出了四项决定:(一)毛泽东同志选为常委。(二)指定洛甫同志起草决议,委托常委审查后,发到支部中去讨论。(三)常委中再进行适当的分工。(四)取消"三人团",仍由最高军事首长朱、周为军事指挥者,而恩来同志是党内委托的对于指挥军事上下最后决心的负责者。[2]

遵义会议采取了正确的党内斗争方针,集中讨论军事路线问题,对错误的军事路线进行了公开的、严厉的批判,认真开展了一次批评与自我批评。毛泽东当选为政治局常委,并成为周恩来军事指挥上的帮助者,开始负责军事工作,从此开始改变了错误的军事路线。遵义会议上,共产党独立自主地解决自身的革命问题,这成为政治上走向成熟的重要标志。在遵义会议上,毛泽东做了原则上的让步。对此,张闻天深有感触:这在毛泽东同志当时只能如此做,不然我们的联合会成为不可能,因而遵义会议不能取得胜利。为了党与革命的利益,而这个利益是高于一切的,毛泽东同志当时做了原则上的让步,承认一个不正确的路线为正确,这在当时是完全必要,完全正确的。[3]

---

[1] 中共中央党史资料征集委员会、中央档案馆编:《遵义会议文献》,人民出版社1985年版,第117页。

[2] 中共中央文献研究室、中央档案馆编:《建党以来重要文献选编(1921—1949)》第12册,中央文献出版社2011年版,第120页。

[3] 张闻天:《从福建事变到遵义会议》,中国工农红军长征史料丛书编审委员会编《中国工农红军长征史料丛书 回忆史料》第2册,解放军出版社2016年版,第16页。

2月5日前后，红军转战到位于川滇黔三省交界一个叫"鸡鸣三省"的村子，在这里中央政治局开会，常委做了新的分工。根据毛泽东的提议，决定由张闻天接替博古在党中央负总责；博古改任红军总政治部代理主任（红军长征出发时，主任名为王稼祥，实由李富春代理）。同时，决定以毛泽东为周恩来在军事指挥上的帮助者。经过周恩来做工作，博古正式交出了中共中央负总责的权力。后来，周恩来谈及这一过程："当时博古再继续领导是困难的，再领导没有人服了。本来理所当然归毛主席领导，没有问题。洛甫那个时候提出要变换领导，他说博古不行。我记得很清楚，毛主席把我找去说，洛甫现在要变换领导。我们当时说，当然是毛主席，听毛主席的话。毛主席说，不对，应该让洛甫做一个时期。毛主席硬是让洛甫做一做看，人总要帮嘛，说服了大家，当时就让洛甫做了。"[1]

在博古准备交权时，凯丰一再向他说："不能把中央的权交出去！"博古没有听他的，还跟凯丰说，应该服从集体的决定。这样，他把象征"权"的几副装有中央重要文件、记录、印章的挑子交给了张闻天。这样，博古结束了自1931年9月下旬起的三年零四个月的领导地位，张闻天接替成了中共中央负总责。张闻天走马上任做的第一件事，便是通过由他起草的遵义会议决议。

2月6日，中央红军到达云南东北边陲的威信县扎西镇，张闻天主持召开中央政治局会议，会议从2月6日开到2月8日，史称"扎西会议"，通过了遵义会议决议。遵义会议决议共

---

[1] 中共中央党史资料征集委员会、中央档案馆编：《遵义会议文献》，人民出版社1985年版，第68页。

分 14 节，长达一万三千余字，是在张闻天的"反报告"提纲的基础上写成的。由于遵义会议决议太长，不便于以电报发往各处，张闻天对决议加以压缩，写成提纲式的《中央政治局扩大会议总结粉碎五次"围剿"战争中经验教训决议大纲》，以"中央书记处"的名义于 1935 年 2 月 8 日发出。

决议全面地总结了第五次军事反"围剿"以来红军失败的教训，系统地阐明了中国革命战争的特点和相应的战略战术，深刻地批评了"左"倾冒险主义在军事上的错误。决议强调指出："一切事实证明我们在军事上的单纯防御路线，是我们不能粉碎敌人五次'围剿'的主要原因。"第五次反"围剿"中，在敌人采取持久战与堡垒主义新战略的情况下，"我们的战略路线应该是决战防御（攻势防御），集中优势兵力，选择敌人的弱点，在运动战中，有把握的去消灭敌人的部分或大部，以各个击破敌人，彻底粉碎敌人的'围剿'"。决议还指出："在战略转变与实行突围的问题上，同样是犯了原则上的错误。"这就是当继续在内线作战取得决定的胜利已经极少可能以致最后完全没有可能时，没有适时转变战略方针，实行战略上的退却，以保存红军的有生力量，在广大无堡垒地区寻求有利时机，转入反攻，粉碎"围剿"，而是采取了相反的战略方针，继续与敌人拼消耗，从而造成红军的重大损失。在突围行动中，"基本上不是坚决的与战斗的，而是一种惊慌失措的逃跑的以及搬家式的行动"[1]。

军事路线是否正确，要经历革命战争的检验。四渡赤水就是

---

[1] 中共中央文献研究室、中央档案馆编：《建党以来重要文献选编（1921—1949）》第 12 册，中央文献出版社 2011 年版，第 51—62 页。

对遵义会议成果的一次真正检验。毛泽东曾说：四渡赤水是他一生中的"得意之笔"。四渡赤水战役，是一场3万多人对40万人的悬殊较量。四渡赤水战役，是中国工农红军战争史上以少胜多、变被动为主动的光辉战例。

遵义会议之后，以毛泽东为代表的党中央、中革军委，改变了以往呆板的军事打法，恢复了过去军事指挥上的灵活应变，根据革命战争的实际，敌变我亦变，在变化中寻找战机。此时，敌强我弱，又没有后方根据地的保障，怎么以少胜多、以弱胜强呢，只有虚实结合，实行大范围的机动作战，灵活用兵，才能在机动中歼敌，只有兵不厌诈，才会从被动走向主动。为此，毛泽东领导红军队伍时而声东击西，时而忽南忽北，时而即打即离，反复迂回曲折，不断纵横穿插于敌方重军之间，把国民党的作战部署打乱了。红军一渡赤水，轻装向西；二渡赤水，占领娄山关、遵义，取得长征以来最大的胜利；三渡赤水，虚晃一枪；四渡赤水，威逼贵阳，兵临昆明，巧渡金沙江，将计就计，红军出兵石鼓渡口，百转千回，出奇制胜，终于突围成功，跳出了几十万敌人的包围圈，终于实现了从被动到主动的转变。游击战、运动战的成功应用，证明了遵义会议的正确决策，扭转了形势。通过遵义会议，党领导的红军又恢复了以往正确的军事领导和路线，充分体现了毛泽东高超的军事指挥才能和他的军事思想的正确。刘伯承回忆四渡赤水时指出："遵义会议以后，我军一反以前的情况，好像忽然获得了新的生命，迂回曲折，穿插于敌人之间，以为我向东却又向西，以为我渡江北上却又远途回击，处处主动，生龙活虎，左右敌人。我军一动，敌又须重摆阵势，因而我军得以从容休息，发动群众，扩大红军。待敌部署就绪，我却又打到别处去了。弄得敌人扑朔迷离，处处挨打，疲于奔命。这些情况和'左'倾路线统治时期相对照，全军指战员更深刻地认识到：毛主席的正确的路线，和高度发展了的马克思主义的军事艺术，是使我军立于不败之地的唯一保证。"[1]

遵义会议上，中共中央基本纠正了党内的"左"倾错误，形成了新的领导集体，确立了正确路线在党内的领导地位，从而为长征的胜利打下了基础。具体来讲，它总结了过去在军事、思想等方面的错误，进行了组织上的新的安排，例如取消了原来的军事"三人团"，选举毛泽东为常委等，确保了正确的决策和意见在党内的实行。另外，这次会议以民主的形式解决了党内存在的许多问题，增进了内部的团结，同时也发扬了党内的民主和集体智慧，为长征的胜利提供了很好的保障。

遵义会议后，中央政治局先后召开了扎西会议、苟坝会议，建立了高度集中的军事指挥体制，完善了党领导军队的体制。3月11日，红军转战到贵州鸭溪、苟坝一带，又成立了一个指挥机构——"三人军事指挥小组"。周恩来回忆说："从遵义一出发，遇到敌人一个师守在打鼓新场那个地方，大家开会都说要打，硬要去攻那个堡垒，只有毛主席一个人说不能打，打又是啃硬的，损失了更不应该，我们应该在运动战中去消灭敌人嘛！但别人一致通过要打，毛主席那么高的威信还是不听，他只好服从。但毛主席回去一想，还是不放心，觉得这样不对，半夜里提马灯又到我那里来，叫我把命令暂时晚一点发，还是想一想。我接受了毛主席的意见，一早再开会议，把大家说服了。这样，毛主席才

---

[1] 刘伯承：《回顾长征》，人民出版社1985年版，第2页。

说,既然如此,不能像过去那么多人集体指挥,还是成立一个几人的小组,由毛主席、稼祥和我,三人小组指挥作战。"[1]

三人军事指挥小组全权负责指挥红军的军事行动。在当时的战争环境中这是党中央最重要的领导机构。这次会议可以说是遵义会议的继续。因为遵义会议只解决了毛泽东进入中央常委,没有明确具体领导职务。"鸡鸣三省"会议和扎西会议主要解决"博洛交权",决定了张闻天在党内"负总责",常委分工再次肯定了"泽东同志为恩来同志的军事指挥上的帮助者"。苟坝会议上新成立的全权代表中央政治局指挥军事的"三人团",由于周恩来非常尊重毛泽东的意见,所以毛泽东实际上起到了决策人的作用。对于毛泽东而言,苟坝会议显然是遵义会议最重要的续篇。

此时,在中央红军领导层中出现了"一股小小的余波",他们在战略方针上存在着不同的认识,为此又召开了会理会议,平息了这种抵触情绪,确定了中央红军渡过金沙江后的任务,统一了领导核心和高级干部的认识,维护了毛泽东在党中央和红军的领导地位,维护了遵义会议确立的政治和军事领导的团结。

这次会议在红军第五次反"围剿"失败和长征初期严重受挫的历史关头召开,确立了毛泽东同志在党中央和红军的领导地位,开始确立了以毛泽东同志为主要代表的马克思主义正确路线在党中央的领导地位,开始形成以毛泽东同志为核心的党的第一代中央领导集体,开启了我们党独立自主解决中国革命实际问题

---

[1] 中共中央党史资料征集委员会、中央档案馆编:《遵义会议文献》,人民出版社1985年版,第134页。

的新阶段,在最危急关头挽救了党、挽救了红军、挽救了中国革命。

2016年10月21日,习近平总书记在纪念红军长征胜利80周年大会上的讲话,再次明确肯定了遵义会议确立毛泽东的领导地位。他说:遵义会议"确立了毛泽东同志在红军和党中央的领导地位,开始确立了以毛泽东同志为主要代表的马克思主义正确路线在党中央的领导地位,开始形成以毛泽东同志为核心的党中央第一代中央领导集体,这是我们党和革命事业转危为安、不断打开新局面最重要的保证"[1]。遵义会议是第一次在没有共产国际的干预下,按照民主集中制的原则解决了党自己的问题。从盲目服从共产国际到独立自主,是一个意义十分重大的转折,这是从血的教训和斗争考验中实现的伟大转折。陈云指出:"党内对于军事领导上错误的纠正,不是党内的分歧,相反的更加团结,使军事领导走上正确的道路,使党与军委的威信更加提高。"[2]

三、维护遵义会议决议与长征胜利

红一方面军和红四方面军于1935年6月21日在懋功胜利会师,两军为之欢欣鼓舞。6月26日,中央政治局在两河口召开会议。周恩来提出了"背靠西北,面向东南"的发展战略,认为这是前进的唯一正确的方针。实现这一战略方针的关键是,首先迅

---

[1] 习近平:《在纪念红军长征胜利80周年大会上的讲话》,人民出版社2016年版,第5页。
[2]《陈云文选》第一卷,人民出版社1995年版,第42页。

速攻打松潘，进占甘南，消灭敌人有生力量，建立革命根据地。毛泽东发言强调指出：我们的战争性质不是决战防御，不是跑，是进攻，根据地是依靠进攻的。我们必须要高度机动，集中主力，迅速打破胡宗南军向松潘前进的计划，今天决定明天即须行动，应力争6月突破，经松潘到决定的地区去。会议做出了《关于一、四方面军会合后战略方针的决定》，明确了创造川陕甘苏区根据地的目标，同时提出要"必须坚决反对避免战争、退却逃跑以及保守偷安、停止不动的倾向"[1]。中共中央强调了统一组织与指挥两个方面军对实现战略方针的重要性与迫切性。

就在两军指战员同仇敌忾、协力并进之时，张国焘公开反对中央决定的战略方针，提出南下西进的主张，革命再次面临危局。在维护团结的大局下，毛泽东等中央领导一再推动红四方面军北上，并在一些具体问题上几次做出了让步，但在大是大非的战略问题上，坚持原则，决不让步。为了增强一、四方面军的团结和信任，进一步统一两大主力红军的行动，中央政治局于7月21日至22日在芦花召开了政治局扩大会议，要求张国焘指挥红四方面军迅速北进。为了推动张国焘执行中央的北上方针，中央政治局于8月4日至6日在沙窝召开会议，通过了《中央关于一、四方面军会合后的政治形势与任务的决议》，再次强调了必须在一、四方面军中更进一步地加强党的绝对领导，提高党中央在红军中的威信，强调必须坚决反对"对于党中央所决定的战略方针表现

---

[1] 中共中央文献研究室、中央档案馆编：《建党以来重要文献选编（1921—1949）》第12册，中央文献出版社2011年版，第226页。

怀疑","对革命前途悲观失望",这都是当时"最大的危险"。[1]

面对张国焘一再迟缓的行动,党中央进行了大量的说服教育工作,采取了"一发电报催,二派部队接"的措施。9月9日,毛泽东致电张国焘:"陈(昌浩)谈右路军南下电令,中央认为完全不适宜的。中央现恳切的指出,目前方针只有向北是出路。向南则敌情、地形、居民、给养都对我极端不利,将要使红军陷于空前未有之困难环境。中央认为北上方针绝对不应改变,左路军应速即北上,在东出不利时,可以西渡黄河占领甘、青交通新地区,再行向东发展。"[2]

在北上与南下之争白热化之时,在暂时难以扭转僵局的情况下,毛泽东当即带领红一方面军主力立即北上,脱离了危险区域,坚持实现党中央北上的正确战略方针。9月10日,中共中央发出《中央为执行北上方针告同志书》:"南下只能是挨冻挨饿,白白的牺牲生命,对革命没有一点利益。对于红军,南下是没有出路的,南下是绝路。"[3]9月14日,中共中央发出《坚决执行北上战略方针的指示》:"一、四方面军目前行动不一致,而且发生分离行动的危险的原因,是由于总政委拒绝执行中央的战略方针,违抗中央的屡次训令与电令。总政委对于自己行为所产生的一切恶果,应该负绝对的责任。"[4]

---

[1] 中共中央文献研究室、中央档案馆编:《建党以来重要文献选编(1921—1949)》第12册,中央文献出版社2011年版,第283页。
[2] 同上书,第304页。
[3] 同上书,第305页。
[4] 中共中央文献研究室、中央档案馆编:《建党以来重要文献选编(1921—1949)》第12册,中央文献出版社2011年版,第313页。

中共中央率领陕甘支队继续北上，在哈达铺明确了向陕北挺进的战略，最后落脚陕北，奠基大西北。1935年6月，红二、六军团与红四方面军在甘孜会师。7月5日，红二、六军团奉中国革命军事委员会电令改称为中国工农红军第二方面军，配合朱德、刘伯承及红四方面军广大指战员维护与执行了党中央的正确路线；同时对于削弱与牵制蒋介石的部队并配合红一方面军作战，都发挥了重大的战略作用。在党中央的命令下，在红二方面军的推动下，在朱德、任弼时、贺龙等反复劝说下，红二、四方面军共同北上陕北，实现了三大主力红军的胜利会师。党和军队顾全大局、团结一致，这是关系到党和红军生死存亡、革命事业兴衰成败的大问题，成为不断打开一个又一个新局面的重要保证。

九一八事变后，日本帝国主义加快了侵略中国的步伐，中华民族到了危险的边缘。而国民党政府坚持实行"攘外必先安内"的政策，进一步加重了民族危机。中国共产党代表着中国人民和中华民族的根本利益，义无反顾地肩负起民族救亡的历史重任。1934年7月，中共中央在准备转移前命令红七军团进军赣东北与红十军会合后，组成红十军团，编成"中国工农红军北上抗日先遣队"，向北进发。在红一、四方面军会师前后，中央确定红军主力北上的方针，即使面对张国焘企图分裂中央、一再变更战略方针的情况，仍坚持北上抗日，就体现了战略转移与北上抗日的战略思想。

此时，日本帝国主义加快侵华步伐，抗日救国运动日趋高涨，共产国际也及时调整了战略。1935年8月，中共驻共产国际代表团以中国共产党中央委员会的名义，发表了《八一宣言》，明确提出在以坚决的民族战争反对日本帝国主义进攻中国的总任务下，必须把国内战争与民族战争结合起来。在长征途中，中共中央始终高举北上抗日的大旗，终于到达接近抗日前线的陕甘地区。面对着如此蓬勃发展的抗日救国形势，毛泽东等决定实现"广泛的统一战线""上下层统一并用"，实际上开始着手从政治上纠正"左"倾冒险主义中不要上层统一战线的错误，充分利用当时正在变化的阶级关系，为建立同民族资产阶级、乡村富农和小地主阶级的抗日民族统一战线积极准备条件。

在重大战略的转折关头，中共中央于1935年12月在瓦窑堡召开了政治局扩大会议，制定了党的抗日民族统一战线政策，开始将主要矛盾从国内阶级矛盾向民族矛盾转化。随后，积极争取东北军和西北军，建立统一战线关系，确定首先造成西北抗日局面的战略方针，并命令红二、四方面军共同北上抗日。张学良、杨虎城发动了震惊中外的西安事变。西安事变的和平解决，成为时局转换的枢纽，成为国内战争走向抗日民族战争的转折点。

长征是中国革命战争这个大战略关键中的关键。毛泽东从全局出发审视中国革命战争，在大战略面前，以全局的眼光，多谋善断，借势造势，坚持了实事求是、从实际出发的原则，根据战争形势和全国的总形势，根据沿途的变化及敌我力量对比的变化，不断调整与完善战略立足点和行动路线，从而修正了错误的军事路线，并将正确的军事路线付诸实践，最终从败局中胜出，走到了陕北。中国共产党迅速从逆境中走出，成为抗日救亡的一面旗帜，成为民族统一战线的中流砥柱。

中国共产党人和红军将士用生命和热血铸就了伟大的长征精神，包括坚定革命理想和信念，坚信正义事业必胜；为了救国救民，不怕任何艰难险阻；独立自主、实事求是，一切从实际出发；顾全大局、严守纪律、紧密团结的精神；紧紧依靠人民群众，同人民群众生死相依、患难与共、艰苦奋斗的精神。

长征历时之长、规模之大、行程之远、环境之险恶、战斗之惨烈，在中国历史上是绝无仅有的，在世界战争史乃至人类文明史上也是极为罕见的。长征走的是高山峻岭，渡的是大河险滩，过的是草地荒原，但每一个行程、每一次突围、每一场战斗都从战略全局出发，既赢得了战争胜利，也赢得了战略主动。这既是一种精神，也是一种智慧。[1]

理想与信念的最终体现和落脚点，就是坚决执行党的领导，跟党走，这是长征胜利的重要力量源泉。中国共产党人的崇高理想就是北上抗日，实现民族独立，建立人民当家做主的政权。它激励着无数的红军战士，不管是如何残酷的战争环境，还是如何恶劣的自然条件，都坚信只要跟党走，就会有前途。在长征中，正是有了党的坚强领导，红军广大指战员才能在极端艰难的条件下，毫不动摇地保持着革命必胜的信念，以惊人的智慧和毅力，冲破国民党军队的重兵追堵，克服雪山草地的艰险，经受饥寒伤病的折磨，战胜党内分裂的危机，胜利地完成了长征，创造了战争史上的奇迹。

红军长征的胜利之所以被世界称为奇迹，不仅因其路程之

---

[1] 习近平：《在纪念红军长征胜利80周年大会上的讲话》，人民出版社2016年版，第11—12、16页。

遥远，更是因其面临着众多难以计数之困难：道路难行、自然条件恶劣、数倍于自己的敌人以及长征初期党内的错误路线和错误政策。每一项都足以使红军面临石达开式的灭顶之灾。那么，又是什么力量激励和支撑着红军指战员跨过了激流汹涌的条条江河，翻越了陡峭险峻的座座高山，穿过了沼泽密布的茫茫草地，克服了数不清的艰难险阻，取得长征胜利的呢？

中央红军到达陕北后，1935年12月27日，毛泽东在陕北瓦窑堡党的活动分子会议上明确指出："谁使长征胜利的呢？是共产党。没有共产党，这样的长征是不可能设想的。中国共产党，它的领导机关，它的干部，它的党员，是不怕任何艰难困苦的。"[1]1938年4月，张闻天在陕北公学演讲时指出："原因就在于中国共产党在这次长征中充分地表现出了她为了自己的理想而牺牲奋斗与坚持到底的精神。""没有那种精神，就是一千里的长征也是不可能的。在这次长征中，我们的确曾经碰到了无数的困难。我们曾经碰到了几乎不能渡过的天险金沙江与大渡河。我们曾经碰到了人类几乎没有到过的雪山与草地。我们处在敌军的四面包围之中。"困难几乎是不能克服的。"然而我们那时只有一个思想，就是无论如何要克服这些困难，要为自己的理想奋斗到底。最后，我们还是完成了我们当时的任务，到达了当时的目的。"[2]

坚定的革命信念是红军胜利之根，铁的纪律则是其胜利之

---

[1]《毛泽东选集》第一卷，人民出版社1991年版，第150页。
[2] 中共中央文献研究室、中央档案馆编：《建党以来重要文献选编（1921—1949）》第12册，中央文献出版社2011年版，第240页。

本。在艰苦卓绝的万里长征中，面对数十万国民党军队的围追堵截，面对严酷的自然环境和复杂的斗争生活，中国共产党领导工农红军坚守铁的纪律，锤炼了红军队伍铁的纪律观念。无论环境多么艰苦，官兵都能严守纪律；无论情况多么危急，都不忘执行纪律；无论职务多么高，都能自觉遵守纪律，最终取得了长征的伟大胜利。严守党的铁的纪律，是长征取得最终胜利至关重要的因素。坚持党的领导，是红军创造长征奇迹的最重要原因。在长征途中，党员干部坚决维护中央权威，发挥了表率作用。党员干部的表率作用是形成长征精神的强大动力。在长征中，面对艰苦的自然环境和敌人的围追堵截，广大党员干部始终以模范带头作用影响和带动红军战士战胜艰难困苦，给广大红军战士作了表率。

中国共产党力挽狂澜，走出逆境、绝境、困境。在逆境中走向成熟，在绝境中创造奇迹，在困境中发展。正如毛泽东指出的："中国共产党，它的领导机关，它的干部，它的党员，是不怕任何艰难困苦的。"[1]历史赋予了长征精神特有的历史内涵，它有拯救民族于危亡的殚精竭虑之精神，狭路相逢勇者胜的气吞山河之气势，更有为穷苦百姓打江山的凝神笃定之情怀。在走好新的长征路的今天，它进一步丰富了新的时代内涵。坚持中国共产党的领导，忠诚于党的事业，这是长征胜利的关键所在，这是我们弘扬长征精神的要旨所在。广大红军指战员所表现出来的坚定共产主义理想，革命必胜的革命信念，艰苦奋斗的精神和一往无前、不怕牺牲的英雄气概，构成了伟大的长征精神，成为激励共

---

[1]《毛泽东选集》第一卷，人民出版社1991年版，第150页。

产党人和人民军队继续前进的强大精神动力。

  曾经经历革命低谷并进行了长征的中国共产党认识到,只有把马克思列宁主义基本原理同中国革命具体实际结合起来,独立自主解决中国革命的重大问题,才能把革命事业引向胜利。这是在血的教训和斗争考验中得出的真理。遵义会议在把马克思主义基本原理同中国具体实际相结合、坚持走独立自主道路、坚定正确的政治路线和政策策略、建设坚强成熟的中央领导集体等方面,留下了宝贵经验和重要启示。在中国共产党的坚强领导下,红军秉承薪火相传的革命信仰,忠诚于党的事业,从一个胜利走向一个新的胜利。我们要大力弘扬伟大的长征精神,继承好前人的事业,进行好伟大的奋斗,走好未来的征程。

第四讲　国共两党与抗日战争

卢　毅

这个题目其实讲的也就是国共两党在抗战中的表现和贡献问题,准备谈三个具体问题:一、国民党在全国抗战中的表现;二、中国共产党对抗战的贡献;三、抗日战争胜利的意义和启示。这里先要说明的是,虽然现在一般提十四年抗战,从1931年九一八事变算起,但因为从1931年到1937年是局部抗战阶段,不论国民党还是共产党,抗战的范围和规模都不很大,所以为了更充分地讲国共抗战,在此主要涉及的还是八年全国抗战时期。

一、国民党在全国抗战中的表现

2015年9月1日,习近平总书记在会见前来参加中国人民抗日战争暨世界反法西斯战争胜利70周年纪念活动的连战等台湾各界代表人士时说:"正面战场和敌后战场相互配合、协同作战,都为抗战胜利做出了重要贡献。"[1]他谈到了两大战场,并强调都做出了重要贡献,包括国民党正面战场。下面就先来谈谈国民党的正面战场。

---

[1]《习近平总书记会见台湾各界代表人士》,《人民日报》2015年9月2日。

(一) 国民党正面战场的作用

1937年7月7日卢沟桥事变爆发后，7月17日，蒋介石在庐山发表严正声明："如果战端一开，那就是地无分南北，年无分老幼，无论何人，皆有守土抗战之责任，皆应抱定牺牲一切之决心。"[1]这表明他的抗日态度转向积极。7月23日，毛泽东评价说：蒋介石"这个谈话，确定了准备抗战的方针，为国民党多年以来在对外问题上的第一次正确宣言，因此，受到了我们和全国同胞的欢迎"[2]。这个评价是比较积极的，肯定了蒋介石"准备抗战"，是"正确宣言"，并表示欢迎。但蒋介石这里讲的是"如果"，这说明他还没有完全下定决心。他同时表示："在和平根本绝望之前一秒钟，我们还是希望和平的，希望由和平的外交方法，求得卢事的解决。"[3]仍对外交谈判抱有希望，存有幻想。直到八一三淞沪会战打响后，8月14日，国民政府发表《自卫抗战声明书》指出："中国之领土主权，已横受日本之侵略"，"中国决不放弃领土之任何部分，遇有侵略，惟有实行天赋之自卫权以应之"。[4]这才开始坚决抗战。

9月22日，国民党中央通讯社发表《中国共产党为公布国共合作宣言》；次日，蒋介石又发表谈话，事实上承认了中国共产党的合法地位。这标志着第二次国共合作和抗日民族统一战线

---

[1] 秦孝仪编：蒋介石《思想言论总集》第14卷，(台北)中国国民党中央党史委员会1984年版，第585页。

[2]《毛泽东选集》第二卷，人民出版社1991年版，第344页。

[3] 秦孝仪编：蒋介石《思想言论总集》第14卷，(台北)中国国民党中央党史委员会1984年版，第584页。

[4] 中共中央党校中共党史教研部：《中国国民党史文献选编(1894—1949)》，中共中央党校科研办公室1985年版，第251页。

正式形成。客观看来，这一方面是大势所趋，是中国共产党积极推动的结果，同时也与国民党的政策转变分不开。毛泽东在1938年中共六届六中全会上就说："抗日民族统一战线的政策，又是怎样形成的呢？乃是由于新的历史环境……当时，中国国民党也逐渐改变了它的政策，逐渐转到了团结抗日的立场。假如没有国民党政策的转变，要建立抗日民族统一战线是不可能的。"[1]充分肯定了国民党政策转变对抗日民族统一战线形成的贡献。

与此同时，国民党军队在正面战场也奋起抵抗。8月25日，毛泽东说："所有前线的军队，不论陆军、空军和地方部队，都进行了英勇的抗战，表示了中华民族的英雄气概。中国共产党谨以无上的热忱，向所有全国的爱国军队爱国同胞致民族革命的敬礼。"[2]这里"所有前线的军队"，指的主要就是国民党军队。一直到1945年中共七大，他仍客观地评价："从一九三七年七月七日卢沟桥事变到一九三八年十月武汉失守这一个时期内，国民党政府的对日作战是比较努力的。"[3]朱德在七大上也说："这个时期中曾有相当数量在前线的国民党军队及地方系军队对敌人进行过积极的抵抗。"[4]

具体说来，在1937年7月至1938年10月的战略防御阶段，国民党组织了四次大规模会战，即淞沪会战、太原会战、徐州会战和武汉会战。这些战役的指挥和实施虽然存在一些失误，但

---

[1] 中央档案馆：《中共中央文件选集》第11册，中共中央党校出版社1991年版，第559—560页。
[2] 《毛泽东选集》第二卷，人民出版社1991年版，第352页。
[3] 《毛泽东选集》第三卷，人民出版社1991年版，第1037页。
[4] 《朱德选集》，人民出版社1983年版，第137页。

具有重大的战略意义。第一，粉碎了日本企图三个月灭亡中国、"速战速决"的计划，沉重打击了日军，消耗了它的军事和经济实力，使其兵力分散，战线延长，促使战略相持阶段加快到来。第二，这种顽强抵抗扩大了中国抗战在国际上的影响力，吸引了一些友好国家和海外华侨的积极捐助。第三，国民党爱国官兵不怕牺牲、英勇杀敌的抗战事迹极大地振奋了民族精神，激发了全民族的抗战意志。第四，掩护了西南抗战大后方建设，为工厂、学校等机构的内迁争取了时间，为持久抗战创造了条件。第五，抗战初期国民党正面战场的抵抗也在客观上支持了中国共产党开辟敌后战场，有利于敌后游击战争的展开和抗日根据地的创建。

1938年11月，毛泽东在《战争和战略问题》中提出："在战争问题上，抗日战争中国共两党的分工，就目前和一般的条件说来，国民党担任正面的正规战，共产党担任敌后的游击战，是必须的，恰当的，是互相需要、互相配合、互相协助的。"[1]1939年1月，他在为《八路军军政杂志》撰写《发刊词》时又明确指出："友军的协助是明显的，没有正面主力军的英勇抗战，便无从顺利地开展敌人后方的游击战争；没有同处于敌后的友军之配合，也不能得到这样大的成绩。八路军的将士应该感谢直接间接配合作战的友军，尤其应该感谢给予自己各种善意援助与忠忱鼓励的友军将士。"[2]充分肯定了国民党正面战

---

[1] 毛泽东：《战争和战略问题》(1938年11月6日)，《毛泽东选集》第二卷，人民出版社1991年版，第553页。

[2]《毛泽东文集》第二卷，人民出版社1993年版，第140页。

场和"友军"的协助作用。

1938年10月武汉会战结束后，抗日战争进入相持阶段，国民党的政策发生了一些变化，开始积极反共。但客观来看，这一阶段国民党军队总体上仍坚持抗战，先后进行了一系列会战，如南昌会战（1939年3—5月）、随枣会战（1939年5月）、第一次长沙会战（1939年9—10月）、桂南会战（1939年11月—1940年2月）、枣宜会战（1940年5—6月）、豫南会战（1941年1—2月）、上高会战（1941年3—4月）、晋南会战（1941年5—6月）、第二次长沙会战（1941年9—10月）、第三次长沙会战（1941年12月—1942年1月）、浙赣会战（1942年5—9月）、鄂西会战（1943年5—6月）和常德会战（1943年11—12月）等。这些战役的规模都很大，所以叫会战。这些战役还有个特点，它们有的是抵抗日军进攻，而有的则是国民党军队主动出击，向日军发起积极进攻。特别是1939年"冬季攻势"，国民党先后调集了10个战区132个师、9个独立旅，共100多万人投入对日作战。面对这种猛烈的攻势，甚至连日本军方也不得不承认："中国军队攻势规模之大，斗志之旺盛，行动之积极顽强均属罕见……在中国事变八年间，彼我主力正式激战并呈现决战状态，当以此时为最。"[1]日方还说："这次冬季攻势的规模及其战斗意志远远超过我方的预想，尤其是第三、五、九战区的反攻极为激烈"，"敌人的进攻意志极为顽强，其战斗力量不可轻视"，"它向中外显示了

---

[1] 日本防卫厅防卫研究所战史室编纂，天津市政协编译委员会译校：《日本军国主义侵华资料长编——〈大本营陆军部〉摘译》上册，四川人民出版社1987年版，第519—520页。

自己主动发起攻势的力量",而日军"付出的牺牲是过去作战不曾有过的"。[1]评价相当高。

1941年底太平洋战争爆发后,国民党总体上还是坚持抗战。1941年12月7日,日本偷袭珍珠港,引发了太平洋战争。12月23日,中国就派出远征军入缅作战,这其实也是国民党坚持抗战的表现。太平洋战争爆发半年后,1942年5月,日军参谋本部作战部部长田中新一中将说:日本"试图利用大东亚战争序战的成果,摧毁重庆继续战斗的意志,其结局并未取得任何效果。重庆坚决抗战的意志并未动摇"[2]。1943年7月7日,中共中央在《为抗战六周年纪念宣言》中也说,"整个中国战场上,六年来的作战,实际上是被划分为正面与敌后两大战场。这两个战场的作用,是互相援助的,缺少一个,在目前就不能制止法西斯野兽的奔窜,在将来就不能驱逐这个野兽出中国,因此必须增强这两个战场互相援助的作用"[3],仍强调了两大战场互相援助、缺一不可的作用。

特别值得肯定的是,国民党军队在抗战中涌现出了佟麟阁、赵登禹、郝梦龄、张自忠、戴安澜等一大批为国捐躯的高级将领和坚守上海四行仓库的"八百壮士"等英雄群体,表现出了强烈的爱国主义精神。如郝梦龄在给妻子的遗书中写道:"此次抗战

---

[1] 日本防卫厅防卫研究所战史室著,田琪之译:《中国事变陆军作战史》第3卷第1分册,中华书局1981年版,第80、86、93、94页。

[2] 日本防卫厅防卫研究所战史室编纂,天津市政协编译委员会译校:《日本军国主义侵华资料长编——〈大本营陆军部〉摘译》中册,四川人民出版社1987年版,第368页。

[3] 中央档案馆:《中共中央文件选集》第14册,中共中央党校出版社1992年版,第54页。

乃民族国家生存之最后关头……为军人者为国家战亡，死可谓得其所矣！"[1]1938年3月12日，毛泽东在延安召开的追悼抗敌阵亡将士大会上说："从郝梦龄、佟麟阁、赵登禹……诸将领到每一个战士，无不给了全中国人以崇高伟大的模范。中华民族绝不是一群绵羊，而是富于民族自尊心与人类正义心的伟大民族。"[2]高度评价了郝梦龄等人。普通士兵也一样英勇。在淞沪会战中，日本军方曾记载："中国军之步兵，虽在日军无情之炮击下，绝不由阵地后退。"[3]台儿庄战役中，日军主力第十师团步兵第十联队的《战斗详报》记载：国民党军队"凭借散兵壕，全部守兵顽强抵抗直到最后……曾使翻译劝其投降，应者绝无"[4]。

毫无疑问，这种顽强抵抗的抗战意志和广大爱国官兵所表现出来的强烈的爱国主义精神，是值得全民族尊敬的。2015年9月2日，习近平总书记在颁发"中国人民抗日战争胜利70周年"纪念章仪式上就说："无论是正面战场还是敌后战场，无论是直接参战还是后方支援，所有投身中国人民抗日战争中的人们，都是抗战英雄，都是民族英雄。"[5]

---

[1] 高鹏：《太原会战》，团结出版社2005年版，第97页。
[2] 《毛泽东在纪念孙总理逝世十三周年及追悼抗敌阵亡将士大会上的演说词》(1938年3月12日)，《解放》第33期，1938年4月1日。
[3] 蒋纬国总编著：《国民革命战史第三部·抗日御侮》第5卷，(台北)黎明文化事业公司1978年版，第59页。
[4] 日本防卫厅防卫研究所战史室著，田琪之译：《中国事变陆军作战史》第2卷第1分册，中华书局1979年版，第37页。
[5] 习近平：《在颁发"中国人民抗日战争胜利70周年"纪念章仪式上的讲话》(2015年9月2日)，《人民日报》2015年9月3日。

（二）国民党在抗战中的腐败

之所以要讲这个问题，是现在有人为国民党翻案又有点过了，从一个极端走向另一个极端。应该说，国民党总体上坚持抗战，大多数国民党军队也是英勇杀敌的。但不容否认，确实也有不少国民党官员和军队投降当了汉奸。据统计，自抗战开始至1943年8月，国民党文武官员及作战部队投降的，就有包括副总裁汪精卫在内的中央委员20人，旅长以上将领58人，投日军队达50万人，可谓"降官如毛，降将如潮"。面对这个事实，怎么能过分美化国民党呢？

另外，国民党在抗战中还暴露出了严重的腐败问题。1944年5月，四川省政府机关报成都《华西日报》发表文章说："吏治之坏，几可以说无有甚于今日者，其最明显的表现，就是贪官污吏，到处充斥……官愈大，势愈厚，而贪污数目愈为惊人。"[1]抗战期间，国民党最令人痛恨的腐败现象是豪门权贵营私舞弊，大发国难财。民主人士马寅初即曾抨击："现在前方抗战百十万之将士牺牲其头颅热血，几千万人民流离颠沛，无家可归，而后方之达官资本家，不但于政府无所贡献，且趁火打劫，大发横财，忍心害理，孰甚于此。"[2]其内心异常愤慨。

除了民主人士，当时的盟国美国也批评国民党。美国将军史迪威便说："我以我所见到的一切来判断国民党和共产党。国民党腐败，失职，混乱……囤积，黑市，和敌人做买卖。共产党的纲领……减税，减租，减息。提高生产和生活水平。参加政府。

---

[1]《社论》，《华西日报》1944年5月16日。
[2] 周永林、张廷钰编：《马寅初抨官僚资本》，重庆出版社1983年版，第101页。

说到做到。"[1]而蒋介石侍从室第六组组长唐纵亦在日记中写道："前方吃紧，后方紧吃，前方有什吃什，后方吃什有什。前方一身流血，后方满口流油。"他还感慨："今日犯科作奸的都是有力量的人，政治的败坏，自上而下，所有的经济政治军事全都坏了……如果不能彻底有所改革，社会真是不可收拾。"[2]

不仅是大后方腐败，在前方的国民党军队中同样充满了腐败。1938年1月，全国抗战才进行半年，蒋介石便在一次演说中说："在没有开仗以前，一切危险困苦艰难挫折的情形，我都已料到，但决不料我们的军纪，会败坏到这步田地！"[3]但这种情况一直没有得到改观。1945年，他又在日记中说："今日最大之耻辱乃国军败创、纪律废弛、内部腐化、外表枯竭、形同乞丐，以此为目前之大耻，而为国际所诟病者。"[4]

总之，国民党在抗战中存在着严重的腐败，这就对抗战造成了非常恶劣的影响，甚至影响了抗战的进程。今天在评价国民党在全国抗战中的表现时，这些显然是无法掩盖和美化的。

二、中国共产党对抗战的贡献

1931年九一八事变发生后，国民党实行"不抵抗"政策，很

---

[1] [美]约瑟夫·W.史迪威等著，瞿同祖编译：《中华民国史资料丛稿译稿》第2辑"史迪威资料"，中华书局1978年版，第120页。

[2] 公安部档案馆编注：《在蒋介石身边八年——侍从室高级幕僚唐纵日记》，群众出版社1991年版，第198、439页。

[3] 秦孝仪编：蒋介石《思想言论总集》第15卷，（台北）中国国民党中央党史委员会1984年版，第14页。

[4] 吕芳上主编：《蒋中正先生年谱长编》第8册，（台北）"国史馆"、中正纪念堂、中正文教基金会2015年版，第8页。

快丢掉东北，后来又提出"攘外必先安内"，继续对日妥协。是中国共产党首先对日宣战的。1932年4月15日，毛泽东以中华苏维埃共和国临时中央政府主席的名义发表《对日战争宣言》，公开宣告："中华苏维埃共和国临时中央政府特正式宣布对日战争，领导全中国工农红军和广大被压迫民众，以民族革命战争驱逐日本帝国主义出中国，反对一切帝国主义瓜分中国，以求中华民族彻底的解放和独立。"[1]中国共产党不仅对日宣战，还积极付诸实践，领导东北抗联开始抗战。具体说来，中国共产党对抗战的贡献，主要表现在两个方面。

（一）政治上，积极倡导、促成和维护抗日民族统一战线

为了更好地抗战，中国共产党提出了建立抗日民族统一战线的主张。1935年，在中日民族矛盾已逐步上升为主要矛盾的形势下，中共中央发表了著名的《八一宣言》，呼吁全国各党派、各军队、各界同胞"停止内战，以便集中一切国力（人力、物力、财力、武力等）去为抗日救国的神圣事业而奋斗"[2]。这标志着中国共产党抗日民族统一战线策略思想的初步形成。1935年12月，中共中央在瓦窑堡会议上又正式制定了建立抗日民族统一战线的策略方针。

中国共产党不仅是抗日民族统一战线的首倡者，而且为促成它付出了巨大努力。1936年12月，中共中央积极支持和平解决西安事变，使这一事件成为时局转换的枢纽，为实现第二次国共

---

[1] 中央档案馆：《中共中央文件选集》第8册，中共中央党校出版社1991年版，第637页。

[2] 中央档案馆：《中共中央文件选集》第10册，中共中央党校出版社1991年版，第522页。

合作奠定了基础。后来为了维护统一战线,中共也做出了很大忍让。抗战初期,国共两党的合作比较顺利,但随着共产党力量不断壮大,国民党感到了威胁,于是开始反共,最严重的就是皖南事变。事变发生后,形势剑拔弩张,内战一触即发。但为了抗战大局,中共还是忍了下来,没有与国民党决裂。皖南事变1941年1月初发生,1月底日军就进攻河南。在这种情况下,毛泽东认为"中日矛盾仍属第一"[1],因此要求中共部队要团结国民党友军,"应有相当部队配合友军作战,并极力发展统战工作"[2]。这说明中国共产党为了维护抗日民族统一战线,确实是忍辱负重、以大局为重。

(二)军事上,中共敌后战场消灭和牵制了大量敌人

近年来不少人抬高国民党,贬低共产党,认为抗战都是国民党正面战场打的,共产党敌后战场没有起到什么作用。这种言论在网络上特别是一些自媒体传播得非常广。但如果理性地来看,这种说法是存在很多问题的,以下着重从两个方面来进行分析。

第一,美国记者和日军眼中的中共敌后战场。

抗战期间,由于国民党长期宣传共产党"游而不击",所以有些外国记者一直想去敌后战场实地考察,但未获国民党同意。1945年,毛泽东在七大上曾说:"在国民党统治区,在国外,由于国民党政府的封锁政策,很多人被蒙住了眼睛。在一九四四年中外新闻记者参观团来到中国解放区以前,那里的许多人对于解

---

[1]《毛泽东军事文集》第二卷,军事科学出版社、中央文献出版社1993年版,第629页。

[2]《毛泽东文集》第二卷,人民出版社1993年版,第349页。

放区几乎是什么也不知道的。"[1]1944年，经过一再努力争取，国民党终于同意组成一个中外记者团进入陕甘宁边区。

到了边区后，美国记者冈瑟·斯坦因发表文章说："在封锁线后面我发现了这样一个热烈的新社会，简直使我目瞪口呆，五年以来，在重庆对共产党除恶意的诽谤而外毫无所闻的我，对着在延安所发现的事物，吃惊的擦拭着自己的眼睛。"[2]另一个美国记者哈里森·福尔曼，在目睹了晋绥军区第八分区的一场战斗后也说："过去有人告诉我们：八路军不打仗，现在我们亲眼看到八路军是作战的；过去有人同我们讲八路军没有伤兵，现在我们看到了八路军是有伤兵的；过去有人给我们讲八路军没有捉住俘虏，现在我们看到了八路军捉住了俘虏；在过去有人给我们讲这地方人民害怕并恨八路军，现在我们看到了人民是爱护八路军、拥护八路军的。"[3]还有一个美国记者武道，他是国民党中宣部顾问，原来是反共的，但这次延安之行改变了他的态度。回到重庆后，他说："过去我对八路军、共产党不好，是反对他们的，可是这次我到了延安、晋西北，证明我的过去的观点是错误的，八路军真是能打仗。"[4]

除了这些外国记者，还有更有说服力的材料，即日方的材料。"二战"结束后，日本防卫厅编了一本《华北治安战》，收录

---

[1]《毛泽东选集》第三卷，人民出版社1991年版，第1054页。

[2]袁武振：《面前是新中国一角的曙光——1944年夏中外记者团延安纪行》，《党史纵横》1995年第2期。

[3][美]哈里森·福尔曼著，陶岱译：《北行漫记》，新华出版社1988年版，第274页。

[4]陕西省档案馆、陕西省社会科学院编：《陕甘宁边区政府文件选编》第8辑，档案出版社1988年版，第372页。

了当年华北方面军的许多原始资料。根据这本书的记载，早在1938年，日本华北方面军情报机关便断定："今后华北治安的对象是共军。"1939年，华北方面军参谋长笠原幸雄也承认："今后华北治安的致命祸患，就是共军。"他还说："其势力迅速发展壮大，不容轻视。如不及早采取对策，华北将成为中共天下。为此，方面军的讨伐重点，必须全面指向共军。"1940年，八路军打了百团大战后，日军更是惊呼："共军对我占领区的进犯越来越频繁，已成为今后肃正工作上最严重的问题"，"共军无论在质量上、数量上均已形成抗日游击战的主力。因此，占领区内治安肃正的主要对象，自然是中共势力"。1941年，他们再次强调："蒋系军队一直处于颓势……据此，方面军将工作重点置于对共施策上，进一步针对实际情况，予以加强。"[1]1942年，华北方面军又说："治安肃正的重点，应放在以剿共为主的作战讨伐上。"[2]

1943年，华北方面军在年度综合战报更是详细公布："敌大半为中共军，与蒋军相反，在本年交战一万五千次中，和中共的作战占七成五。在交战的二百万敌军中，半数以上也都是中共军。在我方所收容的十九万九千具敌遗尸中，中共军也占半数。但与此相比较，在我所收容的七万四千俘虏中，中共军所占的比率则只有一成五。这一方面暴露了重庆军的劣弱性，同时也说明了中共军交战意识的昂扬……因此，华北皇军今后的任务是更增加其重要性了。只有对于为华北致命伤的中共军的绝灭作战，才

---

[1] 日本防卫厅战史室编，天津市政协编译组译：《华北治安战》上册，天津人民出版社1982年版，第100、177、223、236、216、363页。
[2] 同上书，第101页。

是华北皇军今后的重要使命。"[1]这些来自敌人、把中共军队看成"华北致命伤"的材料，无疑充分说明了敌后战场的地位和作用。

第二，中共敌后游击战的奇效。

长期以来有不少人指责中共有意"保存实力"，只打游击战，不打正规战。其实这种看法是不正确的。美国著名记者埃德加·斯诺曾言："有人贬低游击队的领导人，说他们为什么不更频繁地攻击敌人的大据点。这种批评往往是由于对情况不了解。缺乏军火工业是一个根本的弱点，即使想出巧妙的办法也无法完全克服……因此，他们不得不选择打速决的、得过于失的战斗。"[2]这讲的主要就是武器装备的明显劣势，决定了中共军队打不了正规战，只能打游击战。甚至连国民党白崇禧也说："有人认为打游击乃保存实力之作法，殊不知敌后游击，任务极为艰巨，因补给困难，且多半以寡抵众，以弱抵强，故必须官兵加倍淬厉奋发，机警勇敢，绝非保存实力者所能胜任。"[3]他也承认游击战之不易，绝非简单的"保存实力"。

而作为游击战的作战对象，日军更是认为"共军的游击战术巧妙，其势力与日俱增，广泛地扩大了地盘"。他们还感慨：八路军"采取遇强则退、逢弱便打的战法，对其剿灭极为困难"，"共军的行动轻快而敏捷，熟悉地理，因而无法捕获。相反，日军却多次遭到共军的伏击"。后来在华北广泛开展的地道战，更是令日军苦恼，他们感觉"总像是在和鼹鼠作战一样，旷费时日，真

---

[1]《朱德选集》，人民出版社1983年版，第148—149页。
[2][美]埃德加·斯诺：《为亚洲而战》，新华出版社1984年版，第412页。
[3]《白崇禧先生访问纪录》上册，（台北）"中央研究院"近代史研究所1985年版，第353页。

想举手服输"。日军还对比了国共两党军队的战略战术:"从作战成果看,重庆军比较容易击败,但要捕捉、消灭采取退避分散战术的共军则极为困难。"[1]有个日本少尉甚至说:"对神出鬼没的共军每天都要进行神经紧张令人恐惧的战争,不如打一次大规模的战斗反倒痛快。"[2]游击战的奇效由此可见一斑。

当时,中共游击战的这种奇效也引起了国民党的关注。1938年11月,蒋介石邀请周恩来和叶剑英参加南岳军事会议。这次会议确定自七七抗战开始到武汉失守为第一期抗战,以正规战为主,尔后为第二期抗战,实行"游击战重于正规战,变敌后为其前方,用三分之一力量于敌后方"的方针。[3]为了培养游击战的人才,国民政府军委会还专门在衡山举办了三期南岳游击干部训练班,蒋介石亲任主任,白崇禧、陈诚任副主任,并聘请了叶剑英等中共将领为教官,传授游击战战略战术。1939年3月,新四军提交了一份有关游击战的报告后,何应钦批示:"此报告颇有价值,可供我军战术研究之资料。"蒋介石也复电叶挺、项英说:"所陈各节颇有见地,已令择列教令,以供我游击各部队之参考。"[4]这无疑是向中共学游击战了。

但从后来的情况来看,国民党的游击战效果显然不佳。他们

---

[1] 日本防卫厅战史室编,天津市政协编译组译:《华北治安战》上册,天津人民出版社1982年版,第65、82、157、469、264页。

[2] 日本防卫厅战史室编,天津市政协编译组译:《华北治安战》下册,天津人民出版社1982年版,第169页。

[3] 秦孝仪主编:《中华民国重要史料初编——对日抗战时期》第二编"作战经过"(三),(台北)中国国民党中央委员会党史委员会1981年版,第149页。

[4] 中国人民解放军历史资料丛书编审委员会:《新四军·参考资料》(2),解放军出版社1991年版,第117页。

先后派了近百万的部队到敌后打游击战，但基本站不住，很多投降当了伪军。1944年6月22日，叶剑英向中外记者参观团介绍说："总计开到华北、华中敌后战场的国民党军队，原来不下一百万……由于政策错误和受不了艰苦磨炼，绝大部分被敌人消灭或投降了敌人，留在原地的及撤回后方的为数甚少。"[1]而早在1940年，日军便说："国民党游击队的投降倾向显著，已至日趋没落之地步。与之相反，共产党八路军所取得的地盘，则占有保定道的全部、河北省80%的地区。如今，河北省成为中共独占的活跃舞台。"他们还将国共两党的游击战做了比较，认为国民党的游击队"同共产党员领导的受过政治训练的游击队相比，战斗力相差很大，而且其下级队员大多数倾向共产党"，"国民党系统军队的政治工作和游击战，与中共方面相比较，则相形见绌，不够熟练和妥善。故在国共并存的地区内，共产势力掌握着主导权，而且国民党方面逐渐受其侵蚀"[2]。总之，他们认为国民党的游击战不如共产党。

对于这一点，国民党自己也承认。阎锡山曾质问部下："查八路军此次利用特殊地形袭击敌人，我军对此种方法，人无不知，及其他种种袭击方法，亦无人不尽知，然何以八路军每次击敌，皆收奇效，我军则反是？"[3]其实归根到底，其答案就

---

[1] 中央档案馆：《中共中央文件选集》第14册，中共中央党校出版社1992年版，第613页。

[2] 日本防卫厅战史室编，天津市政协编译组译：《华北治安战》上册，天津人民出版社1982年版，第157、106、201页。

[3] 中国人民解放军历史资料丛书编审委员会：《八路军·参考资料》(1)，解放军出版社1992年版，第246页。

在于人民战争。正如毛泽东在《论持久战》中所指出，"兵民是胜利之本"，"战争的伟力之最深厚的根源，存在于民众之中"，"动员了全国的老百姓，就造成了陷敌于灭顶之灾的汪洋大海"。[1]

而国民党虽然也讲持久战，但做不到人民战争，或者根本没有意识到。蒋介石曾说："所谓游击战，实在是正规战之一种，一定要正式的部队，才能够担任。"[2]这说明他只是把游击战当作正规战的一种，靠的还是正规军，没有发动群众。白崇禧亦承认："过去的作战，都只是单纯的军事动员，政治并未动员，只是军队抗战，民众并未抗战。"[3]即只是片面抗战，而非全面抗战。这就是国共两党游击战最大的区别。国民党理论家叶青后来分析："共产党为什么有力量？依我看来，就是他在抗战期内，能够动员民众，发展游击得到成功。而本党呢？对抗战完全站在官僚主义观点上，把抗战看做是军队事情，忽略了动员民众，发展游击的工作，即不完全忽略动员民众，发动游击，但至少是以官僚作风来动员民众，发动游击，因此，共产党得到成功，本党没有成功。"[4]

相反地，中共领导的敌后战场是全面抗战，广泛发动群众并得到民众的支持。1944年，美军观察组来到延安。其中一个成员

---

[1]《毛泽东选集》第二卷，人民出版社1991年版，第509、511、480页。

[2]秦孝仪编：蒋介石《思想言论总集》第15卷，（台北）中国国民党中央党史委员会1984年版，第44页。

[3]姚蓝、邓群：《白崇禧身边的中共秘密党员谢和赓》，魏华龄、王玉梅主编《桂林文史资料》第37辑，漓江出版社1998年版，第97页。

[4]周维朋：《战后中国国民党派系关系之研究——以党政革新运动为中心的探讨》，中国大百科全书出版社2013年版，第102页。

戴维斯在给华盛顿的报告中写道:"在中国近代史上,共产党政府和军队是第一个……得到积极而广泛的群众支持的。他们之所以得到这种支持,是因为政府和军队真正是人民的。"[1]另一成员雷蒙·拉登也说:"我们所目睹的华北共产党得到民众支持的证据是这样广泛和明显,已经不能再认为这仅仅是为了欺骗外国来访者的一场表演。在中国近代史上,头一次有一个统治着广大地区的完全由中国人治理的政府得到民众积极支持,而且民众的参与正在不断扩大。"[2]

美军观察组是从重庆来的,他们习惯性地将延安和重庆加以对比。如雷蒙·拉登便明显感受到"那里有一种生机勃勃的气氛和力量,一种与敌人交手的愿望。这在国民党的中国是难以见到的"。他还说:中共"高级的领导人无一例外都是久经考验的老战士,能给人民提出充满活力的纲领。毫无疑问,目前他们是中国最现实、组织最严密、意志最坚决的组织"[3]。戴维斯则认识到:"蒋的封建的中国,不能长期与华北的一个现代化的、有活力和有人民拥护的政府并存","共产党将在中国存在下去。中国的命运不是蒋的命运,而是他们的命运"。[4]还有个成员多姆克甚至断言:"中共是新兴的,办法、作风、民主都是新的,人民

---

[1] [美]约翰·佩顿·戴维斯著,罗清、赵仲强译:《抓住龙尾——戴维斯在华回忆录》,商务印书馆1996年版,第346页。
[2] 资中筠:《美国对华政策的缘起和发展(1945—1950)》,重庆出版社1987年版,第397页。
[3] 同上书,第397—398页。
[4] 中共陕西省委党史研究室:《中外记者团和美军观察组在延安》,陕西人民出版社1995年版,第529页。

拥护……我想，国民党如不想新办法，死亡不久了。"[1]

关于中共游击战获得民众支持，日军也有诸多记载。他们说："八路军的抗战士气甚为旺盛，共产地区的居民，一齐动手支援八路军，连妇女、儿童也用竹篓帮助运送手榴弹。我方有的部队，往往冷不防被手执大刀的敌人包围袭击而陷入苦战。"[2]

那老百姓为什么帮八路军呢？首先，八路军真抗日，保护百姓生命财产安全。日军曾说："八路军游击队不仅与党、政、军、民有着密切的结合，而且干部、士兵也均抱有对主义的信仰和正确的政治态度，民族意识相当高昂。"[3]在这方面，八路军副总参谋长左权就是一个典型例证。1937年，他给母亲的家书写道："母亲：亡国奴的确不好当，在被日寇占领的区域内，日人大肆屠杀，奸淫掳抢，烧房子……日寇不仅要亡我之国，并要灭我之种，亡国灭种惨祸，已临到每一个中国人民的头上。"他还说："我军在西北战场上，不仅取得光荣的战绩，山西的民众，整个华北的民众，对我军极表好感。他们都唤着'八路军是我们的救星'。我们也决心与华北人民共艰苦，共生死。不管敌人怎样进攻，我们准备不回到黄河南岸来。"[4]誓死抗日，与民众共存亡，所以得到百姓爱戴。

在此，顺便澄清一个错误的说法。现在网上不少人说：国民党

---

[1] 耿飚：《国际统一战线问题》，中共晋察冀分局《战线》第121期，1945年6月15日。

[2] 日本防卫厅战史室编，天津市政协编译组译：《华北治安战》上册，天津人民出版社1982年版，第312页。

[3] 同上书，第407页。

[4] 左太北主编：《左权将军家书》，解放军出版社2002年版，第57—58页。

在抗战中牺牲了206个将领，而共产党只牺牲了左权将军一人，由此来贬低共产党对抗战的贡献。实际上，这种说法是有问题的。因为国民党军队有一套完整的军衔体系，而中共虽然在抗战初期因统战需要，有些将领被国民政府授予军衔，如周恩来当时被任命为国民政府军事委员会政治部副主任，被授予中将军衔，但只有这一批，后来国民党就再也不给共产党将领授衔了。而中共军队无论是八路军还是新四军，都没有形成一套完整的军衔制度。1942年4月，中共中央明确规定："概不划分干部之等级军衔。"[1]所以，从军衔来说不具可比性。如果一定要比，就不能比军衔，顶多比职务。

从国民党阵亡将领的名单来看，少将一般是旅长，但也包括了一些团长甚至更低的。例如带领"八百壮士"死守四行仓库的谢晋元，原来只是团长，牺牲后被追认为少将；还有率领"五百壮士"死守上海宝山的姚子青，原来只是营长，牺牲后也被追认为少将。而共产党当时连军衔制度都没有，自然谈不上向上追认。相反地，红军最初在改编为八路军时因为编制番号的限制，还曾经向下降级使用。因此，从职务来说其实也是不好比的。如果非要比也无妨。据统计，八路军、新四军、东北抗联、华南游击队牺牲旅以上的干部共计200多个，与国民党牺牲将领数量几乎相当。

而且从牺牲将领所占比例来说，共产党也高于国民党。国民党的军队多，将领也多，而共产党的军队少，将领也少，但牺牲的却不少。从1937年到1945年，八路军一共有团级以上干部

---

[1] 中央档案馆：《中共中央文件选集》第13册，中共中央党校出版社1991年版，第386页。

3438人，在八年全国抗战中牺牲了728人。[1]这么高的牺牲比例，恰恰证明了那时共产党干部确实是身先士卒、不怕牺牲。而在这个问题上，蒋介石对国民党极不满意。他曾批评部下："你看我们现在打这样的大战，几年以来，无论在哪一个战区，将官战死的究有几个？可见在我们一般高级将领之中，真正能够为民族为主义而牺牲的很少很少！"[2]由此来看，国民党将领牺牲的比例其实并不高。所以，那种把国共两党牺牲将领数量做简单类比的做法是有问题的，试图以此来贬低中共抗战则更属谬误。连日本人都说："如果有人以为只要和重庆能够谈判成功，就可以解决中国事变，那是很大的错误。根据我们的见解，真正的抗日势力，始终一贯的是中国共产党。"[3]他们也承认中共的抗日态度始终是积极和坚决的，是"真抗日"，所以得到百姓拥护。

其次，八路军守纪律，军民关系好。在上引左权家书中，他还告诉母亲："我军将士，都有一个决心，为了民族国家的利益，过去没有一个铜板，现在仍然是没有一个铜板，过去吃过草，准备还吃草。"[4]宁可"吃草"，绝不去抢劫百姓，这与国民党军纪败坏形成了鲜明对比。日军第二十六师团师团长佐伯文中将曾赞叹："共军地下工作巧妙灵活，群众对他们心悦诚服，而且军纪

---

[1] 参见中国人民解放军历史资料丛书编审委员会：《八路军表册》，解放军出版社1994年版。

[2] 秦孝仪编：蒋介石《思想言论总集》第18卷，（台北）中国国民党中央党史委员会1984年版，第373页。

[3] 时事研究会编：《赤胆忠心录》，大连新文化书店1946年版，第44页。

[4] 左太北主编：《左权将军家书》，解放军出版社2002年版，第58页。

严明，秋毫无犯。"[1]

再次，中共具有强大的组织动员能力。日军曾描述中共："他们是党、政、军、民结成一体的组织，具有明确的使命观。他们为了实现革命，力图通过争取民众，组织民众，以扩大加强其势力……从而使我方单靠军事力量无法进行镇压。"这里便谈到中共将党、政、军、民结成一体的强大组织动员能力。他们还承认："中共掌握农民大众之方法极为巧妙，已在华北各地施行，此点，日本望尘莫及。"[2]并说："中共及其军队集中全力去了解民众，争取民心，不但日本，就连重庆方面也是远远不能相比的。"而时任华北方面军司令长官冈村宁次甚至提出："共产党以党、政、军三位一体，与民众的关系有如鱼水，正在积极争取民众，我方也必须以军、政、会三者与之对抗，打一场争取民众的战争。"[3]这不啻是向中共学习人民战争了。所以，时任日本大本营参谋的陆军中校山崎重三郎1965年12月在日本军事杂志《丸》上发表文章评价：在世界战争史上"虽然有各种各样的游击战，但只有毛泽东率领的中国共产党军队的抗日游击战争，堪称为历史上规模最大、质量最高的游击战"[4]。

三、抗日战争胜利的意义和启示

经过14年艰苦卓绝的浴血奋战，中国人民终于取得了抗日

---

[1] 日本防卫厅战史室编，天津市政协编译组译：《华北治安战》下册，天津人民出版社1982年版，第419页。
[2] 同上书，第411、97页。
[3] 同上书，第472、52页。
[4] 高鹏编：《敌后游击战》，团结出版社2005年版，第9页。

战争的胜利。这场来之不易的胜利,有着深远的历史意义和丰富的经验启示。

(一)抗日战争胜利的意义

第一,抗日战争取得了近代以来中国反抗外敌入侵的第一次完全胜利,为中华民族伟大复兴赢得了重要的历史契机。自从1840年鸦片战争以来,中国人为了救亡图存进行过多次抗争,但无一例外都失败了。正如毛泽东所说:"我国从十九世纪四十年代起,到二十世纪四十年代中期,共计一百零五年时间,全世界几乎一切大中小帝国主义国家都侵略过我国,都打过我们,除了最后一次,即抗日战争,由于国内外各种原因以日本帝国主义投降告终以外,没有一次战争不是以我国失败、签订丧权辱国条约告终。"[1]而抗日战争则取得了第一次完全胜利,捍卫了国家主权和领土完整,彻底洗刷了近代以来抗击外来侵略屡战屡败的耻辱,为中华民族的百年屈辱画上了句号。这是中华民族从沉沦走向复兴的起点。

第二,抗日战争的胜利重新确立了中国的大国地位,为中华民族伟大复兴提供了有利的国际环境。抗日战争既是一场民族解放战争,又具有世界性的意义。毛泽东曾言:"伟大的中国抗战,不但是中国的事,东方的事,也是世界的事……我们的敌人是世界性的敌人,中国的抗战是世界性的抗战。"[2]在世界反法西斯战争中,中国抗日战争开展时间最早、持续时间最长,开辟了世界反法西斯战争的东方主战场,为世界反法西斯战争做出了

---

[1]《毛泽东文集》第八卷,人民出版社1999年版,第340页。
[2]《毛泽东文集》第二卷,人民出版社1993年版,第145—146页。

巨大的贡献。也正因此，中国的国际地位随着抗日战争的开展和胜利得到显著提高，为中华民族伟大复兴提供了有利的国际环境。

第三，抗日战争改变了中国政治力量的对比，为中华民族伟大复兴指明了历史的发展方向。抗日战争不仅是一场争取民族独立和解放的战争，同时也是一场追求民主与进步的深刻社会变革。抗战期间，毛泽东多次强调，"抗日战争的政治目的是'驱逐日本帝国主义、建立自由平等的新中国'"[1]，即不仅要抗日，还要建立新中国。在抗日战争中，中国共产党领导的革命力量获得了空前大发展，从4万增长到120万，走向了政治舞台的中央。相反地，国民党却在愈演愈烈的腐败中逐渐丧失了人心。这种政治力量的消长和人心的向背，直接影响了战后中国的政治格局和历史走向。

（二）抗日战争胜利的启示

第一，以爱国主义为核心的中华民族精神是中国抗日战争胜利的决定因素。著名教育家晏阳初曾说："几千年来，中国人所怀抱的观念是'天下'，是'家族'，近代西方的民族意识和国家观念，始终没有打入我们老百姓的骨髓中。直到现在，敌顽攻进来的巨炮和重弹，才轰醒了我们的民族意识，南北数千里延烧的战线，才激动了我们的全面抗御、同仇敌忾的精神，我们从亡国灭种的危机中，开始觉悟了中国民族的整个性和不可分性。生则俱生，死则俱死；存则俱存，亡则俱亡，这是民族自觉史的开

---

[1]《毛泽东选集》第二卷，人民出版社1991年版，第481页。

端，是真正的新中国国家的序幕。"[1]这里讲的就是抗日战争促进了民族意识的觉醒，促进了全民族的团结。毛泽东也说："这个战争促进中国人民的觉悟和团结的程度，是近百年来中国人民的一切伟大的斗争没有一次比得上的。"[2]

第二，以抗日民族统一战线为旗帜的全民族抗战是中国抗日战争胜利的重要法宝。抗日民族统一战线中包含了各党派，它们的政治主张各自不同，有时分歧还相当严重，但在抗战期间大多能以国家民族利益为重，维护了统一战线，特别是第二次国共合作得到维持，这就保证了抗战的胜利。2014年9月3日，习近平总书记在纪念中国人民抗日战争暨世界反法西斯战争胜利69周年座谈会上指出："中国共产党领导开辟的敌后战场和国民党指挥的正面战场协力合作，形成了共同抗击日本侵略者的战略局面。中国人民抗日战争胜利是全民族抗战的胜利，是全体中华儿女的荣光！"[3]这就突出强调了全民族抗战。当年在中华民族到了最危险的时候，国共两党携起手来，共赴国难，"在民族公敌面前，互相忘记了旧怨，而变成了互相援助的亲密朋友"[4]，由此才取得了近代以来反抗外敌入侵的第一次完全胜利。2020年是抗日战争胜利75周年，抚今追昔，我们依然能够清晰地感受到历史留下的这些永恒启示。

---

[1] 晏阳初：《农民抗战底发动》，《大公报》（汉口版）1937年10月11日。
[2] 《毛泽东选集》第三卷，人民出版社1991年版，第1032页。
[3] 习近平：《在纪念中国人民抗日战争暨世界反法西斯战争胜利69周年座谈会上的讲话》（2014年9月3日），《人民日报》2014年9月4日。
[4] 《毛泽东文集》第二卷，人民出版社1993年版，第140页。

第五讲　延安整风与党的团结统一

卢　毅

2019年5月31日,习近平总书记在"不忘初心,牢记使命"主题教育工作会议上强调:"从延安整风运动以来,我们党开展历次集中性教育活动,都是以思想教育打头。开展这次主题教育,要强化理论武装,聚焦解决思想根子问题。"[1]确实,延安整风就是以思想教育打头,聚焦解决思想根子问题,并在此基础上使全党达到了空前的团结统一。所以今天来回顾延安整风,重温那段历史,具有重要的现实意义。这一讲主要谈三个问题,即延安整风的历史背景、基本过程和深远影响。

一、延安整风的历史背景

这个问题实际上包括两个方面,即起因和条件。起因指的是毛泽东为什么要发动整风,条件指的是毛泽东为什么能发动整风,二者综合构成了延安整风的历史背景。

(一)延安整风的起因

毛泽东为什么要发动整风?归根到底,他最主要的目的就是

---

[1] 习近平:《在"不忘初心,牢记使命"主题教育工作会议上的讲话》(2019年5月31日),《求是》2019年第13期。

为了统一全党的思想。因为在此之前，全党思想是不够统一的。这主要表现在以下三个方面。

第一，党内对王明"左"倾教条主义的认识有分歧，必须从思想路线上加以彻底解决。

王明"左"倾教条主义的起点是1931年1月7日在上海秘密召开的中共六届四中全会。在这个会上，共产国际代表米夫把王明推上了台。王明原先连中央委员都不是，却一下子进了中央政治局，成了政治局委员。这一年，他只有27岁。当时政治局中地位比较高、资历比较老的有向忠发和周恩来等人，但米夫对他们都做了批评："如忠发……他们是工人同志，他们虽有错误，我们现在决不让他们滚旦（蛋），要在工作中教育他们，看他们是否在工作中纠正自己的错误。如恩来同志自然应该打他的屁股，但也不是要他滚旦（蛋），而是在工作中纠正他，看他是否在工作中改正他的错误。"[1]这说明共产国际对向忠发、周恩来都不满意，认为他们都犯过错误。而相反地，米夫对王明的评价却很高："王明等是百分之百的布尔什维克，政治上很正确，中国革命没有他们是不行的。"[2]于是在他的支持下，王明掌握了中央实权。

六届四中全会后不久，中共经历了一次严重危机，即顾顺章被捕叛变。他是中央特科负责人，掌握大量中央机密，包括所有在上海的中央领导人的住址和活动规律，他都了如指掌，所以他的叛变危害极大，至今仍被称作中共历史上最危险的叛徒。当

---

[1] 中央档案馆：《中共中央文件选集》第7册，中共中央党校出版社1991年版，第39页。

[2] 中国革命博物馆党史研究室：《党史研究资料》第1集，四川人民出版社1980年版，第221页。

时，中共高级特工钱壮飞打入了国民党内部，他及时地把顾顺章叛变的消息通报给周恩来。周恩来马上组织中央转移，紧急疏散。据当年在中央特科工作的聂荣臻回忆："当时情况是非常严重的，必须赶在敌人动手之前，采取妥善措施。恩来同志亲自领导了这一工作，把中央所有的办事机关进行了转移，所有与顾顺章熟悉的领导同志都搬了家，所有与顾顺章有联系的关系都切断。两三天里面，我们紧张极了。"[1]这一事件的发生，迫使上海中央的工作陷于瘫痪，无法正常运转，只好考虑把一些重要的中央领导人转移到外地去。当时决定周恩来去江西苏区，王明去莫斯科。临走前，他们决定在上海成立一个临时中央来维持工作，其中为首的是博古和张闻天两人，由博古负总责。而王明之所以选中博古，最主要的原因就是看中博古思想跟他比较一致，是忠于共产国际的，能忠实地执行共产国际路线。

后来由于国民党白色恐怖越来越严重，博古这个临时中央也很快在上海待不下去了，只好于1933年1月迁入中央苏区。这就使中央苏区也开始直接受到"左"倾教条主义的严重危害，这种危害主要有两点：首先是军事上的"左"倾冒险主义。在共产国际军事顾问李德的盲目指挥下，红军遭受惨重损失，直接导致第五次反"围剿"失败。与此同时，政治上的"左"倾错误也十分严重。如在统一战线问题上，博古等人执行共产国际的"左"倾关门主义，不同任何党派合作。王明当时便说："国民党的任何派别及其高级将领们都是奴性十足的帝国主义的走狗"[2]，是不

---

[1]《聂荣臻回忆录》，解放军出版社1986年版，第127页。
[2]《王明言论选辑》，人民出版社1982年版，第307—308页。

能与他们合作的。实际上，有些国民党将领也是爱国的。例如在1932年上海"一·二八"抗战中，蔡廷锴和蒋光鼐率领十九路军英勇抗日。后来十九路军被蒋介石调到福建去"剿共"，他们也很清楚这是蒋介石借刀杀人，坐山观虎斗，希望十九路军与红军两败俱伤，所以不愿跟红军打仗，而是发动了一场反蒋的福建事变。事变发生前后，他们派人与红军谈判，准备共同对付蒋介石，但中共却迟迟没有做出积极的回应。本来如果与十九路军合作，中央苏区就可以利用福建的港口获得苏联援助，这对打破敌人"围剿"和巩固发展苏区是很有帮助的。特别从时间上看，福建事变1933年11月发生，而第五次反"围剿"是1933年10月打响，正是第五次反"围剿"战争的初期。这原本是一次收集敌人内部矛盾、缺口的大好机会，但博古他们还是固守着共产国际的"左"倾关门主义，没有抓住这个合作机会。最后，福建事变被蒋介石镇压下去，苏区的日子也越来越难过。这些都是"左"倾教条主义带来的严重危害。

"左"倾教条主义的转折点是遵义会议。在遵义会议后，博古中央的统治宣告结束，毛泽东重新参加中央领导，从而挽救了党，挽救了红军。这是中国共产党历史上的一次重大转折。但遵义会议也留下了一个尾巴，那就是它只解决了军事路线问题，而没有解决政治路线问题，《遵义会议决议》仍然肯定了"党中央的政治路线无疑义的是正确的"[1]。为什么会这样？李维汉后来分析："我认为这有两方面的原因：一是党内思想还不一致，条件

---

[1] 中央档案馆：《中共中央文件选集》第10册，中共中央党校出版社1991年版，第453页。

还不成熟,多数同志还没有认识到其政治路线也是错误的;再就是鉴于紧迫的战争环境,因此,毛泽东等同志没有提出这个问题。"他还评价说:"这样做是非常正确的,因为当时是处在没有根据地,敌人前堵后追的战争环境中,战争的胜负是关系到革命成败的主要问题。这时,如果提出王明等人的政治路线也是错误的,会使党内受到过分的震动,引起大的争论,对打仗非常不利。政治路线问题可以留待以后讨论,这样做对于保持党的团结和统一,争取长征的胜利,有重大意义。"[1]

长征结束后,中央到了陕北稳定下来,这个尾巴就应该要解决了,但是却没那么容易解决。1940年3月,王明把他在1931年出版的一本书《为中共更加布尔塞维克化而斗争》在延安再版,这本书集中反映了他的"左"倾错误观点。但王明在重印序言中写道:"本书所记载着的事实,是中国共产党发展史中的一个相当重要的阶段,因此,许多人要求了解这些历史事实,尤其在延安各学校学习党的建设和中共历史时,尤其需要这种材料的帮助。"[2]这意味着他把这本"左"倾的书作为重要的学习材料推荐给全党。从这件事可以看出,王明等人仍不承认错误。他们认为自己执行的是共产国际路线,怎么可能错呢?而毛泽东则认为他们虽然自称国际路线,实际上就是教条主义,照搬照抄,没有结合中国实际,所以,为了今后不再重蹈覆辙,就有必要在全党开展一次整风,彻底解决思想路线问题,"一定要整顿三风,来一

---

[1] 李维汉:《回忆与研究》上册,中共党史资料出版社1986年版,第355页。
[2] 《王明言论选辑》,人民出版社1982年版,第114页。

个彻底的思想转变"[1]。

第二，抗战初期王明的右倾错误一度引起党内思想混乱，甚至出现了一些宗派主义的苗头。

王明原来是"左"的，怎么又变右了呢？那是因为共产国际变了，王明也就跟着变了。随着共产国际政策的调整，王明开始发表一系列文章，主张建立抗日民族统一战线。其中最著名的就是1935年8月1日，他在莫斯科以中共中央和中华苏维埃政府的名义起草了《为抗日救国告全体同胞书》(也称《八一宣言》)。这个宣言把抗日民族统一战线的范围扩大到包括国民党内的爱国分子，这跟过去"关门主义"相比是很大的一个政策转变，积极推动了抗日民族统一战线的形成。在这个问题上，王明是有功的。但同时应看到，王明所有这些主张都是听共产国际的。共产国际当初叫"关门"，他就"关门"，共产国际现在说"开门"，他就"开门"，完全没有自己的独立见解，其实这也正是教条主义的表现。

1937年11月，全国抗战爆发后不久，王明回国。他回国后不久，中共中央召开了两次政治局会议。第一个是1937年12月的政治局会议。在这次会上，王明提出了"一切服从统一战线，一切经过统一战线"的右倾口号。他认为现在与国民党合作，达成统一战线，而国民党力量大，所以要服从它的统一指挥，凡事都要经过蒋介石同意才能够干。这实际上是自我束缚，不敢放手发动群众，所以说是右倾。第二个是1938年3月的政治局会议。王明在会上又提出了"七个统一"的口号：统一指挥、统一纪律、

---

[1]《毛泽东文集》第二卷，人民出版社1993年版，第414页。

统一武装、统一供给、统一作战计划、统一编制和统一作战行动。客观说来,有的对中共是有利的,如统一武装、统一供给,但从总体上看,等于是把八路军、新四军的指挥权交给国民党。

以上这两次会议的情况说明,王明回国后,他的右倾思想、主张向国民党无原则让步的思想越来越系统化,这就在党内造成了很大的思想混乱,对抗战初期的局势产生了非常不利的影响。周恩来后来就说:"一九三七年年底王明从共产国际回来,说他跟斯大林谈过话。他打着共产国际的招牌,提出'一切经过统一战线'……蒙蔽了一批人,搞了第二次王明路线。第二次王明路线虽然时间不长,但对北方,对新四军,对上海,都有影响。"[1]而之所以出现这种情况,正是因为王明打着共产国际的招牌,而党内又弥漫着浓厚的教条主义气氛所造成的。所以,要想克服这种右倾错误,就必须开展整风,打破对苏联和共产国际的迷信。

另外,这一时期还出现了一些宗派主义的苗头。正如周恩来说的那样,王明右倾错误对许多地方"都有影响"。全国抗战爆发后,中共建立了一系列抗日根据地,比较分散,在一些地方开始出现了各自为政的现象。针对这一情况及刚发生的张国焘叛逃事件,毛泽东在1938年的六届六中全会上提出了"四个服从",即个人服从组织,少数服从多数,下级服从上级,全党服从中央。他还强调这是"四项最重要的纪律","谁破坏了这些纪律,谁就破坏了党的统一"。[2]但就像教条主义一样,宗派主义在党内也是根深蒂固的,很难通过一份决定就完全克服。到1942年,

---

[1]《周恩来选集》下卷,人民出版社1984年版,第311页。
[2]《毛泽东选集》第二卷,人民出版社1991年版,第528页。

毛泽东仍然说:"在一部分同志中,确实还有宗派主义的倾向,有些人并且很严重。"[1]所以要想彻底根除宗派主义,还必须在全党开展一次深入的整风。

第三,抗战初期党员数量的迅猛增加带来了一些思想不一致的问题,必须及时加以解决。

1937年7月全国抗战爆发前,只有4万多中共党员,但到1940年7月,已经达到80万,3年增至20倍。这一方面壮大了党的队伍,但同时也带来一些问题,即质量下降。北方局书记杨尚昆曾说:"由于片面的了解大量发展的意义,华北党在大量发展中,一般的现象,都是追逐数目字,只重量,不重质……有一夜发展四十个党员的,有三分钟发展五个党员的……什么奇形怪状都有。"[2]

由此可见,随着抗战初期党员数量的迅猛增加,一系列问题也随之而来,这就引起了中共中央的重视。1939年8月,中共中央政治局通过《关于巩固党的决定》,其中说:"因为在短时期内党得着了猛烈的发展,所以党的组织很不巩固,在征收新党员的工作中是有严重的错误与缺点存在的。"还说:"估计到党的组织的现状与目前环境,党的发展一般的应当停止,而以整理紧缩严密和巩固党的组织工作为今后一定时期的中心任务。"[3]在这一指示下,各地开始清理整顿。经过整顿,党员队伍得到纯洁。但

---

[1]《毛泽东选集》第三卷,人民出版社1991年版,第825页。
[2]河北省社会科学院历史研究所等编:《晋察冀抗日根据地史料选编》下册,河北人民出版社1983年版,第19页。
[3]中央档案馆编:《中共中央文件选集》第12册,中共中央党校出版社1991年版,第155—156页。

这次主要是组织整顿，而对思想教育并没有太多涉及，所以还是没有解决思想根子问题。用毛泽东的话来说也就是："有许多党员，在组织上入了党，思想上并没有完全入党，甚至完全没有入党。"[1]特别是全国抗战爆发后入党的广大新党员，普遍缺乏分辨真假马克思主义的能力，分不清哪些是真正的马克思主义，哪些是教条主义，思想很混乱。毛泽东就说："因为思想庞杂，思想不统一，行动不统一，所以这个人这样想问题，那个人那样想问题，这个人这样看马列主义，那个人那样看马列主义……差不多在延安就是这样，自由主义的思想相当浓厚。"[2]他认识到必须通过一次整风，把全党思想统一起来。

以上讲的是延安整风的三个起因，第一为了纠正王明的"左"倾错误，第二为了克服王明的右倾错误和宗派主义影响，第三为了解决新党员的思想问题。其实归根到底，都是为了反对教条主义。毛泽东自己在1943年曾解释："我党近年的整风运动，反对主观主义、宗派主义和党八股这些不好的东西，就正是为了使中国共产党更加民族化"[3]，也就是把马克思主义中国化，反对教条主义。

（二）延安整风的历史条件

开展延安整风需要一定的主观和客观条件。这些条件在1941年前后已经基本具备。

第一，政治上，确立了一条正确的政治路线。遵义会议虽然

---

[1]《毛泽东选集》第三卷，人民出版社1991年版，第875页。
[2]《毛泽东文集》第二卷，人民出版社1993年版，第414—415页。
[3]《毛泽东文集》第三卷，人民出版社1996年版，第22页。

没有明确说过去的政治路线是错误的，但实际上已经纠正过来了。特别是1935年12月瓦窑堡会议制定了建立抗日民族统一战线的策略方针，1937年8月洛川会议又确定了抗日民族统一战线中的独立自主原则，主张既要建立统一战线，又要坚持独立自主，已经形成了一条正确的政治路线。

第二，理论上，毛泽东思想逐渐成熟。在此期间，毛泽东撰写了一系列文章，如1935年的《论反对日本帝国主义的策略》，1936年的《中国革命战争的战略问题》，1937年的《实践论》和《矛盾论》，1938年的《论持久战》《抗日游击战争的战略问题》《论新阶段》，1939年的《〈共产党人〉发刊词》《中国革命和中国共产党》，1940年的《新民主主义论》等。每年都有鸿篇巨著问世，内容涉及哲学、军事、政治等方方面面。邓小平就说："延安时期那一段，可以说是毛泽东思想比较完整地形成起来的一段。毛泽东思想中关于新民主主义革命的理论，包括党的建设的理论和处理党内关系的原则，在延安整风前后，都比较完整地形成了。"[1]这为延安整风做了充分的理论准备。

第三，军事上，抗战已经进入相持阶段，局势相对平稳。特别是党中央所在地陕甘宁边区的形势比较稳定，这就为党集中时间和大批干部进行整风提供了客观条件。

另外还有一个很重要的原因是在组织上，毛泽东领袖地位的最终确立，即他在与王明的斗争中获得了最终的胜利。这主要包括两件大事。

第一件大事是1938年9月的六届六中全会。六届六中全会

---

[1]《邓小平文选》第二卷，人民出版社1994年版，第292页。

是中共历史上一次非常重要的会议。毛泽东在七大上将之与遵义会议相提并论，并称为党的历史上"两个重要关键的会议"[1]。他为什么会这么突出六中全会呢？这主要是因为在六中全会上，他获得了与王明斗争的第一个胜利。

王明是1937年11月回国的，他原先担任的中共中央驻共产国际代表团团长的职务由王稼祥接任，王稼祥回国后又由任弼时接任。王稼祥是1938年8月回到延安的。这次回来，他带回了共产国际总书记季米特洛夫的重要指示。季米特洛夫让王稼祥转告全党："应该告诉大家，应该支持毛泽东同志为中国共产党的领导人，他是在实际斗争中锻炼出来的。其他人如王明，不要再去竞争当领导人了。"[2]在六届六中全会上，王稼祥传达了季米特洛夫这个指示。这无疑是对毛泽东最大的支持。李维汉后来回忆："季米特洛夫的话在会上起了很大作用，从此以后，我们党就进一步明确了毛泽东的领导地位，解决了党的统一领导问题。"[3]毛泽东也说："六中全会是决定中国之命运的……如果没有共产国际指示，六中全会还是很难解决问题的。"[4]

第二件大事是1941年9月的政治局扩大会议。1938年，王稼祥带回共产国际指示，承认毛泽东是中共领袖。但季米特洛夫同时又让王稼祥转告全党，现在不要花太多时间去争论过去十年内战时期的路线问题。所以，六届六中全会只是确立了毛

---

[1]《毛泽东文集》第三卷，人民出版社1996年版，第424页。
[2] 徐则浩编著：《王稼祥年谱》，中央文献出版社2001年版，第190页。
[3] 李维汉：《回忆与研究》上册，中共党史资料出版社1986年版，第416页。
[4]《毛泽东文集》第三卷，人民出版社1996年版，第425页。

泽东的领袖地位，并没有彻底解决路线问题。这在毛泽东看来是不够的，他认为思想路线问题必须解决，否则教条主义者还有可能卷土重来。只是因为共产国际刚有过指示，不要再讨论历史问题。

1941年6月，希特勒进攻苏联，苏联开始卫国战争，已经顾不上中共内部事务了。这一年9月，中共中央召开政治局扩大会议，专门讨论十年内战时期的政治路线问题。毛泽东首先作了一个报告，严厉批评了当年的"左"倾错误。他指出："苏维埃运动后期的主观主义表现更严重，它的形态更完备，统治时间更长久，结果更悲惨。这是因为这些主观主义者自称为'国际路线'，穿上马克思主义的外衣，是假马克思主义。"这话说得很重，语气非常严厉。他还说："六中全会对主观主义作了斗争，但有一部分同志还存在着主观主义。"[1]也就是说六届六中全会没有解决的历史遗留问题，这次要彻底解决。

毛泽东作完报告后，博古和张闻天等临时中央负责人紧接着发言，做了深刻的自我批评。张闻天承认：过去的错误，我是主要的负责者之一，应当承认错误。过去国际把我们一批没有做过实际工作的干部提到中央机关来，是一个很大的损失。他还说："过去我们对苏维埃后期的错误没有清算，这是欠的老账，现在必须偿还"，"反对主观主义，要作彻底的清算，不要掩盖，不要怕揭发自己的错误，不要怕自己的癞痢头给人家看"[2]。态度非常诚恳。博古也表示：1932年至1935年的错误，我是主要负责

---

[1]《毛泽东文集》第二卷，人民出版社1993年版，第372—373页。
[2]《张闻天文集》第三卷，中共党史出版社1994年版，第162—163页。

人。当时我们完全没有实际工作经验,过去党的许多决议是照抄国际的。这次学习会检查过去错误,感到十分严重和沉痛。现在我有勇气研究自己过去的错误,希望在大家帮助下逐渐克服。[1]这个检讨也是非常深刻的。

在这次会上,王明也作了发言,但他更多是推卸责任、为自己辩解。他强调自己长期不在国内,所以跟苏区的错误没有关系,而博古才是这些错误最主要的负责者,这等于是落井下石,把博古推出来当替罪羊。鉴于其拒绝认错,大家纷纷批评他。其中任弼时的发言最具分量。任弼时在王稼祥回国后担任过中共驻共产国际代表团团长,他跟季米特洛夫也很熟悉。他在会上向大家介绍了季米特洛夫对王明的一些负面评价。任弼时说:季米特洛夫曾经跟他谈起对王明的印象,认为王明"缺乏工作经验","有些滑头的样子",而且好出风头,喜欢别人把他说成中共领袖。[2]也就是说共产国际认为王明的个人品质有问题。任弼时转述季米特洛夫的这些话之后,一下子就把王明的气焰打下去了。

二、延安整风的基本过程

1942年春,全党开始普遍整风。延安整风大致可分为三个阶段,即思想动员阶段、整顿三风阶段、总结历史经验阶段。

(一)思想动员阶段

说到这一阶段,就要提到中央党校了。正是在1942年2月1

---

[1]《胡乔木回忆毛泽东》,人民出版社1994年版,第195—196页。
[2]中共中央文献研究室:《任弼时传》,中央文献出版社2004年版,第574页。

日中央党校开学典礼上,毛泽东作了一个题为《整顿学风党风文风》的报告,号召在全党开展整风,整风运动才广泛开展起来。那么,毛泽东为什么要选择中央党校来作整风的动员报告呢?这首先是因为中央党校集中了一大批党的中、高级干部,但党校在整风之前的状况却不能让毛泽东满意。因为当时中央党校学员主要学习的课程是马列,而在毛泽东看来,马列经典虽然重要,但只学那些还不够,必须结合中国革命的实际,特别是应该学中共党史。他还说:"研究中共党史,应该以中国做中心,把屁股坐在中国身上。世界的资本主义、社会主义,我们也必须研究,但是要和研究中共党史的关系弄清楚,就是要看你的屁股坐在哪一边,如果是完全坐在外国那边去就不是研究中共党史了。"[1]而他认为,当时中央党校存在严重的教条主义现象,必须首先攻破。1942年2月,他改组了中央党校,并亲自在开学典礼上作了整风的动员报告。

2月8日,毛泽东又在宣传干部会议上作了《反对党八股》的报告,专门提出了整顿文风的任务。因为2月1日那个报告时间有限,主要是谈了整顿学风和党风,对整顿文风没有展开,所以这个报告专门讲了这个问题。以这两个报告为标志,延安整风就在全党范围内广泛动员起来。

(二)整顿三风阶段

从1942年4月开始,进入整顿三风阶段。这是延安整风的主体阶段,主要内容如下。

第一,反对主观主义以整顿学风。毛泽东是非常痛恨主观

---

[1]《毛泽东文集》第二卷,人民出版社1993年版,第407页。

主义尤其是教条主义的。什么是教条主义？他认为就是照搬照抄，"言必称希腊，对于自己的祖宗，则对不住，忘记了"[1]。他还说："我们有些同志有一个毛病，就是一切以外国为中心，作留声机，机械地生吞活剥地把外国的东西搬到中国来，不研究中国的特点。不研究中国的特点，而去搬外国的东西，就不能解决中国的问题。"[2]由此可见，毛泽东很早就批判了"西方中心论"，反对把外国的东西照搬到中国来，包括马列也不能照搬。他讽刺那些教条主义者："我们老爷是一条最可怜的小虫，任何世事一窍不通，只知牛头不对马嘴地搬运马克思、列宁、斯大林，搬运共产国际。"[3]"老爷们既然完全不认识这个世界，又妄欲改造这个世界，结果不但碰破了自己的脑壳，并引导一群人也碰破了脑壳。"[4]

在延安整风期间，毛泽东曾写了九篇笔记，后来起了个总题目《驳第三次"左"倾路线》。其中，他说了一些很尖锐的话："我常觉得，马克思主义这种东西，是少了不行，多了也不行的。中国自从有那么一批专门贩卖马克思的先生们出现以来，把个共产党闹得乌烟瘴气，白区的共产党为之闹光，苏区与红军为之闹掉百分之九十以上……全都是吃了马克思主义太多的亏。"他还说："这批人自封为'马克思主义理论家'，家里有成堆的马克思主义出卖……直到被人戳穿西洋镜，才发现其宝号里面尽是些假马克思，或死马克思，臭马克思，连半个真马克思、活马克思、香马

---

[1]《毛泽东选集》第三卷，人民出版社1991年版，第797页。
[2]《毛泽东文集》第二卷，人民出版社1993年版，第407页。
[3] 杨奎松：《毛泽东发动延安整风的台前幕后》，《近代史研究》1998年第4期。
[4]《毛泽东文集》第二卷，人民出版社1993年版，第344页。

克思都没有。"[1]

1942年2月1日,毛泽东在《整顿学风党风文风》的报告中又讽刺教条主义者:"他们一不会耕田,二不会做工,三不会打仗,四不会办事……只要你认得了三五千字,学会了翻字典,手中又有一个什么书,公家又给了你小米吃,你就可以摇头晃脑的读起来……这是世界上最容易办的事情。这比大司父(大师傅)煮饭容易得多,比他杀猪更容易。你要捉猪,猪会跑,杀它,它会叫,一本书摆在桌子上既不会跑,又不会叫,随你怎样摆布都可以。"[2]这些话非常辛辣,将教条主义者的形象刻画得淋漓尽致,充分反映了毛泽东对教条主义的痛恨。

那怎么对待这些教条主义者呢?毛泽东提出:"对于理论脱离实际的人,提议取消他的'理论家'的资格。只有用马克思主义观点来研究实际问题、能解决实际问题的,才算实际的理论家……对研究实际问题的文章,要多给稿费。能使马克思主义中国化的教员,才算好教员,要多给津贴。"[3]也就是鼓励党校教员研究实际问题,把马克思主义中国化。对党校学员,毛泽东也提出要求:"我们党校的同志不应当把马克思主义的理论当成死的教条。""现在我们的党校也要定这个规矩,看一个学生学了马克思列宁主义以后怎样看中国问题,有看得清楚的,有看不清楚的,有会看的,有不会看的,这样来分优劣,

---

[1] 杨奎松:《毛泽东发动延安整风的台前幕后》,《近代史研究》1998年第4期。
[2] 毛泽东:《整顿学风党风文风》(1942年2月1日),《解放日报》1942年4月27日。
[3]《毛泽东文集》第二卷,人民出版社1993年版,第374页。

分好坏。"[1]

延安整风开始后,毛泽东的这些指示得到贯彻落实。1942年4月1日,《解放日报》发表一篇报道《中央党校再度改组告竣,确定新教育计划》。其中写到,中央党校"再度改组的目的,据负责中央党校政治教育的彭真同志谈,'是使党校教育能完全吻合毛主席整顿三风的精神'","教育内容将以辛亥革命至今的中国历史为基础,以马列主义的思想方法,了解中国革命的基本问题……先从中国革命的实际问题中学习掌握马列主义的思想方法,再吸取中国以外的东西"。[2]这跟过去教条主义地照搬照抄相比,完全是两种不同的办学方针。

第二,反对宗派主义以整顿党风。什么叫宗派主义?其实就是拉帮结派,搞团团伙伙。客观来看,由于各种原因,中共在历史上曾经存在一些山头。毛泽东说:"中国革命有许多山头,有许多部分。内战时期,有苏区有白区,在苏区之内又有这个部分那个部分,这就是中国革命的实际。离开了这个实际,中国革命就看不见了。内战之后是八年抗战,抗战时期也有山头,就是说有许多抗日根据地,白区也有很多块,北方有,南方也有。这种状况好不好?我说很好,这就是中国革命的实际,没有这些就没有中国革命。所以这是好事情,不是坏事情。坏的是山头主义、宗派主义,而不是山头。"[3]

为了解决宗派主义问题,毛泽东1942年2月1日在中央党

---

[1]《毛泽东选集》第二卷,人民出版社1991年版,第815页。
[2]《中央党校再度改组告竣,确定新教育计划》,《解放日报》1942年4月1日。
[3]《毛泽东文集》第三卷,人民出版社1996年版,第363页。

校开学典礼上提出："我们党校的学生一定要注意这个问题。我们一定要建设一个集中的统一的党，一切无原则的派别斗争，都要清除干净。要使我们全党的步调整齐一致，为一个共同目标而奋斗，我们一定要反对个人主义和宗派主义。"[1]同年9月1日，中共中央政治局又通过《关于统一抗日根据地党的领导及调整各组织间关系的决定》指出："在某些地区，还存在着一些不协调的现象。例如，统一精神不足，步伐不齐，各自为政……"因此，中央决定实行"党的领导一元化"。《决定》还说："下级党政军民组织对上级及中央之决议、决定、命令、指示，不坚决执行，阳奉阴违，或在解决新的原则问题及按其性质不应独断的问题时，不向上级和中央请示，都是党性不纯与破坏统一的表现。"[2]这些话说得很严厉，都是为了维护党中央权威和集中统一领导。到了1945年七大，毛泽东更是说："要知道，一个队伍经常是不大整齐的，所以就要常常喊看齐，向左看齐，向右看齐，向中间看齐。我们要向中央基准看齐，向大会基准看齐。"[3]

第三，反对党八股以整顿文风。这已是众所周知，在此不再赘述，只强调一点：毛泽东的文章写得生动活泼，个性鲜明，一点也没有八股气，这是很值得今天学习的。

另外值得一提的是，在这个整顿三风阶段，采取的方法和步骤是认真阅读文件，联系个人思想和工作，自我反省，开展批评与自我批评，提高认识，总结经验，逐步取得思想认识的一致，

---

[1]《毛泽东选集》第三卷，人民出版社1991年版，第822页。
[2]中央档案馆：《中共中央文件选集》第13册，中央党校出版社1991年版，第426、433—434页。
[3]《毛泽东文集》第三卷，人民出版社1996年版，第297—298页。

增强党性，改进工作。[1]这些方法至今仍有借鉴意义。为了加强学习，1942年5月，中央政治局决定成立中央总学习委员会（简称总学委），毛泽东任主任。各单位也纷纷成立了学习分委员会，学习的热情非常高涨。

（三）总结历史经验阶段

从1943年9月开始，中央领导层的整风进入总结历史经验阶段。这一阶段主要是对党的历史经验，特别是党史上几次重大路线错误进行总结。来自各个根据地、各个部队的干部，都围绕这些问题展开了热烈讨论。通过讨论，大家对党史上的一些问题澄清了认识，但仍然存在一些疑问，例如王明、博古等人的错误究竟是属于党内问题还是党外问题？也就是说他们仍然是同志还是已经变成敌人？还有王明指定的那个临时中央，到底是合法还是非法的？这些重大问题都需要中央来作结论。

1944年5月21日到1945年4月20日，中共中央召开了六届七中全会，前后开了整整11个月，这是党的历史上开得最长的一次中央全会。全会经过反复讨论和修改，最后通过了《关于若干历史问题的决议》。这是中国共产党第一个历史决议。大的修改就有14次，足见其慎重程度。《决议》对党史上的若干重大问题作了结论，如王明、博古的问题是党内问题而不是党外问题，他们仍然是同志，还要团结他们。至于临时中央，虽然是王明指定的，在组织程序上有些问题，但后来经过共产国际批准，是合法而不是非法的。

---

[1] 中共中央党史研究室：《中国共产党历史》第1卷下册，中共党史出版社2010年版，第562页。

六届七中全会的召开和《关于若干历史问题的决议》的通过，统一了全党的思想。延安整风的最大功绩就是使全党达到了组织上、思想上的空前统一。至此，延安整风胜利结束。回顾延安整风，是从学党史开始，又以通过中国共产党第一个历史决议结束，可以说始终贯穿着学习党史、研究党史这条主线。当时有个国民党高官王世杰曾问周恩来：你们怎么拿那么长的时间来作历史总结？这在国民党是不会这样搞的。普通的政党都不会这样搞。[1]而毛泽东认为："如果不把党的历史搞清楚，不把党在历史上所走的道路搞清楚，便不能把事情办得更好。"[2]事实证明，正是通过学习和研究党史，才深刻总结了经验教训，解决了思想根子问题，统一了全党思想。特别是毛泽东亲自主编的《六大以来》《六大以前》《两条路线》几本党史资料汇编，在延安整风中发挥了重要作用。毛泽东后来即曾说："党书一出，许多同志解除武装……大家才承认十年内战后期中央领导的错误是路线错误。"[3]

三、延安整风的深远影响

延安整风历时三年，取得了很大的成就，对后来的历史进程尤其是促进全党的团结统一，产生了积极深远的影响。

（一）破除了对苏联和共产国际指示的迷信

这一点可以从延安整风前后的对比看出来。中共刚成立不久，就在二大上宣布是共产国际的一个支部。当然，这种情况的

---

[1]《胡乔木回忆毛泽东》，人民出版社1994年版，第10页。
[2]《毛泽东文集》第二卷，人民出版社1993年版，第399页。
[3] 中共中央文献研究室编：《毛泽东年谱（1893—1949）》中卷，人民出版社、中央文献出版社1993年版，第469页。

出现是有历史原因的。特别是在革命初期，大家没有经验，不懂得怎么搞革命，只有苏联一个样板，不得不学。而且共产国际有些指示也是对的，例如关于建立抗日民族统一战线的指示，以及季米特洛夫对毛泽东的支持，所以也不能完全否定共产国际。周恩来后来说："毛泽东同志说它是两头好，中间差。两头好，也有一些问题；中间差，也不是一无是处。"[1]这个评价是比较客观的。

但同时也要看到，共产国际的很多指示确实是不正确的，是不符合中国国情的。对于这种情况，毛泽东非常担忧。早在1930年，他就在《反对本本主义》一文中告诫全党："中国革命斗争的胜利要靠中国同志了解中国情况。"[2]一再强调中国的国情。但他当时在党内的地位还不高，所以这种认识并没有成为全党的共识。到了1938年六届六中全会，这时他已经成为全党的领袖，于是立即不失时机地提出："马克思主义的中国化，使之在其每一表现中带着中国的特性，即是说，按照中国的特点去应用它，成为全党亟待了解并亟须解决的问题。"[3]这是毛泽东也是中共第一次明确提出"马克思主义中国化"。

不过，因为当时全党还没有经过整风，仍然笼罩在迷信共产国际的氛围中，所以毛泽东这些话并没有引起大家的重视。1942年2月1日，他在中央党校开学典礼上便说："直到现在，还有不少的人，把马克思列宁主义书本上的某些个别字句看作现成的灵丹

---

[1]《周恩来选集》下卷，人民出版社1984年版，第300页。
[2]《毛泽东选集》第一卷，人民出版社1991年版，第115页。
[3]中央档案馆：《中共中央文件选集》第11册，中共中央党校出版社1991年版，第658—659页。

圣药，似乎只要得了它，就可以不费气力地包医百病。这是一种幼稚者的蒙昧，我们对这些人应该作启蒙运动。"他还说："我们要在党内发动一个启蒙运动，使我们同志的精神从主观主义、教条主义的蒙蔽中间解放出来。"[1]他两次提到了启蒙运动，其实就是整风运动。

最后通过延安整风，毛泽东达到了这个目的，全党实现了思想的大解放，打破了对苏联和共产国际的迷信，开始独立自主地制定决策，同时也更符合中国革命的实际情况。美国学者施拉姆在《毛泽东》一书中写道："毋庸置疑，在1942—1944年整风运动结束时，他已经成功地使他的同志们养成了从中国的具体情况出发观察政治问题的习惯。他也确立了自己离开莫斯科而独立的领导地位。"[2]

（二）确立了毛泽东思想的指导地位

在延安整风之前，理论领域基本上是被教条主义者垄断的。毛泽东在党内虽然以擅长军事著称，但大家都没有把他看成是理论家，甚至有人嘲讽说"山沟里出不了马列主义"。毛泽东到陕北后发奋学习，刻苦攻读了一批马克思主义著作，并结合中国实际撰写了一系列文章，可以说系统地构建了毛泽东思想的体系。但这种思想并没有能马上成为全党的指导思想，毛泽东也没被看作理论家。

当时国民党有一个理论家叫叶青，对共产党的理论比较了

---

[1] 毛泽东：《整顿党的作风》（1942年2月1日），《毛泽东选集》第三卷，人民出版社1991年版，第820、827页。

[2] [美]斯图尔特·施拉姆著，中共中央文献研究室《国外研究毛泽东思想资料选辑》编辑组编译：《毛泽东》，红旗出版社1987年版，第191—192页。

解，理论水平不低。他在1941年写了一本《毛泽东批判》。在这本书中，他说王明只是米夫的一个"黄口小儿"，跟着共产国际走，没有自己的理论，"但是自从《论新阶段》出版以后，我对毛泽东的看法，比较不同。他的'马克思主义底中国化'问题之提出，证明他懂得一些理论……两年以后，看见他在《解放》第九十八和九十九两期合刊的《新民主主义论》，觉得他有相当的进步……我对于毛泽东，从此遂把他作共产党理论家看待了"[1]。这是1941年国民党方面对毛泽东的看法，认为他是理论家。但在共产党内部，尤其是在那些教条主义者或还没完全摆脱教条主义影响的人看来，毛泽东写的那些文章离马列主义还相去甚远，不能算是理论家。而相反地，王明当时的理论地位却很高。他口才很好，作起报告来引经据典，出口成章，被公认为马克思主义理论权威。

而通过延安整风，这种状况发生了根本性的改变。王明路线垮台了，毛泽东思想在七大上被写入了党章，成为党的指导思想。这对于打败国民党、建立新中国起到了积极的推动作用。事实上，"毛泽东思想"这个概念也是在延安整风中形成的，大致过程如下：首先是张如心在1941年3月提出"毛泽东同志的思想"；1942年2月，他又同时用了"毛泽东同志的理论"和"毛泽东主义"；1942年7月，邓拓也使用了"毛泽东主义"；而王稼祥则在1943年7月提出了"毛泽东思想"这个概念。后来，中央采纳了"毛泽东思想"的提法。

---

[1] 叶青：《毛泽东批判》，大众出版社1941年版，第3页。

（三）开创了以整风进行党的思想建设的方法，促进了党的团结统一

延安整风之前，特别是"左"倾错误占统治地位的时候，党内斗争主要学苏联的肃反，"残酷斗争，无情打击"，甚至肉体消灭。这在实践中造成了很大的伤害，如苏区的肃反就错杀了很多人。而且，这种做法"一方面，没有使干部在思想上彻底了解当时错误的原因、环境和改正此种错误的详细办法，以致后来又可能重犯同类性质的错误；另一方面，太看重了个人的责任，未能团结更多的人共同工作"[1]。

正是在吸取这些教训的基础上，毛泽东创造性地提出了通过开展整风来解决党内矛盾的办法。这是对党的建设学说的新发展。他还明确提出延安整风的宗旨是"惩前毖后，治病救人"，"我们揭发错误，批评缺点的目的，好像医生治病一样，完全是为了救人，而不是为了把人整死"[2]。这与过去肃反"残酷斗争、无情打击"相比，完全是两种不同的办法。尽管延安整风后期发生了抢救运动扩大化，但毛泽东发现后及时制止了，并强调"一个不杀，大部不抓"。特别是作为整风最主要对象的王明、博古，都保留了下来。六届七中全会最后通过的《关于若干历史问题的决议》没有点他俩的名字。毛泽东解释说：决议要点名字很容易，但问题不在于他们几个。党是政治团体，要搞五湖四海。政见不同会有争论，争论时分清是非界限是要的，但今后要少戴帽子为

---

[1]《毛泽东选集》第三卷，人民出版社1991年版，第938页。
[2] 同上书，第827—828页。

好。要像决议上说的,像一个和睦的家庭一样。[1]他还说:"当时我和博古、洛甫同志在一起工作,有共同点,都要打蒋介石,分歧点就是如何打蒋介石,是策略上的分歧。"[2]七大上,毛泽东还动员大家把王明、博古选为中央委员。这些都充分体现了"惩前毖后,治病救人"的宗旨。而正是在此方针的指导下,延安整风使全党达到了空前的团结统一。

---

[1]《胡乔木回忆毛泽东》,人民出版社1994年版,第323页。
[2]《毛泽东文集》第三卷,人民出版社1996年版,第94页。

第六讲　夺取全国政权的历史经验

刘宝东

中国共产党成立百年来，领导人民主要干了三件大事：一是完成了新民主主义革命，实现了民族独立、人民解放；二是完成了社会主义革命，确立了社会主义基本制度；三是进行了改革开放新的伟大革命，开创、坚持和发展了中国特色社会主义。夺取全国政权的历史经验这个讲题就是分析党为什么能领导人民干成了第一件大事，这件大事的完成是后面两件大事得以开展的前提和基础。

由于敌人的强大和我们党认识和探索中国革命规律有个过程，革命开始之后，我们遭受了大革命和土地革命的失败，经过大风大浪的洗礼，党也开始日渐成熟。长征胜利到达陕北后，党敏锐地抓住中国社会的主要矛盾已经转变为中日民族矛盾这一现实，适时提出建立抗日民族统一战线的口号，有力推动了全民族抗战。抗战胜利后，国民党的力量达到了顶峰，共产党的力量虽也取得了长足发展，但是与国民党相比，仍然处于明显的弱势，所以毛泽东说："日本投降时，我们是一则以喜，一则以惧。喜的是日本投降，抗战胜利了；惧的是优势问题没有解决，蒋介石很强大，严重的内战危险临头，成败两个可能还在斗争。"[1]所以在

---

[1]《胡乔木回忆毛泽东》（增订本），人民出版社2003年版，第506页。

敌强我弱的形势下，与国民党开战是一个很难做出的决策。据胡乔木回忆：毛泽东一生有两件事最难下决心：一是1946年同国民党彻底破裂；二是1950年派遣志愿军入朝作战。为什么这两件事难下决心，因为都是敌强我弱、敌大我小。关于战争进程和取胜时间的判断，最初毛泽东估计至少要八年甚至十五年。没承想，战争打起来非常顺利。1948年3月，毛泽东对时任中央后委副书记杨尚昆说："同蒋介石的这场战争，可能要打六十个月，六十个月者，五年也。这六十个月又分为两个三十个月：前三十个月是我们'爬坡'、'到顶'，也就是打到我们占优势；后三十个月，叫做'传檄而定'，那时候，我们是'下坡'，有的时候不用打仗，喊一声，敌人就投降了！"[1] 毛泽东的这个时间判断变得很快，当年11月辽沈战役胜利后，他说再有一年左右就差不多了。事实证明，战局的演进基本符合毛泽东的判断，只不过时间几乎打了个对折。

国共内战尘埃落定后，"中共为什么能夺取全国政权"成了各界长期讨论的热门话题。时至今日，党在全国执政已70余年，经过较长时间沉淀，加之各种相关资料的刊布，都为我们更清楚地认识这个问题提供了条件，而在中国特色社会主义进入了新时代、建党百年的今天，重新梳理和总结党夺取全国政权的历史经验，也非常有现实意义。

一、强大的政治领导力汇聚了最广大的民心和民力

习近平总书记在党的十九大报告的第二部分"新时代中国共产

---

[1]《杨尚昆回忆录》，中央文献出版社2007年版，第257页。

党的历史使命"中,深刻地论述了"四个伟大"的辩证关系,其中他讲到在"四个伟大"之中起决定性作用的是党的建设新的伟大工程,他要求"全党要更加自觉地坚定党性原则","不断增强党的政治领导力、思想引领力、群众组织力、社会号召力,确保我们党永葆旺盛生命力和强大战斗力"。在"四力"之中居于首位的是政治领导力,这是马克思主义政党的鲜明属性和内在要求。中国共产党干事业最善于抓住事物的主要矛盾和主要方面,领导政治首先要领导好最大的政治,那么"什么是最大的政治"?2014年12月31日,习近平总书记在全国政协新年茶话会上讲得非常清楚:"问题是时代的声音,人心是最大的政治。"习近平总书记这个论断是深刻总结党的历史经验而得出来的。革命之所以能取得胜利,就在于我们党紧紧抓住了人心这个最大的政治,从而汇聚了最磅礴的民心和民力。

抗战胜利后,中国共产党为了争取和平、民主、团结的光明前途,做出了最大努力和最大让步,而国民党仍然一意孤行地发动了内战。即使在全面内战爆发后的头几个月,中共中央所提出的口号仍然是"武装自卫",其意表明中国共产党是被迫应战的,目的仍然是为了制止战争,恢复和平。1946年11月15日至12月25日,由国民党包办的"国民大会"在南京召开,标志着国民党自行关闭了和谈的大门。11月18日,毛泽东在为中共中央起草的一个党内指示中,第一次使用了"人民解放战争"的名称来替代前一阶段一直使用的"自卫战争"。11月21日,毛泽东在与刘少奇和周恩来谈话时讲:"教育人民是我们党成立以来的任务,对党本身、对党中央本身也有一个教育的过程。过去,在人民中间,在我们党内,都有一个'打不打'的问题,现在这个问题解决了，剩下的问题便是：胜不胜？"[1]这表明中共中央已经下定决心以战争为手段来解决中国的问题。要想取得战争胜利，除了要有坚定的必胜信心之外，最为关键的是要赢得民心、获得民力，而要获得最广大人民的衷心支持，就必须做好统一战线工作，正如1948年1月15日毛泽东在西北野战军前委扩大会议上所讲：这次战争如果"没有全民族绝大多数人口参加的民族统一战线，全国胜利是不可能的"[2]。

在吸取了大革命、土地革命和抗战爆发后失败的教训和成功的经验后，共产党日渐成为一个政治上成熟的政党，这种成熟首先表现在理论上的成熟，其显著标志就是在抗战中期提出了新民主主义理论，并逐步形成了在新民主主义革命时期领导革命的一系列具体方针、政策和纲领，使得党在革命过程中长期被困扰的三个问题得到了初步解决：一、什么是敌人，什么是朋友？二、如何组织队伍，即如何发展党和军队？三、如何打，即如何进行军事斗争？党的七大期间，任弼时讲："毛泽东学说中的基本一点，就在于懂得搞力量"，"发展力量有三个方面：一是巩固扩大自己的力量，二是瓦解争取敌方的力量，三是扶助争取同盟者"。[3]争取同盟者，就是指要认清谁是我们的朋友并使之成为我们的朋友。那么谁是我们的朋友？1939年12月，毛泽东在《中国革命和中国共产党》中指出：中国革命单凭无产阶级一个阶级的力量是不能胜利的，必须在各种不同的情形下团结一切

---

[1]《胡乔木回忆毛泽东》（增订本），人民出版社2003年版，第469页。
[2]《毛泽东文集》第五卷，人民出版社1996年版，第21页。
[3]《任弼时选集》，人民出版社1987年版，第388页。

可能的革命的阶级和阶层，组织革命的统一战线。"在中国社会的各阶级中，农民是工人阶级的牢固的同盟军，城市小资产阶级也是可靠的同盟军，民族资产阶级则是在一定时期中和一定程度上的同盟军。"[1]朋友是明确了，但是能否将这些朋友团结在中国共产党的周围，对我们党是一个重大考验，也是决定中国革命成败的关键，人民不喜欢国民党，也可能不喜欢共产党，这种可能性在理论上是存在的。从实践来看，我们党凭借强大的政治领导力，成功运用各种政策策略，很好地解决了这个问题，下面具体看是如何争取到这三个朋友的。

首先来看党是如何争取农民的。中国是一个农民国度，农民占了人口的绝大多数。谁能得到农民的支持，谁就有力量，谁就能胜利，正如毛泽东在七大的口头政治报告中所讲："人民大众最主要的部分是农民"，"中国民主革命的主要力量是农民"，忘记了农民，"就是读一百万册马克思主义的书也是没有用处的，因为你没有力量"。[2]而争取农民的关键是解决不合理的封建土地占有制度，毛泽东在1946年5月4日召开的中共中央会议上这样分析说："解决土地问题，是一个最根本的问题，是一切工作的基本环节，全党必须认识这一点。"[3]从1946年开始，在中共中央的领导下，由各地分局具体负责，在解放区陆续开始了土改。1947年7月至9月全国土地会议之后，特别是10月《中国土地法大纲》的颁布，把土改运动推向了高潮。到了1949年上

---

[1]《毛泽东选集》第二卷，人民出版社1991年版，第645页。
[2]《毛泽东文集》第三卷，人民出版社1996年版，第305页。
[3] 中共中央文献研究室编：《毛泽东年谱（1893—1949）》下卷，中央文献出版社2002年版，第78页。

半年，在东北、华北、西北以及华东的山东、苏北等老解放区及其包围的小块新区中，土地已经基本平均分配，近一亿农民获得了梦寐以求的土地。在解决土地问题的同时，党还在解放区和根据地广泛建立民主政权，使得农民在经济上获得巨大利益的同时，在政治上也翻了身。毛泽东在七大《论联合政府》的报告中，在谈实行土地改革等党的政策的目的时说："中国一切政党的政策及其实践在中国人民中所表现的作用的好坏、大小，归根到底，看它对于中国人民的生产力的发展是否有帮助及其帮助之大小，看它是束缚生产力的，还是解放生产力的。"[1]这是党的文件中首次用生产力标准评判一个政党的历史作用。土地改革恰恰就收到解放生产力的效果。翻身农民迸发了极大的生产和革命热情，为解放战争胜利提供了强大的人力物力支撑。

那么国民党这个大党、老党难道对农民问题这个中国革命的基本问题就没有认识吗？答案是不仅有认识而且也有成套理论。1924年，孙中山就中国的农民和土地问题对国民党中央执委会农民部顾问弗兰克说："我的中国革命观始终认为，中国强大的国民运动和争取摆脱外国帝国主义统治的斗争应该由广大民众来进行，而首先由农民来进行。"[2]客观地说，国民党对解决土地问题看得也是很认真，至于做没做呢？当然是做了，只是没有做实而已。在我们发出"五四"指示的前两个月，即1946年3月，国民党六届二中全会就重点研究了土地问题，随后成立了中国土地

---

[1]《毛泽东选集》第三卷，人民出版社1991年版，第1079页。
[2]《联共（布）、共产国际与中国国民革命运动（1920—1925）》第1卷，中共党史出版社2020年版，第506页。

改革协会,负责具体研拟实施"耕者有其田"的办法。但是,囿于政权基础,国民党虽然讨论得很热烈,却始终拿不出切实可行的办法,在实践中迁就和照顾土地所有者的利益,维护自己的统治基础,土改只能寄希望于地主的"觉悟"。可想而知,期望地主"觉悟"的土改能够走多远,地主什么时候能够主动献出土地呢?国民党没有自我革命的勇气和办法,在土地问题上也就未交出比中共更好的成绩单,在争取农民问题上也就以完败告终了。

中国是一个两头小、中间大的社会,无产阶级和大地主、大资产阶级,以及代表他们的共产党和国民党,是社会的两极,力量比较强大,但人数很少。处在这两极中间的,是广大的中间势力。谁能争取到这个中间势力,谁就能够取得胜利。在中间势力之中,农民处于下层,民族资产阶级处于上层,城市小资产阶级、自由主义知识分子、城市市民等处于中层。争取中间势力,党的基本策略是"抓两头":一是牢牢地争取人数最多的农民,二是大力争取影响最大的民族资产阶级。农民问题介绍过了,下面看看党是如何团结民族资产阶级的。

要取得民族资产阶级支持,首先需要对其性质做出正确的认识和判断。由于对民族资产阶级的革命性和其在政治上的软弱性和动摇性缺乏正确认识,在处理民族资产阶级问题上,党在第一次国共合作时期犯了"一切联合,否认斗争"的右倾错误,而在三次"左"倾路线时期又犯了"一切斗争,否认联合"的"左"倾错误。长征到达陕北后,党中央认真地总结经验教训,1939年12月,毛泽东在《中国革命和中国共产党》中提出民族资产阶级是党"在一定时期中和一定程度上的同盟军"。1948年3月,毛泽东在为中央起草的《关于民族资产阶级和开明绅士问题》党内指示中，首次用明确的语言告诉全党，民族资产阶级"是人民大众的一部分"，并指出民族资产阶级"中间的左翼分子依附于共产党，右翼分子则依附于国民党，其中间派则在国共两党之间采取犹豫和观望的态度"，所以要"争取其大多数，孤立其少数"。[1]对民族资产阶级性质有了正确认识，并不等于就团结到了他们，关键还是要有能打动他们阶级大多数的政策。

抗战中期尤其是抗战胜利后，以民族资产阶级为代表的广大中间势力在政治上日趋活跃，他们纷纷恢复和组建政党，其中民盟是他们在政治上最重要的代表性力量。他们对国共两党的判断是："国民党是不好的，但是共产党也不见得好。"他们想走出一条非国、非共、非蒋、非毛的中间道路，张东荪讲：我们要把"偏右者稍稍拉到左转，偏左者稍稍拉到右转，在这样右派向左、左派向右的情势下，使中国得到一个和谐与团结、并由团结得到统一"[2]。中间党派虽然力图调和国共，但他们也有自己鲜明的政治经济诉求：政治上，要"实现英美式的民主政治"，但不准地主官僚资本家操纵；经济上，"应当实行改良的资本主义"，但不容官僚买办资本横行。实行的办法是走和平改良道路。他们所提倡的，是资产阶级共和国的方案；他们所主张的，实质是旧民主主义的道路。

抗战中期以后，中间党派为了实现民主政治而打出了"宪政"的大旗，而我们党则提出了建立联合政府的口号，1944年9月

---

[1]《毛泽东选集》第四卷，人民出版社1991年版，第1288—1289页。
[2] 蔡尚思主编：《中国现代思想史资料简编》第5卷，浙江人民出版社1982年版，第206页。

15日，林伯渠在国民参政会三届三次大会上将中共关于建立联合政府的政治主张公之于众，即"希望国民党立即结束一党统治的局面，由国民政府召开各党各派、各抗日部队、各地方政府、各人民团体的代表，开国是会议，组织各抗日党派联合政府"。[1]中间党派掀起的宪政运动基本上限于对未来的讨论和描绘，对现实问题则毫无干预力。联合政府是什么呢？是各党各派联合参政，是结束国民党一党专政。民主宪政描绘的是前景，联合政府针对的是现实。往事不可追回，未来不可预期，中间党派当然选择注重当下。所以，中间党派热烈响应联合政府口号也就不足为奇。建立联合政府的口号，将党的统一战线政策最大限度地具体化，从而将一切可能争取的力量最大限度地吸引到了自己周围，从而最大限度地把统一战线的政治优势淋漓尽致地展现了出来。为了团结民族资产阶级，党还采取了保护和鼓励民族资本主义发展的政策，毛泽东在《新民主主义论》《论联合政府》报告中，都明确地指出了保护民族资本主义发展的必要性，在七大的口头政治报告中，他更加明确地指出："我们这样肯定要广泛地发展资本主义，是只有好处，没有坏处的。"[2]解放战争时期，党中央更加准确地把资本主义区分为官僚资本主义和民族资本主义两部分，提出要保护和发展民族资本主义工商业，并提出公私兼顾、劳资两利、城乡互助、内外交流的经济政策，即我们都熟知的"四面八方"政策。

谈到这里，又带来一个问题，民族资产阶级与国民党的关系

---

[1]《中共中央文件选集》第14册，中共中央党校出版社1992年版，第334页。
[2]《毛泽东文集》第三卷，人民出版社1996年版，第322—323页。

本来是比我们近，那么是不是我们一提出正确对待他们的政策，他们就抛弃国民党了？事情并非这么简单，这还要感谢国民党的"帮忙"。国民党由于长期一党执政，形成了唯我独尊的理念，对于中间党派他们始终是一副居高临下的态度，所以中间党派对于国民党始终是存有戒心的。中间党派本来就对国民党怀有疑虑的心理，然而国民党又对中间党派采取了高压的政策：政治上打拉结合、以打为主，如暗杀了李公朴、闻一多、杜斌丞等民盟领导人；经济上膨胀官僚资本、压榨民族资本，使得民族资本主义的生存和发展陷入了空前的困境。这样，中间党派与国民党就渐行渐远。1947年11月国民党宣布民盟为非法组织，"非左非右"的中间党派必须在国共之间作抉择，结果除青年党和民社党外，绝大部分中间党派都走到了中共这边。由此，党在团结民族资产阶级问题上取得了决定性成功。

中国共产党对国统区的爱国民主运动也十分重视，认为它是配合人民解放军粉碎国民党军事进攻的另一条重要战线。1946年12月2日，中共中央召开书记处会议，专门研究国民党统治区的工作，决定改组中共中央城市工作部，由周恩来兼任部长。确定城工部的主要任务，是在中共中央领导下管理党在国民党统治区的工作，包括工、农、青、妇的一切工作，负责训练这方面的干部。同时还规定，各中央局、中央分局和各有关区党委都设立城工部；由上海局统一领导长江流域及西南各省和平津、青岛、台湾地区党的工作；由香港分局统一领导华南地区的党的工作。广大青年学生、知识分子、小商人、手工业者、自由职业者等城市小资产阶级，党通过成功的学运政策和舆论引导等措施，对他们进行了积极争取，而他们则更多地是由于自身生存环境的恶化而最终抛弃了国民党。

由于战争的巨大需求，国民党军费激增，由此造成了国统区的恶性通货膨胀和物价飞涨等一系列连锁反应。美联社上海1947年7月24日电讯曾形象地描写道：法币100元可购买的物品，1940年为1口猪，1943年1只鸡，1945年为1条鱼，1946年为1个鸡蛋，1947年为1/3盒火柴。恶性通货膨胀引起的物价飞涨，使人民遭到一次又一次洗劫，使民族工商业走向破产。1947年，工业产量比全国抗战前的1936年减少30%，农作物总产量比1936年减少33%—44%，全国各地饥民达到了1亿人以上。公教人员和学生群众的生活，也陷入了极度困境。1947年5月17日，南京区大专学校学生《争取公费待遇联合会宣言》中说："在印钞机无休止的周转下，已迫使我们学生及极大多数的人民，从人的生活水准，降低到畜牲的生活水准。而现在，这个畜牲的生活水准也无法维持了。面临着我们是严重的饥饿失学危机，是使难民的行列增加新的伙伴，是使饿死的骷髅中增加新的骨骼。"[1] 学生们的生活如此悲惨，社会地位很高的教授们也好不到哪去。1947年9月23日，时任北京大学校长胡适在日记中写道："北大开教授会，到了教授约百人。大家谈的想的，都是吃饭！向达先生说：我们今天愁的是明天的生活、那有工夫去想十年二十年的计划？十年二十年后，我们这些人都死完了。"[2] 事实是最好的老师，翦伯赞在1947年写的一篇文章中讲："饥饿和内战是一个问

---

[1]《解放战争时期第二条战线：学生运动卷》中册，中共党史出版社1997年版，第199页。

[2]《胡适日记全编》第7册，安徽教育出版社2001年版，第682页。

题的两个方面，因为饥饿是内战的结果，内战是饥饿的原因。当一个人在饥饿的当中，他一定会要想到他为什么陷于饥饿，只要他这样一想，他立刻就会喊出反内战的口号。所以反内战的口号，也不是要人煽动才能知道的秘密。"[1]翦伯赞的分析可谓一语中的，以知识精英阶层的人心变动为例，1948年国民政府中央研究院选出首届院士81人，其中70%以上的院士最终都选择留在大陆。这些中国最具代表性的知识精英为什么选择留在大陆，季羡林解释说："实际上，我同当时留下没有出国或到台湾去的中老年知识分子一样，对共产党并不了解，对共产主义也不见得那么向往，但是对国民党我们是了解的。因此，解放军进城我们是欢迎的，我们内心是兴奋的，希望而且也觉得从此换了人间。"[2]

这样，国民党统治区内的工潮、学潮等爱国民主运动，此起彼伏，接连不断，强有力地配合了人民解放军的军事作战。1947年5月30日，毛泽东在为新华社写的一个评论中指出："中国境内已有了两条战线。蒋介石进犯军和人民解放军的战争，这是第一条战线。现在又出现了第二条战线，这就是伟大的正义的学生运动和蒋介石反动政府之间的尖锐斗争。""和全民为敌的蒋介石政府，现在已经发现它自己处在全民的包围中"，而且他们"想不出逃脱的办法"。[3]

总之，凭借着强大的政治领导力，通过成功的统战政策，党逐步将三支同盟军团结在了自己周围，汇聚了最广大的民心民

---

[1]《翦伯赞史学论文选集》第2辑，人民出版社1990年版，第12页。
[2] 季羡林：《牛棚杂忆》，中共中央党校出版社2005年版，第203页。
[3]《毛泽东选集》第四卷，人民出版社1991年版，第1224—1225页。

力,形成了毛泽东所描绘的局面:"在全国,是工人,农民(包括新富农),独立工商业者,被反动势力所压迫和损害的中小资本家,学生、教员、教授、一般知识分子,自由职业者,开明绅士,一般公务人员,被压迫的少数民族和海外华侨,联合一道,在工人阶级(经过共产党)的领导之下,打江山坐江山。"[1]但是,国民党的孤立并不等于我们一定能胜利,战争的最终胜负,还需要在战场上进行真刀真枪的较量。

二、强大的军事领导力实现了战场局势的惊天逆转

中国共产党无论是领导革命、建设还是改革,始终善于抓住中心工作,这是一条重要的历史经验。革命时期的中心工作是军事斗争,就是打仗。政治领导力聚焦最大的政治,军事领导力就是聚焦革命时期党的中心工作。国民党之所以敢于发动内战,当然是有本钱的,毛泽东说"一切反动派都是纸老虎",其实大家心里都非常清楚,那可不是纸的,是钢的是铁的,内战爆发时,在与战争直接关联的军事力量的对比上,国民党大大超过共产党。国民党当时的兵力,包括陆军的正规军、非正规军,海军、空军、特种部队以及后方机关、军事院校,总数达430万人;而共产党方面,只有61万人的正规军(野战军)、66万人的地方部队(军区、军分区、县属武装)和后方机关人员,总数127万人。双方兵力的对比是3.37:1。武器装备方面,双方的差距更为悬殊。国民党的正规军,约有四分之一是用美械装备起来的,一半以上是日械装备,四分之一是混合装备。他们不但拥有大量

---

[1]《毛泽东选集》第四卷,人民出版社1991年版,第1268—1269页。

炮兵，而且还有相当数量的坦克、作战飞机和海军舰艇。而人民解放军却只装备有步枪、轻重机枪、迫击炮等步兵火器以及极少数量的山炮、野炮，没有坦克，没有飞机，更没有作战舰艇。同时，蒋介石还控制着全国几乎所有的大城市和主要交通干线，控制着全国76%的土地和71%的人口，控制着几乎全部现代工业，军火工业也有相当规模。而共产党方面，却只有全国土地的24%和全国人口的29%，除哈尔滨外没有一个大城市，经济上主要依靠农业和手工业生产，军工生产基础极为薄弱。[1]两军对垒通常讲都是实力占上风者胜，那么共产党为什么能够以弱胜强？国民党为什么没有把军事实力的优势转换成战场的胜势呢？我想，关键原因还是在于共产党领导军事的能力大大优于国民党。

内战爆发之初，处于全面军事优势中的蒋介石，对打赢共产党充满着必胜信心。至于如何打，蒋介石认为：国共交战最要紧的是交通，而要控制交通就先要控制城市，所以他制定的军事战略是：第一步占领共产党的重要都市和交通据点；第二步根据这些据点，控制全部的交通线，从而使共产党无立锥之地。从现有的资料看，全面内战爆发前，国民党内主战派虽占据上风，但至于怎么打，并未形成指导战争的全盘部署与战术规划，战争的进行基本上决定于蒋介石的个人决断。蒋介石的战略构想即是国民党的军事指导战略。所以国民党在发动全面内战之后，就将军事进攻重点放在了共产党根据地的城市和交通线。国民党军队的主要战略企图是：沿着主要铁路干线由南向北进攻，夺取并控制解放

---

[1]《中国人民解放军全国解放战争史》第2卷，军事科学出版社1996年版，第1—6页。

区城市和交通线，歼灭人民军队主力，或将它压迫到黄河以北，而后聚歼于华北地区。

内战爆发后，党中央和毛泽东一直密切关注着战局的发展，细心观察国民党军事战略的长处和弱点，从解放军作战成功或受挫的实践中，总结指导克敌制胜的有效办法。经过一年半的艰苦作战，特别是在转入战略进攻以来，人民解放军积累了非常丰富的作战经验。毛泽东对这些经验及时地作了系统、科学的概括。1947年12月，中共中央在陕北米脂县杨家沟召开扩大会议，毛泽东在会议上作了《目前形势和我们的任务》的报告。在这个报告中，他提出了著名的"十大军事原则"：（1）先打分散和孤立之敌，后打集中和强大之敌。（2）先取小城市、中等城市和广大乡村，后取大城市。（3）以歼灭敌人有生力量为主要目标，不以保守或夺取城市和地方为主要目标。保守或夺取城市和地方，是歼灭敌人有生力量的结果，往往需要反复多次才能最后地保守或夺取之。（4）每战集中绝对优势兵力（两倍、三倍、四倍，有时甚至是五倍或六倍于敌之兵力），四面包围敌人，力求全歼，不使漏网。在特殊情况下，则采用给敌以歼灭性打击的方法，即集中全力打敌正面及其一翼或两翼，求达歼灭其一部、击溃其另一部的目的，以便我军能够迅速转移兵力歼击他部敌军。力求避免打那种得不偿失的或得失相当的消耗战。这样，在全体上，我们是劣势（就数量来说），但在每一个局部上，在每一个具体战役上，我们是绝对的优势，这就保证了战役的胜利。随着时间的推移，我们就将在全体上转变为优势，直到歼灭一切敌人。（5）不打无准备之仗，不打无把握之仗，每战都应力求有准备，力求在敌我条件对比下有胜利的把握。（6）发扬勇敢战斗、不怕牺牲、不怕疲劳和连续作战(即在短期内不休息地接连打几仗)的作风。(7)力求在运动中歼灭敌人。同时,注重阵地攻击战术,夺取敌人的据点和城市。(8)在攻城问题上,一切敌人守备薄弱的据点和城市,坚决夺取之。一切敌人有中等程度的守备而环境又许可加以夺取的据点和城市,相机夺取之。一切敌人守备强固的据点和城市,则等候条件成熟时然后夺取之。(9)以俘获敌人的全部武器和大部人员,补充自己。我军人力物力的来源,主要在前线。(10)善于利用两个战役之间的间隙,休息和整训部队。休整的时间,一般地不要过长,尽可能不使敌人获得喘息的时间。[1]这十条内容是我们党对土地革命战争、抗日战争和解放战争初期党从事武装斗争的经验总结,是人民解放军彻底打败国民党军队的主要方法。仔细分析就会看出,十大军事原则的核心就是打歼灭战和运动战。打蛇打七寸,共产党的军事战略正是出于敌我军力对比和蒋介石的军事意图而做出的决断,从实际效果看,可谓对症下药,打准了国民党军事战略的软肋,化解了国民党军队数量庞大、武器装备精良的优势。

比如,蒋介石战略指导思想的一个基点是共产党会"负隅抵抗",他就以占领城市为主要目标。但是,在军力对比悬殊的情况下,中共并没有拘泥于固守占领的城市和地区,在解放战争的头四个月,解放区的张家口、菏泽、淮阴等153座像点样的城市都丢了,1947年初延安也弃守了。这种战略退却,是劣势军队在优势军队进攻面前,为了保存军力而采取的有计划的战略步骤,如1936年12月毛泽东在《中国革命战争的战略问题》中讲:"谁

---

[1]《毛泽东选集》第四卷,人民出版社1991年版,第1247—1248页。

人不知,两个拳师放对,聪明的拳师往往退让一步,而蠢人则其势汹汹,辟头就使出全副本领,结果却往往被退让者打倒。"[1]蒋介石开始却对这种胜利推进的战争表象欢喜异常,结果没多久就乐不起来了,因为中共的退让,自身损失并不多,但却使蒋介石的"攻隅"战略成为无的放矢,因为无"隅"可攻了。而且国民党占领的这些城市,反而成了套在国民党军脖子上的一条绳索,他越前进勒得就越紧。国民党占领了城市就要把守,比如占领沈阳、长春要留下一个军,占领张家口、鞍山得留下一个师,占领一个县城起码也要留下一个连,这样国民党越前进,占的地方越多,兵力就越分散,可用于前线作战的兵力就越少。到了1948年,国民党军队有365万,其中可用于一线作战的兵力仅174万人,占总兵力的50%左右。这时,他的五大战略集团——胡宗南集团、白崇禧集团、刘峙集团、傅作义集团、卫立煌集团,已被解放军包围在西北、中原、华东、华北、东北五个战场上,互相间难以配合,主要担任战略要地和交通线的守备,能进行战略机动的兵力并不多。与此同时,解放军采取了每战集中敌五六倍乃至十余倍的兵力,坚决打歼灭战,如苏中七捷歼敌50000多人,定陶战役歼敌17000多人,宿北战役歼敌33000多人,鲁南战役歼敌53000多人,莱芜战役歼敌56000多人,孟良崮战役歼敌32000多人。打来打去,等打到1948年2月,国共双方的军事力量已基本相当。

再有,蒋介石战略指导思想的另一个判断基点是阻断共产党军队的"流窜",从当时的情况来看,各地间的现代交通线

---

[1]《毛泽东选集》第一卷,人民出版社1991年版,第203页。

路，除了东北之外并未成网，同时国民党的能力也还达不到以交通线封锁解放军运动的程度。比如当全面进攻受挫之后，蒋介石也想到了集中兵力，攥成两个"拳头"，对山东和陕北发动了重点进攻，如何应对？据胡乔木回忆，毛泽东曾打着手势形象地比喻说："蒋介石两个拳头（指陕北和山东）这么一伸，他的胸膛（指中原）就露出来了。所以，我们的战略就是要把这两个拳头紧紧拖住，对准他的胸膛插上一刀！这一刀就是我刘邓大军挺进中原。"[1]中共中央选择地处中原的大别山区作为主要突击方向是因为：大别山区位于国民党政府首都南京和长江中游重镇武汉之间的鄂豫皖三省交界处，是战略上十分敏感的部位，又是过去红四方面军的老根据地，有较好的群众基础。占据大别山区，可以东摄南京，西逼武汉，南扼长江，北钳中原，迫使蒋介石调动进攻山东和陕北的部队回援，从而改变战局，将战争引到国民党统治区。为了实现这个战略意图，在中央的部署下逐步形成三军配合、两翼牵制的作战格局。三军配合是：以刘伯承、邓小平指挥的晋冀鲁豫野战军主力为中路，实施中央突破，直奔大别山；以陈毅、粟裕指挥的华东野战军主力即西线兵团为东路，挺进苏鲁豫皖地区；以陈赓、谢富治指挥的晋冀鲁豫野战军一部为西路，挺进豫西。三路大军，相互策应，机动歼敌。两翼的牵制是：以西北野战军出击榆林，吸引进攻陕北之敌北调；以华东野战军东线兵团在胶东展开攻势，将进攻山东之敌牵向海边。1947年6月，刘邓率晋冀鲁豫野战军主力十余万人，采取跃进的进攻样式，强渡黄河、淮河等天险，跨越陇海铁路，千里跃进大别山，实现了

---

[1]《胡乔木回忆毛泽东》（增订本），人民出版社2003年版，第477页。

打到外线的战略任务，迫使国民党军队调动主力回援，围困大别山的敌军最多时有20万人，这就证明蒋介石阻断解放军运动的战略意图成了空谈。

就这样，蒋介石军事战略的两个判断基点，都被我们成功破解了。战略上占得了优势，还要靠战术上的配合。如果说战略是找敌人主力，那么战术就是要找敌人的弱点。关于战术运用的重要性，1947年9月7日，朱德讲了一段话："干部要真正地爱护战士，就要把战术学得更好，运用得更好，战斗中少死人，这才算是群众路线。"[1]朱老总这话讲得多朴实，俗语说一将无能累死三军，当指挥员的搞好战术少死人就是践行群众路线，又能说明问题。战术的涉及面很广，如战场指挥、战区协同、士气提振、情报工作等。因为相关内容太多，我不做面面俱到介绍，仅就国共双方的战场指挥、战场协同和军风士气做点介绍。

战场指挥方面，蒋介石国民党喜欢越级指挥，人所共知，这极大地影响了一线将领的主动性和灵活性。曾经担任国民党国防部人事厅中将厅长的于达记述说："打仗是瞬息万变的事，前面一个情况，一直到师长晓得，起码已经过了十二小时，最快、最近的也要两小时才晓得。无线电的操作有一定时间的。师长得到一个情况后，再由参谋长作报告，也要一天。拟电报、译电报，再去拍，拍到侍从室再译给蒋委员长看，已经过了几天了。加上又逢委员长休息、开会啦，等到他下命令，情况早变了。不是他的命令错，而是情况不同了，照他的指示做，必定打败仗，这是

---

[1] 中共中央文献研究室编：《朱德年谱》新编本中册，中央文献出版社2006年版，第1274页。

必然的，我们指挥系统的大毛病就在此。"[1]共产党的指挥则是全方位积极发挥各级指战员的主动性、灵活性和创造性，如1947年5月12日毛泽东以中央军委的名义致电华东野战军司令员兼政治委员陈毅和副司令员粟裕：国民党对山东发动的重点进攻，须不失时机地歼击一路好打之敌，至于"究打何路最好，由你们当机决策，立付实施，我们不遥制"[2]。各级指战员也能充分领会党中央的作战意图，并能够结合瞬息万变的战场形势，灵活运用在战争实践中形成了战略战术，如粟裕曾经形象地讲："哪里好消灭敌人就在哪里打仗，什么时候好消灭敌人就在什么时候打仗，什么敌人好消灭就打什么敌人。"[3]

战区协同方面，国民党军内派系林立，直接导致了其协同作战能力非常差，1947年5月的孟良崮战役即是典型，我们抓住战机全歼美械装备的国民党精锐主力整编第七十四师32000余人。其实，孟良崮战役仅是一个典型的例子，纵观整个解放战争时期，国民党各部在战场上拥兵自重，见死不救，实际上是一个常态。共产党的战略是歼灭战，最常用的战法是"围点打援"，如果没有各部队间的密切配合、互相支援，结果可以想象。我翻遍了解放战争战史，还没看到坐视兄弟部队见死不救的现象发生，而更多看到的是顾全大局协同配合。

军风士气方面，打仗是要靠士气的，国民党军队一遇到失利，就从蒋介石开始自上而下地层层推卸责任，导致各级都忙于

---

[1]《于达先生访问纪录》，台北"中研院"近代史研究所1989年版，第121—122页。
[2]《毛泽东军事文集》第四卷，军事科学出版社、中央文献出版社1993年版，第70页。
[3]《粟裕回忆录》，解放军出版社2007年版，第279页。

自保，士气低下。而共产党遇到挫折则勇于自我批评，重视总结经验，汲取教训。孟良崮战役后，为配合刘邓大军渡黄河南进，华东野战军于7月初实行分兵作战，五个纵队转至外线，余下五个纵队由陈毅、粟裕指挥，继续在鲁中寻找战机。这次分兵使得华东野战军内线部队的实力明显下降，再加之孟良崮战役胜利之后产生了一定程度的骄傲轻敌思想，使得华野组织的南麻临朐战役，打成了消耗战。面对此次战役失利，具体负责战役指挥的华东野战军副司令员粟裕向中央自请处分，而华东野战军主帅陈毅也为此致电中央军委："我党廿多年来创造杰出军事家并不多。最近粟裕、陈赓等先后脱颖而出，前程远大，将与彭（德怀）、刘（伯承）、林（彪）并肩前进，这是我党与人民的伟大收获"，此次战役"事前我亦无预见，事中亦无匡救，事后应共同负责"。[1]中央军委复电，表示完全同意陈毅的意见，并宽慰陈、粟："几仗未打好并不要紧，整个形势仍是好的。请安心工作，鼓励士气，以利再战。"陈毅、粟裕等人的这种自我批评精神，在我们党内、军内绝非偶然，而是我们一贯的作风，这与国民党军中只批评别人不作自我批评的军风形成了鲜明对比。

国共内战之初，国民党就劈头使出全副本领，当其初期攻势被成功挡拆之后，战法开始凌乱，主要作战方向在东北、华北、苏北、西北间徘徊不定，最终导致"全面进攻不全面，重点进攻无重点"。而共产党咬定青山不放松，坚持打歼灭战和运动战，战略战术在作战实践中不断磨砺并逐步走向成熟，共产党的军事力量也逐步全面超越了国民党，最终实现了战场局势的惊天大逆转。

---

[1]《陈毅年谱》上卷，人民出版社1995年版，第499—500页。

三、强大的自身建设力保障了党对一切工作的领导

解放战争是决定中国命运的大决战,其作战地域之广阔、作战样式之复杂、作战程度之激烈、作战双方投入之巨大、作战牵动社会各阶层民众之广泛,不仅在中国的战争史上是空前的,就是在世界各国内战史上也是十分罕见。战争胜负的决定因素在于人心向背,但是,作为矛盾的对立双方,当时中国的争夺是由国共两党各自领导的,最后结局的关键还要取决于国共两党的政党能力比拼。经过大革命、土地革命,特别是抗日战争的锻炼磨砺,中国共产党的政党领导能力日趋成熟,突出表现在党的自身建设能力空前提高,有力地保障了党对一切工作的领导。这种成熟具体表现在:一是在实践中形成了坚强的有权威的领导核心和团结的领导团队,二是形成了富有组织纪律性战斗力顽强的党的队伍。

1947年9月28日,周恩来在为中共中央直属单位干部战士作关于时局的报告时谈到,中国共产党之所以能够不断取得胜利的原因有三条:"第一,人民拥护我们作战,相信我们是为他们做事的。第二,我们的军队,是为人民的,是人民的子弟兵。第三,党中央和毛泽东同志领导得好。"[1]周恩来谈的第三条,实际上就是讲我们党形成了以毛泽东为首的坚强的中央领导集体。

经过充分酝酿和精心准备,1945年4月23日至6月11日,党的七大在延安隆重举行。七大总结了党的历史经验,深刻揭示了中国新民主主义革命发展的规律,确立毛泽东思想为党的指导思

---

[1]《周恩来选集》上卷,人民出版社1980年版,第276—277页。

想，制定了正确的路线、纲领和策略，使全党特别是党的高级干部对于中国民主革命的发展规律有了比较明确的认识，从而使全党在马克思列宁主义、毛泽东思想的基础上达到了空前的团结。七大选举产生了新的中央委员会。其中，中央委员44人，候补中央委员33人。七大在选举中坚持了这样三个原则：第一，对于过去犯过错误的同志，不一掌推开，不搞绝对化、简单化，善于同犯过错误的同志合作，只要他们承认错误，决心改正错误，还可以入选；第二，对于中国革命在长期分散的农村环境中形成的"山头"，既要承认和照顾，又要缩小和消灭，要把各个地方、各个方面的党的先进代表人物都组织进中央委员会；第三，中央委员会是集体领导，要从集体中求完全，不是从个人求完全。因此，不要求每一个中央委员都通晓各方面知识，但是，要求中央委员会通晓各方面知识，要把有不同方面知识和才能的同志选出来。在选举的过程中，候选人名单先由各代表团小组提出，经过充分的民主协商后，进行预选，再提出正式的候选人名单，最后举行无记名投票选举。以这样的民主方式进行选举，在党的全国代表大会历史上还是第一次。党的七大选举产生的以毛泽东为首的中央委员会，是一个具有很高威望的、能够团结全党的坚强的领导集体，是党的路线、方针和政策在实践中能不断地趋于正确和科学的可靠保证。

党的七大选出的中央书记处书记有五位：毛泽东、朱德、刘少奇、周恩来、任弼时。1947年胡宗南进攻延安后，刘少奇和朱德到华北开展中央委托的工作，留在陕北的毛泽东、周恩来和任弼时，实际指挥着全国解放战争。三人当中，毛泽东抓总，军事方面主要由周恩来协助。通常给人的印象是，抗战后周恩来主要从事统战和与国民党的谈判工作，其实1946年11月他回到延安不久，就集中央军委副主席、中央军委总参谋长、中央军委秘书长三个要职于一身，成为毛泽东的主要军事助手。据当时作战参谋张清化回忆："周副主席在军事上是党中央、毛泽东完全不能缺少的得力助手，是一个非常杰出的军事组织者和指挥者。"当时"凡是党中央研究，毛泽东下了决心以后，具体的组织布置和如何执行等都是周副主席具体来抓的。无论前方或后方，无论是后勤供应或部队调动，总离不开他的具体的组织指挥"[1]。解放战争时期军事方面工作，基本上是毛泽东挂帅，周恩来参与决策并负责具体组织实施。毛泽东和周总理研究确定政策后，多数由毛泽东自己起草文电，少数由周恩来起草，但所有军事方面的文电都要经周恩来签发。政策和策略方面是任弼时负责。1904年出生的任弼时在五大书记中最年轻，但他的党内资历很老，1922年在莫斯科入党，是最早的党员和组织家之一。党的七大上，任弼时当选为中央政治局委员、书记处书记兼中共中央秘书长，是党中央、毛泽东在政策和策略方面的主要抓手，当时凡有关政策的材料都是先送任弼时审阅。当然，这只是大致的分工，更多的是中央书记处集体决策。毛泽东决策后发给前方的电报也多是先送周、任等中央书记处成员阅后发出。

除了有一个团结协作的领袖团队，我们党还有一支善打硬仗的军事将领团队。解放战争时期，党在继续发挥彭德怀、刘伯承等老一代战将作用的同时，放手让经过实战磨炼的年轻一代战将指挥作战，40岁左右的林彪、粟裕、陈赓等成为了内战中崛起

---

[1]《怀念周恩来》，人民出版社1986年版，第416—417页。

的新一代将领的代表人物，他们独当一面，运用大兵团进行机动作战的出色指挥力，为中外军界所公认。难得的是，这些独当一方的大战略区军事将领，不仅熟于战役部署和战斗指挥，而且很多还具有战略眼光，他们提出的许多建议为中央的决策起到了重要作用，比如1945年9月党做出"向北发展，向南防御"的战略方针，就是全党、全军上下集思广益的结果。

从抗战中后期开始，毛泽东就看到了东北在全国大局中的重要性，1945年6月10日，毛泽东在中共七大上指出："从我们党，从中国革命的最近将来的前途看，东北是特别重要的。如果我们把现有的一切根据地都丢了，只要我们占有了东北，那末中国革命就有巩固的基础。"[1]但这时毛泽东的战略构思基点仍是"南下"，也即打到敌人后方去。1945年8月15日，日本宣布无条件投降，在这个时间节点日本投降，大大出乎国共双方的预料。在这种情况下，谁决策果断，谁就能占得先机。这时国共双方瞩目的焦点是东北，都想填补苏军撤走后将在东北留下的战略真空。由于对苏方态度不摸底，直至8月28日毛泽东去重庆之前，中央对东北仍持"要看"的态度。转折是从9月14日开始的，这天东北苏军统帅马林诺夫斯基的代表贝鲁索中校访问延安，传递了苏方"放任"中共在东北发展的信息，当日，代理中央主席刘少奇主持召开政治局会议，决定成立以彭真为书记的东北局，拟将战略重点放到东北。同日，中央还收到了新四军第三师师长黄克诚的电报，他建议：迅速创造东北为"总根据地"，在关内则集中力量创造两个战略根据地，即"以晋、绥、察三地为关内第

---

[1]《毛泽东文集》第三卷，人民出版社1996年版，第426页。

一战略根据地","以山东为关内第二战略根据地",其他各地区为"二大战略根据地之卫星"。[1]黄克诚的建议实际是对中央决策的补充,既提出了战略重点放在何处的问题,又阐明了围绕战略重点如何调整战略部署的问题。当然除了黄克诚外,华东局、华中局一些将领在这个时期也均有类似的建议。9月15日,刘少奇将战略重点拟放在东北的决策和黄克诚的建议一并汇报给在重庆的毛泽东。9月17、18日,刘少奇又两电毛泽东,详细阐述了调整战略方向的具体考虑。毛泽东与周恩来协商后,复电刘少奇同意战略方向由南调向北。9月19日,刘少奇主持召开政治局会议正式向全党提出"向北发展,向南防御"的战略方针。这个事关战争全局的战略决策,是在十天左右时间里完成的,整个过程流畅、迅速、果断,显示出中共领袖团队善于吸收各方意见、驾驭全局的魄力,也显示出了黄克诚等军事将领独到的战略眼光。"向北发展,向南防御"的战略方针定下来以后,党中央、毛泽东抓起落实来,更是魄力十足,为了抢占东北,党中央先后调派了四名政治局委员、六名中央委员、十名候补中央委员到东北,也就是说将党的近三分之一的高级干部派到了东北,组成了强大的东北领导团队,迅速抢占了先机,打开了局面。

国民党方面,蒋介石是实行一人独裁专制,军政决策多决定于他的个人意志,国民党在中央层面缺少一个能够团结协作的领导团队。至于军事将领,蒋介石麾下也不乏能战之将,白崇禧、杜聿明、胡琏、孙立人等均非平庸之辈,但是,他们的军事才能在蒋介石的独断决策机制和复杂的派系纠葛中往往难以发挥。蒋

---

[1]《黄克诚年谱》,当代中国出版社2018年版,第102页。

介石宠用黄埔系等用人策略，表面上贯彻了他的个人意志，但却加剧了军事将领间的不睦，战将云集的国民党军事将领集团的战斗力也就大打折扣了。

党的领导核心和领导团队的坚强与成熟，并不等于我们一定就能取胜，关键还要看全党全军的执行力和战斗力。通常认为，这对我们来说不是个问题，经过延安整风和党的七大，全党实现了高度团结与统一，至于军队的战斗力，就更不用说了。其实，这只是看到了结果，实际上在这个方面我们党不仅存在许多问题，甚至有些问题还比较严重，党也面临着许多来自于内部的挑战。比如，经过严峻的革命战争锻炼，党的队伍状况总的来说是好的，但在战争和土改激烈进行的条件下，在一些党组织特别是在一些农村基层党组织中，思想不纯、作风不纯和组织不纯的问题也明显地暴露出来。同时，过去在被敌人分割的战争环境下，党曾经允许各地保有一定的地方自主权，这是完全必要的，但是，随之也产生了某些无纪律、无政府状态和地方主义、游击主义倾向。党内存在的这些问题，是革命前进道路上的障碍，而且也不能适应即将领导新的国家政权的需要。

为了解决党内、军内存在的上述问题，在中共中央和毛泽东的领导下，各解放区农村中的党组织从1947年冬天起，结合土地改革开展了以"三查"（查阶级、查思想、查作风）"三整"（整顿组织、整顿思想、整顿作风）为基本内容的整党运动。整党过程中，向党外群众公开党的支部，邀请党外群众参加党的会议，征求他们对党组织和党员的意见，实行公开整党。这次整党运动，克服了党内的非无产阶级思想和官僚主义作风的影响，使全党牢固地树立了全心全意为人民服务的思想，有力地保证了土地改革的顺利进行。在进行整党的同时，也开展了大规模的新式整军运动，自1947年11月起，全军利用战争空隙，有领导有秩序地采用民主方式进行土改学习、诉苦和三查（查阶级、查工作、查斗志）的教育，对军队指战员进行阶级教育、土地改革教育和坚定立场、将革命进行到底的教育。新式整军运动是一个群众性的自我思想教育运动，是总结解放战争时期中国共产党在军队中进行思想政治工作的新鲜经验而创造出来的一个进行思想政治工作的新形式，是党在人民军队中加强思想建设的一个重要方法。

为了做到全党上下在思想上、政治上、组织上的高度统一，为了使中央及时了解各地对中央的路线和方针、政策的执行情况，及时总结群众实践中的新经验和新创造，集中全党智慧，保证党的领导和决策的科学，党中央还重点加强了以民主集中制建设为核心的党的制度建设。1948年以后，党中央建立和发布了《关于建立报告制度的指示》（1948年1月7日）、《关于宣传工作中请示报告制度的决定》（1948年6月5日）、《关于严格执行报告制度的指示》（1948年8月14日）、《关于健全党委制》（1948年9月20日）、《关于组织部业务与报告请示制度的通知》（1948年11月28日）、《党委会的工作方法》（1949年3月13日）等一系列规范党内生活的根本制度。这其中，毛泽东抓得最紧的一环是建立严格的报告制度。1948年1月7日，他为中央起草了《关于建立报告制度》的指示，要求从1948年起，"各中央局和分局，由书记负责（自己动手，不要秘书代劳），每两个月，向中央和中央主席作一次综合报告。报告内容应包括该区军事、政治、土地改革、整党、经济、宣传和文化等各项活动的动态，活动中发生的问题和倾向,对于这些问题和倾向的解决办法"[1]。对各野战军首长和军区首长,指示也作了类似的规定。在中央发出建立严格的报告制度指示后,各地区领导同志一般都能按时向中央报告,但是东北局以常委们忙、不全面了解各部门工作、环境艰苦复杂等理由,在长达半年的时间里都没有作认真的汇报。1948年8月15日,毛泽东对东北局提出了严厉的批评。东北局接电后,认识到了问题的严重性,马上向中央作了检讨,并报送了详尽的报告。8月22日,毛泽东以中共中央的名义致电东北局:你们的检讨是有益的,建立请示报告制度,"这一问题的性质是如此严重,即只有解决这一问题,才能由小规模的地方性的游击战争过渡到大规模的全国性的正规战争,由局部胜利过渡到全国胜利。这是许多环节在目前时期的一个中心环节,这一个环节解决了,其他环节就可以顺利解决"[2]。经过党中央、毛泽东的严格督促,各地都加强了请示报告。1948年秋中央召开9月会议的时候,党的高级干部对将全国一切可能和必须统一的权力统一于中央这一点已经有了充分一致的认识,一些地方存在的无纪律、无政府现象也基本克服。

党的十八大以来,以习近平同志为核心的党中央,高度重视依规管党治党,反复强调要严格执行请示报告制度。2014年1月,习近平总书记在十八届中央纪委三次全会上强调指出:"请示报告制度是我们党的一项重要制度,是执行党的民主集中制的有效工作机制,也是组织纪律的一个重要方面。一九四八年九月,党

---

[1]《毛泽东选集》第四卷,人民出版社1991年版,第1264页。
[2]《毛泽东文集》第五卷,人民出版社1996年版,第125页。

中央在西柏坡召开政治局扩大会议，会议的一个重要议题是强调要建立请示报告制度。正是这项制度的建立和执行，有力推进了党的作风和纪律建设，保证了政令军令畅通，为解放战争胜利提供了重要保障。我们这么大的党、这么多党组织和党员，如果都各行其是、自作主张，想干什么就干什么，想不干什么就不干什么，那是要散掉的。"[1] 严格执行请示报告制度是维护党中央权威的有效制度保障，通过请示报告制度等一系列制度的建立和完善，实现了党内高度民主基础上的集中统一，使民主集中制原则得到全面的贯彻和落实，如胡乔木讲："历史地看，解放战争时期也是我们党民主集中制搞得最好的时期之一。"[2]

经过大力建设，党的政治领导力、思想引领力、群众组织力、社会号召力等各项能力都得到了提高和加强，尤其是党驾驭和掌控全局的能力空前成熟。中国革命之所以能那么快取得胜利，最根本的两条：一是人民支持，二是党的领导，二者缺一不可，淮海战役即是两者结合的典范。华东和中原野战军60万大军，在几万平方公里的土地上，与80万国民党军，鏖战了两个多月，整个战役调用了543万民工，筹运了粮食将近十亿斤。粮是人民支持人民运，但是也离不开党的科学领导。实际上，我们当时也用了铁路等现代化的运输手段。如淮海战役第一阶段，支前任务最重的山东鲁中南分区是这样运粮的：各县民工先用小车将粮食运到泰安火车站，由火车运到兖州；再用小车运到济宁，装船经运河运到韩庄，再用小车分别运送到各部队。淮海战役的后勤组

---

[1]《十八大以来重要文献选编》上册，中央文献出版社2014年版，第767页。
[2]《胡乔木回忆毛泽东》(增订本)，人民出版社2003年版，第522页。

织，充分说明了党的组织动员能力已达到了当时所能达到的高度，如陈毅总结说："数十万劳动人民的组织和指挥，逐渐形成系统和秩序，这是一门巨大精深的组织科学，这是在我党领导下中国劳动人民高度的政治觉悟与组织天才的伟大表现，这是我军能保持常胜光荣成绩的有力因素之一。"[1]这只是解剖了淮海战役一只"麻雀"，放眼各个战略区乃至中央对各个战略区之间成功的统筹协调，都体现了中共领导力的成熟。党强大的领导力使得战争胜利的天平，最终倒向了共产党这一边。

古语云："得民心者得天下，失民心者失天下。"中国共产党之所以能夺取全国政权，归根结底还在于顺应了民意，得到了民心。诚如国共内战期间曾经担任美国驻华大使的司徒雷登所记述的那样："整个来讲，不论是对中国的民众（特别是农民），或者是对国内国外的观察家，共产党都能给他们这样一种印象：它是全心全意致力于人民事业的，它是真正希望促进中国的民主事业，希望中国在各民族的大家庭中获得一个真正独立而强有力的地位。"[2]在1949年庆祝中国共产党成立28周年的时候，毛泽东曾经豪迈地指出：过去28年我们仅做了一件事，就是取得了革命战争的基本胜利，但这"只不过是像万里长征走完了第一步"[3]。时至今日，在中国共产党的坚强领导下，经艰苦努力和不懈奋斗，中国特色社会主义事业阔步前进，取得了举世瞩目的成就，但前进道路上的困难、风险和挑战也是前所未有，要战胜前

---

[1]《陈毅军事文选》，解放军出版社1996年版，第403页。
[2]《在华五十年：司徒雷登回忆录》，北京出版社1982年版，第270页。
[3]《毛泽东选集》第四卷，人民出版社1991年版，第1480页。

进道路上的各种艰难险阻,就要吸收各方面的历史经验,尤其是党在领导革命、建设和改革过程中积累的丰富经验,不断提高党领导一切工作的能力和水平,而党在领导人民夺取全国政权过程中积累的历史经验,内涵丰富,现实指导性强,尤为值得我们认真总结、汲取和发扬。

第七讲　建立新中国的构想及实践

张旭东

今天我给大家讲授的题目是《建立新中国的构想及实践》。主要讲以下几个问题：第一个问题是从概念史的角度来理一理"新中国"的源与流；第二个大的问题主要是从政治制度的形成和确立的角度讲新中国基本政治制度，主要讲国体、政体、政党制度和国家结构；第三个问题讲新中国形象的塑造与接受。

一、"新中国"的源与流

新中国成立70周年时，中宣部专门发文强调，我们不能说中国建立70周年，也不能说建国70周年，因为中国早就存在了。"新中国"是由"国"到"中国"逐步地演变过来的。"国"字在甲骨文里面就出现了，同志们可以看一看下面这几幅图片：

A图就是甲骨文的"国"。甲骨文的"国"是什么意思呢？

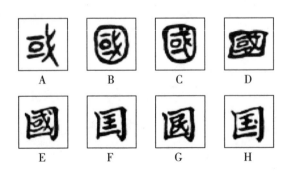

左边是一个土地，右边是拿着兵器的战士，实际上"国"的原初意义就是地域、地方的意思。B、C、D、E图的字体分别是金文、小篆、隶书、楷书，它加了一个围墙，更能体现这种原初意，即地域、地方的意思。现在的繁体字E图也是体现地域、地方的意思。F图和G图也短暂出现过，F图里面是一个王字，G图里面是一个民字，比如太平天国时期，就是F图这种写法，体现普天之下莫非王土的意思。G图也出现过，体现以民为本的意思。H图大家都知道，就是我们现在的简化字"国"，这是在1950年由当时的汉字简化委员会的副主任郭沫若提议的。因为当时的"国"的写法很多，非常复杂，一来为了便于书写，二来形容新中国美好如玉，所以里面加了一个玉字。但是这样一改变，就把国的原初意义改变了，看不出原初的地域、地方的意思了。

"中国"一词也在甲骨文里面就出现了。我们说中国文化源远流长，从"中国"一词就可窥见一斑。"中国"一词在公元前11世纪就出现了，距今已经3000多年，但是现代人发现它却非常晚。20世纪60年代，陕西宝鸡博物馆的一位馆员到乡下去收文物。他看到一个老乡家仓库里面摆着一个大的尊鼎，用来装粮食。这个老乡不知道这个尊鼎是什么东西，更不知道它是宝贝。所以，这个馆员用50块钱从老乡手里把它收回来了。收回来之后，馆长说这么大的尊鼎，上面肯定有文字，就组织专家人力进行研究。果然，在这个尊鼎上（何尊，姓何家的尊鼎）发现了震惊世界的"中国"两个字。上面因刻有"余其宅兹中国，自之辟民"的祭文而名扬海内外。正因如此，"何尊"现在为国家禁止向海外出口展览的宝贝之一。"中国"一开始从公元前11世纪出现，就是一个政治概念，对应的英语是state，就是地域、地方、政治中心、中间地带、中央大帝国的意思。后来《诗经》里面出现的"民亦劳止，汔可小康。惠此中国，以绥四方"句中的"中国"也是此意。当然，"中国"的概念外延此后在逐渐地拓展。有地理意义上的"中国"，即country，比如《汉书·西域记》里面就有这样一句话，"及秦始皇攘却戎狄，筑长城，界中国，然西不过临洮"，这个"中国"就是地理意义上的中国。当然我们说"中国"更长的时间内指的是一个文化意义上的中国。随着中原地带的汉族与周边的少数民族的交往日益频繁，形成你中有我、我中有你的这样一个局面，此时的"中国"更多的指的是一种文化意义上的中国。到了近代中国，随着中国与其他国家的交往日益频繁，就出现了近代民族意义上的中国，比如说1689年中俄签订的《中俄尼布楚条约》，那个"中国"指的就是一个民族意义上的中国，即nation。民族意义上"中国"是一个综合意义上的国家，它既包含政治意义上的"中国"，也包含地理意义、文化意义和民族意义上的"中国"。现在的"中国"就是此意。

这是我讲的"中国"是怎么出现的。那么"新中国"是什么时候出现的呢？1840年以后，中国面临内忧外患的挑战，在这种背景下，无数的仁人志士开始思考中国未来何去何从的问题。最早提出"新中国"概念的人是康有为，他在"新中国"历史当中具有重大的意义。康有为是怎么提出来的？大家都看过吴京的《流浪地球》，地球要灭亡了，人类共同组织起来拯救地球。当时康有为也认为中国要灭亡了，他要拯救中国，要建立一个新中国。他到哪去建立一个新中国？他说要到巴西亚马孙河流域，他认为巴西亚马孙河流域水土风貌非常适合人类生存，又没有疫情，非常地好，所以准备移民200万到巴西亚马孙河流域建立一个新中国。面对清末危机，1888年康有为提出："既审中国之亡，救之不得，坐视不忍，在发浮海忧居夷之叹，欲行教于美，又欲经营殖民地于巴西，以为新中国。"[1]康有为晚年致力于这个事情，到处求助，甚至上书给了李鸿章。李鸿章说等巴西使臣来求助我们，我们移200万人到巴西去。在那种背景下，巴西使臣不可能求助于你。所以，康有为的这个"新中国"是实现不了了，流产了，但是他毕竟是第一个提出"新中国"概念的人。自康有为提出"新中国"之后，一直到现在，"新中国"概念早就已经深入人心，一直没有断过。康有为的弟子梁启超1901年就写了一部小说《新中国未来记》。在这部小说里面他说：话说孔子降生后二千五百一十三年，即西历二千零六十二年，岁次壬寅，正月初一日，正系我中国全国人民举行维新五十年大祝典之日；友邦来庆，同商"万国协盟"；"大祝典"期间，国民还在上海开设"大博览会"。他说到2062年的时候新中国建成了，那个时候世界上其他国家都到中国来祝贺新中国建成，一起在上海开设博览会。只是这个博览会我们无从考察是进口博览会还是出口博览会，但不论是进口博览会还是出口博览会，到目前为止我们都已经开了。再说一个人，2010年时任总理温家宝专门向各国政要推荐了一个人，他的名字叫陆士谔。他是一位医生，他家世代行医，医术高明。但是历史跟他开了一个玩笑，他不是因为医术高明，名垂青史，而是因为他惊天的预言名垂青史。1910年，陆士谔过32岁生日那天，他很高兴，喝酒喝多了，喝醉了。醉了之后他睡了一觉，做了一个梦，在睡梦中，穿越时空隧道，穿越到1951年

---

[1] 沈云龙主编：《近代中国史料丛刊（11）》，台北文海出版社1966年版，第21页。

的上海浦东。1951年的时候，新中国建成了，陆家嘴高架林立，黄浦江下有江底隧道，老百姓都美美与共，过着非常幸福的生活。世界各国都到陆家嘴庆祝上海博览会的召开。酒醒之后，他赶紧把他的醉梦之想写就一部小说，名字叫《新中国》。他的梦想不是梦，虽然1951年没有实现，但到现在为止都已经实现了。"五四"前后就专门有一本杂志，名叫《新中国》，专门刊登各界人士对未来新中国的想法：未来的中国要建立一个什么样的新中国？怎样建立这个新中国？

中国共产党注定与新中国有缘，她接下了新中国的接力棒。中共五大之后，1927年10月23日，中共发表《中国共产党反对军阀战争宣言》，明确提出："统一中国，造成新中国——工农劳动贫民代表会议（苏维埃）的中国。"[1]这是"新中国"一词首次出现在党的正式文件中，之后一直没有断过，而且建立了新中国。现在我们仍然在为新中国努力奋斗，我们要建成新中国。中国共产党在不同的时期对于新中国的名称有不同的口号表达。现在我们都知道，新中国的国名叫中华人民共和国，但是一开始我们不知道叫这个名字。名称代表了一个政党的理念、思想，它能凝聚人心，催人奋进，所以我们不断地进行扬弃。1922年中共二大上明确指出："统一中国本部（包括东三省）为真正民主共和国。""用自由联邦制，统一中国本部、蒙古、西藏、回疆，建立中华联邦共和国"。[2]在中华联邦共和国的指引下，国共实现了

---

[1] 中央档案馆：《中共中央文件选集》（1927），中共中央党校出版社1983年版，第326页。

[2] 中央档案馆：《中共中央文件选集》（1921—1925），中共中央党校出版社1989年版，第62页。

第一次合作。但是，中华联邦共和国充其量是一个理想，是一个想法，来不及付诸实践就破产了，就流产了。伴随着蒋介石1927年四一二和汪精卫的七一五反革命政变，中华联邦共和国失败了。土地革命战争时期，1927年，中国共产党提出了建立一个工农苏维埃共和国。可以说工农苏维埃共和国是中国共产党第一次真正有自己意义内涵的表达。字面上来看，明显就是学习苏联，叫苏维埃，所以当时我们的军队叫红军，都是学习苏联的。但是工农苏维埃共和国随着实践的发展，有它的不合时宜性。1931年九一八事变之后，中华民族又一次面临亡国灭种的挑战，民族矛盾逐渐代替阶级矛盾，上升为国内的主要矛盾，因此，全民族最主要的矛盾是反对日本帝国主义的侵略。中国共产党根据形势的变化很快意识到未来国名怎么表达的问题。1935年12月的瓦窑堡会议上，中共中央就提出建立抗日民族统一战线，建立苏维埃人民共和国。人民的范畴很广，一切抗日的阶级阶层都是人民的范畴。原来是打倒蒋介石，后来是逼蒋抗日，然后是联蒋抗日，到最后是拥护蒋委员长抗日，这都是适应了民族矛盾成为主要矛盾的产物。但是苏维埃人民共和国也有它的局限性。从字面上来看还戴着苏维埃的帽子，苏维埃大家都知道，一看就是工农兵，排除了其他阶级阶层。所以，中国共产党很快意识到它的不足性，到了1936年，不到一年的时间就把苏维埃人民共和国扬弃了，提出建立一个民主共和国。民主是一个好东西，国内各个阶级阶层都拥护民主、认可民主、追求民主。民主共和国赢得了国内各个阶级阶层的认可和支持。在民主共和国的指引下，国共实现了第二次合作。随着实践的发展，民主共和国也面临挑战。首先，从民主内涵上看，因为蒋介石也提民主，那么共产党到底是什么样的民主？另外，20世纪30年代末、40年代初，蒋介石不断地限共、反共、溶共，甚至发动了震惊中外的皖南事变。在这种背景下，共产党人开始思考未来的国名叫什么。1940年初，毛泽东发表了《新民主主义论》。这一名篇是毛泽东思想成熟的标志，当然也是毛泽东建国思想成熟的标志。在这篇文章里面，毛泽东第一次提出未来的国就叫新民主主义共和国。同志们千万别以为就加了一个"新"字。这可是一种本质的转变，体现出共产党的成熟，包括新民主主义的政治、新民主主义的经济、新民主主义的文化，都是共产党自己本质内涵的体现。1945年"二战"结束之后，中国共产党热烈主张未来要建立一个新民主主义共和国，提出了废除国民党一党专政，成立民主联合政府的主张，但是蒋介石不同意。日本投降之后，蒋介石三次电报让毛泽东去重庆谈判。谈什么？目的就是逼共产党交出政权、交出军队，搞大地主大资产阶级的一党专政，不承认新民主主义共和国。1946年6月内战爆发，新民主主义共和国建不成了。共产党适应形势的发展，提出"打倒蒋介石，建立新中国"。那么未来的新中国国名怎么表达？随着战争胜利的临近，中国共产党开始思考这个问题。1948年上半年，党内比较普遍认可未来的国名就叫中华人民共和国。这个国名是1948年1月12日中共五大书记之一的任弼时同志首先提出来的。中共中央很快形成共识，毛泽东1948年1月18日就强调未来的国名就叫中华人民共和国。到了1948年下半年的时候，中华人民共和国这个国名也用，但是用的频率和概率逐渐减少。更多的用什么国名呢？第二个国名出现了，叫中华人民民主共和国，加了"民主"两个字，可见"民主"在共产党执政理念当中的分量。但是一个国家不可能有两个国名，必须扬弃一个。1949年政协筹备会上,政协委员们进行了抉择。当时有两个政协委员,一个叫黄炎培,一个叫郭沫若,他们提议叫中华人民民主国。第三个国名出现了。他们说民主和共和重复了,democracy和republic在西方语境里本质意义是相近的,所以民主和共和没必要重复。另外有一个政协委员叫张奚若,清华大学的教授,他说人民和民主重了,人民就是民主,民主就是人民的。所以,他主张叫中华人民共和国,又回到了原点。现在有一个观点说中华人民共和国是张奚若提出来的,这个观点不全对。我刚才已经讲了,最早提出来的人是任弼时,后来在政协筹备会上进行了抉择,表明共产党虚心接纳民主党派意见的这样一个广阔的胸怀。张奚若提出叫中华人民共和国之后,政协委员一致认可赞同,中华人民共和国国名就确立下来了。我还讲一点,当时叫中华人民共和国,后面专门有一个括注:简称。我们现在都知道中华人民共和国简称中国,童叟皆知。但当时一再强调中华人民共和国简称中华民国。那为什么要简称中华民国呢?首先从字面上来看,中华人民共和国简称中华民国也讲得通,当时的文件解释说:中华人民共和国简称就是中华民国,中华民国全称就是中华人民共和国。另外,主要是中国共产党对孙中山的情怀情结。因为中华民国是孙中山创立起来的,中国共产党一直强调是孙中山的继承者。中华民国简称的刻意保留就体现出了这种情怀。但是有的政协委员就不同意了,司徒美堂就是其中之一。司徒美堂是什么人呢?是中国致公党的创始人,致公党的前身是洪门会。他号称洪门大佬、洪门大哥,在海内外影响非常大。他当时已经70多岁了,从美国回来参加政协会议。他站起来说中华民国已经被蒋介石搞臭了,名不正、言不顺。共产党如果连中华民国这个简称都不敢废掉，怎么能说得通？怎么能告示后人？由于司徒美堂巨大的影响，中华民国这个简称就废掉了，简称中国。我们说历史不能假设，现在好多同志假设说假如中华民国这个简称不废，会怎么样？我们不能去苛求前人，也不能以现在的眼光来分析过去，分析过去的历史，评价过去的人物。在当时，司徒美堂强烈要求废掉，有他的道理。当然假如中华民国的简称保留下来，至少我们在理论称谓上对台工作要好做得多，但历史不能假设，我就点到这为止。

刚才，我给大家讲的是"新中国"的源和流。我觉得作为一个中国人，你必须要了解"新中国"怎么提出来的，"中华人民共和国"国名怎么确立下来的。1949年6月15日，毛泽东在政协筹备会开幕式上激动地指出："中国人民将会看见，中国的命运一经操在人民自己的手里，中国就将如太阳升起在东方那样，以自己的辉煌的光焰普照大地，迅速地涤荡反动政府留下来的污泥浊水，治好战争的创伤，建设起一个崭新的强盛的名副其实的人民共和国。""中华人民共和国万岁！"[1]"旧中国灭亡了，新中国诞生了！"[2]这个"新中国"将是"独立民主和平统一富强的新中国"。[3]共产党人1949年建立了新中国，但是离独立、统一、和平、民主、富强的新中国目标还很遥远，这就是要建成新中国。实际上我们现在的理解，到2050年，新中国就建成了。习近平总书记的中国梦就是要建成新中国，我们仍然在新中国的征程

---

[1]《毛泽东选集》第四卷，人民出版社1991年版，第1467页。
[2]《旧中国灭亡了，新中国诞生了！》，《人民日报》1949年9月22日。
[3]《毛泽东文集》第五卷，人民出版社1996年版，第348页。

当中。2050年的时候,同志们应该都健在。我们都很幸运,从历史的潮流和历史的长河当中,可以看出我们生活在一个美好的时代。这个时代是无数的仁人志士抛头颅、洒热血所追求的目标。

二、新中国基本政治制度的形成和确立

新中国怎么去建立?这是我要讲的第二个大问题,主要从国体、政体、政党制度、国家结构四个方面来讲新中国政治架构的确立。

(一)人民民主专政国体的形成和确立

国体大家都很清楚,宪法第一条讲我们的国体就是人民民主专政。中国共产党从1921年成立以后,就开始思考这个问题。中共一大叫无产阶级专政,实现共产主义,当然这个目标肯定是不合时宜,后来很快放弃了。土地革命战争时期,我们提出来叫工农民主专政。到了抗战时期,提出叫各革命阶级联合专政,一切抗日的阶级阶层一起专政。随着提出打倒蒋介石建立新中国之后,各革命阶级联合专政就不合时宜了。1948年6月1日,中宣部在列宁《共产主义运动中的"左派"幼稚病》第二章的前言当中,第一次提出人民民主专政,中共高层很快形成共识。1948年9月,中央政治局扩大会议,决定人民民主专政正式取代各革命阶级联合专政。1949年1月1日,毛泽东发表新年献词,用农夫和蛇的故事做比喻,强调人民民主专政是我们根本的历史经验,第一次向全世界公布未来的新中国的国体,就是人民民主专政。1949年6月30日,在纪念建党28周年之际,毛泽东发表了一篇名篇《论人民民主专政》,表明人民民主专政理论的最终形成和确立。这

是一个典型的中共的决策过程,即从酝酿、党内共识到公布。这不是我重点要讲的,我重点讲什么呢?从人民民主专政与无产阶级专政的异质论到同质论。

我们现在讲宪法第一条,说我们的国体是人民民主专政,人民民主专政实质上就是无产阶级专政。但是一开始中共提出人民民主专政,不是这么理解的。当初,中央高层认为人民民主专政就是人民民主专政,无产阶级专政就是无产阶级专政,它们是异质的。在新民主主义社会叫人民民主专政,到了社会主义社会才叫无产阶级专政。从异质论到同质论发生了对接,对接点是什么时候呢?1949年新中国成立前夕,1949年1月31日到2月7日,苏共中央政治局委员米高扬秘密到了西柏坡。毛泽东在会见米高扬的时候,第一次改变了原来的想法,说人民民主专政实质上就是无产阶级专政,不过对于我们这个国家来说,称为人民民主专政更为合适,更为合情合理。这种表述跟当下的宪法的表述是一致的。当初为什么发生了对接?我们一定要放到当时的背景下去考量,主要是源于意识形态和苏联对我们支持的关系,发生了对接。讲一下背景,米高扬为什么秘密来华到了西柏坡?同志们知道毛主席一生仅仅去过一个国家,就是苏联,1949年与1957年两次前往。但是在这之前,他曾经四次准备去苏联访问,急于想见到斯大林。因为斯大林是革命导师,要取得斯大林的信任、帮助和支持。第一次是在什么时候?1947年年初,延安失守之后,中央兵分三路(中央前委、工委和后委)转战陕北一年多。当时,国民党散布谣言说:国军活捉了毛泽东的夫人江青,打死了西北军的领袖贺龙。斯大林看到这些谣言之后,很是紧张,想知道毛泽东在哪儿。于是苏共中央紧急给中共中央发了一份电报,让毛泽东到苏联去避一避。但是很快又发了一份电报，说鉴于战时安全，现在你不宜到莫斯科来，拒绝了毛泽东。当然这不是真实的原因与理由，我们要透过现象看本质，等一会要讲。第二次是什么时候呢？就是1948年4月城南庄会议之后。毛泽东给斯大林发了一份电报，说我要去，一定要去，急于听取您的建议。这一次斯大林又拒绝了，又是鉴于战时安全拒绝了毛泽东。第三次是什么时候呢？1948年5月，毛泽东到了西柏坡，跟刘少奇、周恩来、朱德会合了。到了西柏坡之后，毛主席发了一份紧急电报给斯大林，说7月份我要去苏联，一定要见你。如果你不让我带人去，我一个人去见你。当时留在中共五大书记身边的保健医生阿洛夫（也是苏联派过来的联络员）密电斯大林：这一次毛泽东非常急切，这次莫斯科之行对他本人来说是很需要的，他以很急切的心情等待答复。毛泽东的箱子已经装好，甚至买了皮鞋（他跟这里所有的人一样，都穿布鞋），做了呢子大衣。连访问日期他们都已经定了，只剩下怎么走的问题了。万事俱备，只欠东风，就欠斯大林一声令下了。可是斯大林很快又拒绝了毛泽东。这一次拒绝不是以战时安全为由了，因为毛主席不是三岁小孩，这一次斯大林找了另外一个理由。斯大林说：粮食征购工作已开始，从8月份起，领导同志将分赴各地征粮。毛泽东这次没有发火，只是不止一次提出疑问：苏联领导人怎么会这么重视征粮工作？连每个中央委员都要去征购粮食？这样，三次求见都被拒绝了。三次拒绝跟当时的国际背景有关系。第一是当时苏美之间的关系有很大的改善。第二是当时整个社会主义的阵营在批南斯拉夫的铁托，说铁托是假马克思主义。整个社会主义阵营在批铁托的时候，顺带批中国的毛泽东，说毛泽东至少是半个铁托，是一个麦淇淋式的马克思主义，一捏就化。在这种背景下，斯大林绝对不会轻易接见毛泽东的，他找了种种理由拒绝了毛泽东。第四次还是在西柏坡，毛泽东又发了一份电报，强烈要去。这一次应该说斯大林是把真实拒绝原因讲出来了。他说：在目前局势下，我们认为您应当把您的访问再延后一段时间，因为您现在到莫斯科来，会被敌人利用来指责中国共产党是莫斯科的代理人，这无论对中国还是对苏联都没有好处。这一次斯大林不仅拒绝毛泽东去莫斯科，还要求毛泽东与国民党谈，甚至提出划江而治的设想。毛泽东在新中国成立之初回忆这件事的来龙去脉时说：那是中国革命迅速发展的时候，想不到苏共中央直接打了一个电报给中共中央，不准我们打，他说只能和蒋介石和，不能和蒋介石打。……对他的不许革命，我们置之不理，打了三年半的仗便取得了革命的胜利。我们后来没有顺从斯大林搞划江而治，谈是谈了，但是要求国民党接受我们的八项条件。国民党没有接受，最终我们是宜将剩勇追穷寇，不可沽名学霸王。中国古话说得好：事不过三。斯大林四次拒绝毛泽东，这让他情何以堪。毛主席后来不止一次对斯大林四次拒绝表达不满。1956年，他会见南斯拉夫代表团的时候就谈道：我一生写过三篇歌颂斯大林的文章。头两篇都是祝寿词。第一篇是在延安1939年斯大林60寿辰时写的，第二篇是在莫斯科1949年他70大寿时写的。第三篇是在斯大林去世后写的悼念文章。这三篇文章老实说我都不愿意写，但从理智上来说又不能不写，而且不能不那样写。毛泽东第一次见到斯大林是在1949年底。他见到斯大林时说：我是长期受打击排挤的人，有话无处说。斯大林回答：不，胜利者是不受谴责的。两个巨人化干戈为玉帛，握手言和了。1957年，毛主席第二次去苏联。这时候苏联的领导人是赫鲁晓夫。毛主席还说到了斯大林。他说：要讲心里有气，我也有一肚子气，主要是对斯大林。但是我没有讲过，我今天也只是讲有气就是了，什么气我也不准备讲。实际上现在我也没气了，至少是气不多了，时间过去了，斯大林死了。应该承认，现在苏联同志的作风有很大的改变，并且还会改变，还会进步。……我来莫斯科来了两次，头一次使人不愉快。"兄弟党"那是一句话，讲得好听，实际上不平等。现在感觉到有一种平等气氛。毛泽东第二次去莫斯科访问的时候，赫鲁晓夫准备让300万人迎接毛泽东。毛泽东说免了，300人就够了。在大会上，众多外国政党的政要发言时，让毛主席第一个讲话，足够对毛泽东重视，其他国家领导人讲话时就鼓掌不起立，毛主席讲话时既鼓掌又起立。所以毛主席说现在感觉到有一种平等的气氛。

好，我们回到刚才那一点，毛泽东被斯大林拒绝后，气得三天没出窑洞。阿洛夫向斯大林汇报了，斯大林为了挽回毛主席的一些颜面，秘密派了苏共中央政治局委员米高扬乘专机到石家庄，然后乘吉普车到了西柏坡，从1949年1月31日到2月7日，待了将近一周的时间。当时我们的保密工作做得非常好，西方国家到20世纪60年代才知道米高扬在新中国成立前夕到了中国，到了西柏坡。米高扬化名安德列夫，带了两个助手，第一个助手就是后来苏联的铁道部长柯瓦廖夫，另外一个助手就是他的翻译，也叫柯瓦廖夫。但这个翻译也白带了，他一见到毛主席很紧张，毛主席一口湖南话他一个字也听不懂，还是毛主席的俄文翻译师哲解了围。米高扬秘密来访，对于新中国的建立应该起到了一定的支持和帮助作用。米高扬会见了中共五大书记，谈到了未来的新中国的架构，谈到了未来的台湾问题，谈到了未来的政务院总理就是周恩来，谈到了外蒙古的问题，谈到了未来的中国空军建设问题，等等。源于意识形态的关系，源于苏联支持和帮助的关系，这一次见面毛泽东改口说：人民民主专政实质上就是无产阶级专政，只不过对于我们这个国家来说更合情合理。为什么呢？新中国需要苏联支持和帮助，如果你还一再强调人民民主专政跟无产阶级专政不一样，那斯大林肯定有意见，明明就说你是"麦淇淋式的马克思主义"了，所以主要从这个角度来理解的。当然，现在我们说从本质上二者也是一致的，因为不论是人民民主专政还是无产阶级专政，都是以共产党领导的、工农联盟为基础的，这个本质是一致的。

（二）人民代表大会制政体的进一步确认

接下来讲政体。人民代表大会制度，这个政体确立应该很早了。人民代表大会就是俄语"苏维埃"译过来，苏维埃就是人民代表会议、人民代表大会的意思。所以，确立人民代表大会制为新中国的政体早已明确。但是在新中国成立前夕，我们需要进一步确认。首先，党内还有不同的认识。其次，其他的民主党派也有不同的意见。大家知道当时民主党派的政治观点，是搞西方的资产阶级制度的，其典型的观点就是政治上学习美国，经济上学习苏联，调和国共，兼亲苏美。因为蒋介石对民主党派实行屠杀政策，我们共产党实行联合团结的政策；蒋介石实行关门主义，我们实行开门主义，所以，最终民主党派和共产党走到一块儿去了。人民代表大会制度一个重要的核心载体是召开人民代表大会来选举产生国家机构，这是合法性的前提。中共中央原初计划1948年年底或者1949年年初，在哈尔滨召开一个180人的小型政协会议。通过政协产生人大，然后通过人大来产生国家机构。政协的产生相对容易，因为政协委员是推荐产生。人大代表需要通过选举产生，人大的召开相对复杂一些。当初我们计划是两步走的建国路径。两步走的建国路径提出之后，中共中央就决定邀请隐蔽在香港的民主党派到东北解放区和华北解放区来商议召开政协、召开人大的办法。1948年4月30日，中共中央给广大的民主党派发出了著名的"五一"建国口号。"各民主党派、各人民团体及社会贤达，迅速召开政治协商会议，讨论并实现召集人民代表大会，成立民主联合政府。"[1]当时的民主党派因为蒋介石采取屠杀政策，杀害了李公朴、闻一多、杜斌丞等人，都纷纷躲到香港去了。民主党派收到了共产党的"五一"口号之后，非常高兴，发出了著名的"五五"通电以回应。一来一回，民主党派和共产党走到一块儿了。"五五"通电是由民进的领导人马叙伦发出来的。通电指出：被压迫到香港的我们，幸运地先听了，我们感觉到无限的兴奋，这是真正的人民革命的领导者——中国共产党，给一个鼓励和安慰的启示。"五一"口号预示着太阳就要出来了。"五一"口号发出之后，中国共产党就开始秘密转移隐蔽在香港的民主党派。当时主要负责人是中共地下党员潘汉年，安排通过陆路、水路分三批来转移这些民主党派。有一个著名的公司叫华润，现在是世界500强之一，它的总部在香港。华润20世纪30年代成立的时候，是一个医药公司，当初只有三个人，发展到现在将近40万人。华润为什么称为红色企业呢？因为它在革命年代转移民主党派的过程中起到很大的作

---

[1]《中华人民共和国开国文选》，中央文献出版社1999年版，第4页。

用。华润以做贸易为名，把诸多民主党派人士乔装打扮成商人，秘密转移到华北和东北。当时华润的总经理叫钱志光，曾开玩笑地说：华是中华的华，代表中国，润是毛润之的润，代表我们党，就是说这个机构是我们党办的贸易公司。

实践证明，计划赶不上变化。到了1948年下半年的时候，没想到国民党那么不禁打，原来计划长时间的内战，毛泽东说至少五年，但是不到三年，国民党兵败如山倒，建国日程迫在眉睫，提上议事日程了。在这种背景下，中国共产党与民主党派不约而同想到了改变原来两步走的建国程序，由两步走变成了一步走，即由政协来直接产生中央人民政府。因为在当时的背景下，召开人大会议可求而不可遇。首先国内的战争还没有结束，另外老百姓的素质还跟不上，所以紧急召开人大是不可行的。但这样问题就来了，因为政协不是选举产生的，而是推荐产生的，它能不能代表民意？中共中央也意识到这一点，尽量做了种种的弥补。首先增加政协参加的人数，原来是180人，增加到562人。另外扩大政协的代表面，由原来的三党召集改成所有参加政协会议的一切民主党派共同召集。毛主席后来说，我们这个政协就相当于一个人大。当下，西方好多学者还攻击我们第一届政府是"非法"的，但我们说这"非法"是打了双引号的。我们当然不能人云亦云，怎么回击？我们一定要放到历史的背景下来考量，做出由两步走变成一步走的抉择，是适合当时的历史背景的。

1949年9月21日，第一届政协开幕。坐在主席台上的是由政协选举产生的中央人民政府委员会的主席和副主席。这样一来，就形成了国家权力机构的过渡体制，由中央人民政府委员会代行国家最高权力。从理论上说，政协是最高权力机关，因为政协选举产生了中央人民政府委员会，但政协产生了中央政府委员会后，最高权力的职能就让位给了中央人民政府委员会。不仅如此，中央人民政府委员会还是最高行政机关。从理论上说，当时最高行政机关是政务院，因为当时政务院仅包含政务部门，不包含军事部门，所以不叫国务院。政务院跟中央部委的关系，跟各个大区和省市的关系，不是上下级的关系。中央部委和各个大区和省市跟中央人民政府委员会是上下级的关系。1952年"五马进京"，一马当先，高岗担任计划委员会的主席，号称"经济内阁"，政务院都管不到。这种过渡的体制到什么时候理顺的呢？1954年第一届人大召开宣告这种过渡体制结束。第一届人大召开之后，全国人民代表大会就是最高权力机构，此时的政务院已改名为国务院，是最高行政机构。

（三）政党制度的形成和确立

好，这是我给同志们讲政体的形成和确立。第三个问题是政党制度，是一党制，还是共产党领导的多党合作制？现在中国的政党制度，是共产党领导的多党合作和政治协商制度，既不是一党制，也不是多党制，是中国特色的政党制度。这个政党制度是怎么确立起来的？实际上1921年中国共产党成立以后就面临这个问题的抉择。共产党诞生之后必须要跟其他党派发生关系。中国在"五四"前后有200多个党派，大部分民主党派是在"二战"结束前后成立的，当时中国有十几个民主党派。统一战线是中国革命的一个关键问题。如果跟民主党派关系搞得不好，往往就会发生"左"或右的错误。统一战线、武装斗争、党的建设是中国革命的三大法宝。这三大法宝中最重要的法宝是党的建设，但是毛主席在不同的场合先说统一战线。可见，在这个问题上我们老是犯错误，所以分清敌友是中国革命的首要问题。到了抗战时期，1945年党的七大上，毛泽东在总结经验和教训时指出："这是一个历史法则，是一个必然的、不可避免的趋势，任何力量，都是扭转不过来的。"[1]什么时候共产党与民主党派关系处理得好，我们革命事业就前进一步，什么时候处理不好，我们革命事业就倒退，甚至发生严重的曲折。但随着国共关系恶化、共产党在力量对比具有绝对优势的新的历史条件下，政党制度如何设计？这摆在了以毛泽东为首的中共领导层面前。

毛泽东在1947年11月30日发往莫斯科的一封电报中说："中国革命取得彻底胜利之后，要像苏联和南斯拉夫那样，除中共之外，所有政党都要离开政治舞台，这样会大大巩固中国革命。"[2]这表明毛泽东在一个阶段曾有考虑借鉴一党制的念头。但这只能说是中共瞬间的左顾右盼，中共很快就放弃了这种想法。一来成立多党合作的民主联合政府一直是中共坚持的主张；二来民盟迅速恢复活动并在其后宣布放弃中间路线，拥护新民主主义并接受共产党的领导，其他民主党派也同样表达了这一心愿。这些背景使中共又回到政策的原点。在1947年12月会议上，毛泽东延续了中共一直以来的主张，强调成立各党派合作的民主联合政府，"这就是人民解放军的也是中国共产党的最基本的政治纲领"[3]。之后，这个主张就没有动摇过。1948年4月30日，中共中央发布"五一"口号，各民主党派也公开表示拥护新民主主

---

[1]《毛泽东选集》第三卷，人民出版社1991年版，第1069页。
[2]［俄］A.列多夫斯基著，马贵凡译：《毛泽东同斯大林往来书信中的两份电报》，《中共党史研究》，2001年第2期。
[3]《毛泽东选集》第四卷，人民出版社1991年版，第1256页。

义并接受共产党的领导,"愿在中共领导下,献其绵薄,共策进行",这表明共产党领导的多党合作制定型。1949年3月,毛泽东在中共七届二中全会上指出,新中国政府的组成是各党派、社会知名人士参加的民主联合政府。对于民主党派,我们准备继续团结他们,照顾他们,给他们在政府部门的岗位留一定的位置。但国家政权的领导权是在共产党手里,这是确定不移的,丝毫不能动摇的。全会要求全党把与民主党派的合作,作为长期政策,在思想上和工作上确定下来。

新中国成立之初,中共领导下多党之间以《共同纲领》为准则进行的通力合作、民主协商,构筑了一种完全新型的政党关系格局,奠定了民主政治的坚实基础。各民主党派与中共组成"联合政府",参加了国家政权,参与了国家事务的管理。当时民主党派在各级政权机构当中有职有权,占了很大的比例分量。中共中央规定:中国新的政权机构中,必须包括工人、农民、小资产阶级、民族资产阶级及爱国民主人士。在各级人民代表大会或代表会议及政府中,特别是在县以上的政权机构中,都应该有他们的代表参加,并且有职有权。[1]新中国成立初期,中央人民政府委员会的主席是毛泽东,副主席六个人当中,民主党派、无党派人士就占了三席,分别是宋庆龄、张澜和李济深。政务院总理周恩来,副总理四个里面两个是民主党派,即黄炎培和郭沫若,中共也占两席,分别是董必武和陈云。政务院下属30个行政机构的93名负责人中,42人是非中共人士,占45%以上,其中14人是正职,分别是郭沫若为副总理兼文教委主任和科学院院长、

---

[1]《中华人民共和国开国文选》,中央文献出版社1999年版,第202页。

谭平山为人民监察委员会主任、黄炎培为副总理兼轻工业部部长、朱学范为邮电部长、章伯钧为交通部长、李书城为农业部长、梁希为林垦部长、傅作义为水利部长、沈雁冰为文化部长、马叙伦为教育部长、李德全为卫生部长、史良为司法部长、何香凝为华侨事务委员会主任、胡愈之为出版总署署长。新中国成立初期，为什么那么多的知识分子万里迢迢冲破西方国家的封锁，投身于新中国的建设，跟中国共产党对他们的政策有很大的关系。一个重要的政策就是规定民主党派要有职有权，共产党人要做到手心手背都是肉，不能莲花出水有高低。在各级政权机构中，共产党员千万不能多，多也无力，少也无力，不多不少刚刚好。

新中国成立初期，共产党与民主党派和无党派人士关系融洽的例子还有很多。1949年9月的一天，毛泽东准备去前门火车站迎接"国母"宋庆龄。宋庆龄的专列是下午四点到，但毛主席按捺不住心中的激动，提前几个小时就到了前门火车站等。毛主席的秘书不断地提醒毛主席说，火车还早呢。但毛主席还是早去了。还有毛主席邀请民主党派一起游天坛的例子，照片上毛主席的左边和右边，是两位著名的民主党派人士——陈叔通和张元济，这也反映了共产党与民主党派关系的融洽。再举一例：1949年新中国成立前夕，张澜到双清别墅拜会毛泽东。张澜是四川南充人，号称川北圣人，清末的进士，在清朝和国民党时代都当过高官。做官期间他给自己提出了著名的"四勉一戒"，即人不可以不自爱，不可以不自修，不可以不自尊，不可以不自强，而断不可以自欺。做官期间，他的夫人仍旧在家里面打柴、种田、养猪，他好多的公务招待都由他夫人种田、打柴、养猪来供给。毛主席对他非常尊重。有一个小插曲，当张澜来拜见毛主席的时候，卫士长李银桥翻箱倒柜给毛主席找衣服，但是找不到一件没有补丁的衣服，全是打了补丁的。李银桥就跟毛主席说赶快做吧，张澜是一个非常有名望的人，他会在意的。毛主席说，只要是干净的就行了。当毛主席穿着打着补丁的衣服来迎接张澜的时候，张澜翘起了大拇指，说毛公能，共产党能。毛泽东回应道：历来纨绔子弟考不出好成绩，安贫者能成事，嚼得菜根百事可做，我们会考出好成绩！

1950年3月，中共第一次全国统战工作会议专门研究了党与非党民主人士的合作共事问题。在会议期间，毛泽东指出：要团结民主党派，使他们进步。要给事做，尊重他们。当作自己的干部一样，手心手背都是肉，不能有厚薄。对他们要平等，不能莲花出水有高低。要实行民主，敞开来让他们说。[1]他特别强调：如果离开了民主党派，我们会重新再走二万五千里的长征，一定要团结他们。1956年八大前后，毛泽东还一再强调说究竟是一个党好呢，还是几个党好呢，现在看来恐怕是几个党好，不但过去如此，而且将来也可以如此，就是长期共存、互相监督。一个党同一个人一样，耳边很需要听到不同的声音。大家知道主要监督共产党的是劳动人民和党员群众，但是有了民主党派，对我们更为有益。

（四）民族区域自治为补充形式的单一制的确立

接下来我们讲国家结构的形成和确立。当今世界，国家结构无非两种：单一制和复合制。1921年中国共产党成立以后，也面临这个问题的探索，不断地进行扬弃，长期徘徊在联邦制和单

---

[1]《历次全国统战工作会议概况和文献》，档案出版社1988年版，第6页。

一制之间。源于苏联采用了联邦制的关系，中共在很长一段时间内也借鉴采用了这种模式。中共二大宣言就指出："统一中国本部（包括东三省）为真正民主共和国，……用自由联邦制，统一中国本部、蒙古、西藏、回疆，建立中华联邦共和国。"[1]抗日战争爆发后，针对日本帝国主义分裂中国的图谋，中共开始提出民族区域自治政策，以维护国家的统一。1938年中共六届六中全会指出：允许蒙、回、藏、苗、瑶、夷、番各民族与汉族有平等权利，在共同对日原则之下，有自己管理自己事务之权，同时与汉族联合建立统一的国家。[2]1941年5月1日，陕甘宁边区政府颁布了《陕甘宁边区施政纲领》，规定"依据民族平等原则，实行蒙回民族与汉族在政治经济文化上的平等权利，建立蒙回民族的自治区"[3]。这实际上已明确民族区域自治是陕甘宁边区的一项基本政策。

在政协筹备会议召开以前，中共在发展抗日战争时期就已经形成的民族区域自治制度的同时，始终没有放弃对联邦制的期待。一方面是民族区域自治理论和实践的发展，比如1946年1月《和平建国纲领草案》、1946年4月《陕甘宁边区宪法原则》的颁布和1947年4月23日内蒙古自治政府第一个省级自治区的成立，就表明我们民族区域自治理论和实践在发展。但另外一方面联邦制我们一直没有放弃过，甚至是最终的期待。1945年，毛泽东在《论联合政府》中强调，"在新民主主义的国家问题与政

---

[1]《中共中央文件选集》(1921—1925)，中央党校出版社1982年版，第78页。
[2]《民族问题文献汇编》，中共中央党校出版社1991年版，第595页。
[3]《民族问题文献汇编》，中共中央党校出版社1991年版，第678页。

权问题上,包含着联邦的问题。中国境内各民族,应根据自愿与民主的原则,组织中华民主共和国联邦,并在这个联邦基础上组织联邦的中央政府。""要求改善国内少数民族的待遇,允许各少数民族有民族自决权。"[1] 把联邦制上升到国家问题与政权问题的高度并通过中共最高级别的大会形式——中共七大向外界公布,显然,这较之于同一时期针对某个或某些地区实行民族区域自治政策更具有指导意义。甚至到 1949 年 8 月 22 日,在《新民主主义的共同纲领(草案初稿)》中还有这样的论述,"使各民族在国家政权中皆享有平等地位,实现各民族的自治权,并根据自愿与民主的原则,组成中华各民族联邦"[2]。但是我们最终放弃了联邦制。前面的制度包括政党制度,国体、政体都已经确定下来了,国家结构这个制度确立得最迟。在政协筹备会期间,毛泽东、周恩来征求了大家的意见,最终放弃了联邦制,而选择了以民族区域自治为补充形式的单一制。首先,李维汉的建议起了催化剂的作用,李维汉就是李铁映的父亲,是中共的元老之一,长期分管民委工作。毛泽东在政协筹备会议期间就专门征求他的意见。李维汉讲了几点理由:第一,马克思、恩格斯是主张搞中央集权单一制。第二,苏联搞联邦制是迫不得已的。因为苏联的少数民族很多,占了将近一半。十月革命以前,波罗的海沿岸成立了好多独立的小国,列宁为了团结他们一起进行革命,承认了联邦制,这是苏联的国情。第三,中国的国情跟苏联不一样。首先,中国

---

[1]《毛泽东选集》第三卷,人民出版社 1991 年 6 月版,第 1064 页。
[2]《关于周恩来与共同纲领起草过程的一组文献》(一九四九年六月—九月),《党的文献》,2003 年第 2 期。

在历史上长期是大一统的国家，另外少数民族很少，只占了百分之六七，所以我们不适合搞联邦制，而适合搞单一制。

另外还有现实的原因，比如我们第一个省级自治区内蒙古自治区的成立起到很好的示范作用。在政协筹备会之前，好多政协委员都到内蒙古去调研考察，比如陈嘉庚就去了，回来之后一致认为内蒙古自治区搞得非常好，证明民族区域自治理论适合中国国情。还有一个原因就是在新中国建立前后，西藏、台湾还没有解放。美国、英国、印度试图染指西藏和台湾。在这种背景下，如果我们搞联邦制，势必给它们分裂中国提供了口实。1949年8月在西藏发生的驱汉事件，背后的支持者就是美国、英国和印度。

综上诸多原因，最终，在综合合力的作用下，我们放弃了联邦制，选择了适合中国国情的、以民族区域自治为补充形式的单一制。实践证明这个制度是适合中国国情的。9月29日，政协大会通过了《共同纲领》，最终完成了对民族区域自治为补充形式的单一制的确认。《共同纲领》以国家根本法的形式明确规定："各少数民族聚居的地区，应实行民族的区域自治，按照民族聚居的人口多少和区域大小，分别建立各种民族自治机关。凡各民族杂居的地方及民族自治区内，各民族在当地政权机关中均应有相当名额的代表。"至此，民族区域自治作为新中国的一项基本国策，在法律上得到了确立，成为新中国政治制度的重要组成部分。

党的八大前后毛泽东还特别强调：我们说中国地大物博，人口众多，实际上是汉族人口众多，少数民族地大物博，团结少数民族很重要，没有大批少数民族出身的共产主义干部是不可能的。

　　以上是我给大家讲的四大基本政治制度——国体、政体、政党制度、国家结构的形成和确立。这些政治制度一经确立就表明新中国架构就架起来了，新中国建立起来了。实践证明，新中国的政治制度是适合中国国情的。著名的美国学者、中国通费正清先生在《剑桥中华人民共和国史》一书中有一段话：到1949年中国共产党取得全国政权时，中国的爱国者们已经花了整整两代人的时间借鉴西方的政治模式和社会秩序理论。1949年，毛泽东与他的中国共产党同事，作为获得成功的革命者，意识到了自己的创造力以及新时代的新需要，他们在更新历史的进程中的根本任务就是如何挣脱中国以往的政治定势。年轻的中国共产党在直到1949年以后的很长时间内，都保留着显著的领导集团的内聚力。这种话无非表达三层意思。第一，西方的政治理论、西方的政治制度不适合中国国情。历史上两代人都在借鉴，但屡鉴屡败，好马不吃回头草。第二，以毛泽东为核心的中国共产党人1949年确立的政治制度，是适合中国国情的。第三，这些政治制度未来还有强大的生命力。党的十九大报告指出：我们党团结带领人民完成社会主义革命，确立社会主义基本制度，推进社会主义建设，完成了中华民族有史以来最为广泛而深刻的社会变革，为当代中国一切发展进步奠定了根本政治前提和制度基础，实现了中华民族由近代不断衰落到根本扭转命运、持续走向繁荣富强的伟大飞跃。[1]

---

[1]《中国共产党第十九次全国代表大会文件汇编》，人民出版社2017年版，第12页。

三、新中国形象的塑造和接受

最后还讲一个问题,简单讲一讲新中国形象的塑造与接受。这就涉及共产党的宣传舆论政策、意识形态和思想政治教育工作。新中国成立之初,这些政策落实得非常好,在极短的时间内,新中国就被广大的民众所接受,表明共产党塑造形象的本领和方法,值得我们好好地去总结。主要有以下几点。

第一,隆重的庆典仪式使国家形象合法化、神圣化。同志们千万别小瞧庆典礼制的作用。大家知道孔子一生都在追求什么?礼!春秋时期,礼崩乐坏,得恢复周礼。一个国家、一个社会如果没了礼制,这个国家离灭亡就为时不远了。中国共产党深谙中国传统文化,在新中国成立初期,就举行隆重的庆典仪式,特别是开国大典和国庆节。1949年10月1日下午3点开始的开国大典,有30万民众参加了,广大民众通过亲身经历威严、神圣的庆典仪式,逐渐接纳了新中国神圣的形象。新中国成立70周年时,俄罗斯档案馆给了我们一个大礼包,送来了开国大典的彩色胶片。其中许多场面的镜头现在来看依旧震撼。这就是庆典仪式的作用。当下有好多人不注重这些,他们认为大热天你西装革履的干吗?大热天两国领导人还西装革履的握手干吗?大热天企业公司里工人上班还穿着工服干吗?当一个企业一个公司,每一个人都穿着拖鞋、穿着大裤衩去上班的时候,这个公司离衰败也为时不远了,因为礼制使国家、企业形象合法化和神圣化。

第二,建立宣传网制度。新中国在极短的时间内为广大的民众所接受,跟中共第一代领导集体高度重视宣传,建立无处不在、无时不有的宣传网制度大有关系。我举一个例子:1951年河北大名县共有宣传员7400余人,宣传助手8400名,群众宣传队480个，队员31475人，再加读报组、广播筒小组、农村剧团等，共有55200人。这些宣传员和宣传队员分片包干，使每个村头、渡口、汽车站、茶饭馆、集市、庙会等每一个群众聚集的场所，都有专人负责进行宣传。大名县有五万多人从事宣传工作，村头、渡口、汽车站、茶饭馆、集市、庙会，只要是群众聚集的地方，都有人进行宣传，其他的思想舆论没有缝隙介入。这个经验值得我们去总结，我们要高度重视宣传。2018年暑假我到上海迪士尼去调研。去了之后我感觉很震撼，人山人海，都是少男少女，排成长龙。迪士尼有那么刺激、那么好玩吗？我也体验了一把，没那么刺激，还没有北京的欢乐谷刺激，但为什么那么多人去呢？他们冲着迪士尼文化去的，迪士尼是一个文化，进去之后连中国的馒头都不能带，只能吃美国汉堡，这是美国文化。这也给我们敲起了警钟，思想舆论你不去重视，别人就会去重视，就会把别人吸引走。

第三，采取断言法、重复法、传染法的宣传方式。法国大革命时期，著名的社会心理学家勒庞写了一部名著《乌合之众：大众心理研究》，指出：给群体提供的无论是什么观念，只有当它们具有绝对的、毫不妥协的和简单明了的形式时，才能产生有效的影响。[1]另外，一切宗教或政治信条的创立者所以能够立住脚，皆因为他们成功地激起了群众想入非非的感情，他们使群众在崇拜和服从中，找到了自己的幸福，随时准备为自己的偶像赴汤蹈

---

[1][法]古斯塔夫·勒庞著，冯克利译：《乌合之众：大众心理研究》，中央编译局出版社2005年版，第44页。

火,这在任何时代概无例外。[1]勒庞强调只有符合简单明了、引起共鸣这两个条件的宣传和形象塑造,才能产生十足的效果。中国共产党在革命年代和新中国成立之初就是这么去做的,其中的经验值得去借鉴总结。毛主席深谙四书五经,但很少有之乎者也的话,他的话最好懂,因为他知道受众是谁,受众能听什么,什么样的话语才能起作用。比如在井冈山时期,颁布了著名的三大纪律、六项注意,后来发展为八项注意。哪六项注意?上门板,捆铺草,说话和气,买卖公平,损坏东西要赔,借东西要还。后来加了两点:洗澡避女人,不随地拉屎。这是八项注意的原初表述,后来有一些变动。有的同志说怎么说得这么俗,不能说文雅些吗?不能说上厕所吗?不能说不调戏妇女吗?这就是共产党人的高明之处。当时,江西老表上井冈山,大部分都是十几岁的小孩,基本上是文盲,目不识丁。如果说上厕所,如果说不调戏妇女,什么是厕所?听不懂。什么叫调戏?听不懂。白说了,左耳进右耳出。一个好的宣传绝对不仅仅就是刷在墙壁上,或者挂在横幅上。如果不能引起共鸣,不简单明了,那终究是空中楼阁或者被束之高阁。"打土豪,分田地"好不好?太好了,简单明了,引起共鸣。"为人民服务"好不好?"抗美援朝,保家卫国"好不好?这些口号都童叟皆知,这样的宣传才能起作用。

党的十八大以来,习近平总书记高度重视宣传,好多的宣传理念跟毛泽东当年有很多共同之处,强调简单明了、引起共鸣的效果。比如"中国梦"三个字,有哪位同志说中国梦我记不住?

---

[1][法]古斯塔夫·勒庞著,冯克利译:《乌合之众:大众心理研究》,中央编译局出版社2005年版,第54页。

太简单明了了。另外,"中国梦"既是国家的梦,也是民族的梦,还是人民的梦,大家都是梦之队的成员,都是追梦者,引起共鸣。"中国梦",2012年11月29日习近平总书记刚提出来的时候,外媒翻译为"China dream"。这翻译错了。单单就是国家的梦吗?现在怎么翻译呢?"Chinese dream",每一个人的梦想,引起了共鸣。再如共产党人的"初心"和"使命"是"为中国人民谋幸福,为中华民族谋复兴",就非常接地气,引起了广泛的共鸣。共产党是执政党,是两个先锋队,代表着全中国人民的利益,"为中国人民谋幸福,为中华民族谋复兴",就能凝聚一切可以凝聚的人,引起最广泛的共鸣。

总之,新中国的形象塑造是相当成功的。广大民众在极短的时间内就接纳了"新中国","新中国"从"质"和"形"两个层面得以最终确立。季羡林先生在回忆录里形象地描绘出新中国成立初期他本人对新中国形象接受的心路历程。他说:当时我才40岁,算是刚刚进入中年,但是我心中需要克服的障碍就不老少。参加大会喊"万岁"之类的口号,最初我张不开嘴。连脱掉大褂换上中山装这样的小事都觉得异常别扭。……对我来说这个适应过程并不长,也没有感到什么特殊的困难。我一下子像是变了一个人。觉得一切的一切都是美好的,都是善良的。我觉得天特别蓝,草特别绿,花特别红,山特别青,全中国仿佛开遍了美丽的玫瑰花,中华民族前途光芒万丈,我自己仿佛又年轻了十岁,简直变成了一个大孩子。开会时,游行时,呼"万岁",我的声音不低于任何人,我的激情不下于任何人,现在回想起来,那是我一生最愉快的时期。[1]表明新中国的形象塑造太成功了，使生活在一个旧社会的人，已经到了四十不惑之年的人，在极短的时间内，迅速接受新中国的形象，而且感觉是一生中最快乐的时期。

以上是我给同志们讲授的《建立新中国的构想与实践》一题，主要从政治制度的形成和确立角度，给大家做了一个分享；在讲课过程中有好多不足之处，希望同志们多批评指正，谢谢大家。

---

[1] 季羡林著：《我的心是一面镜子》，《东方》，1994年第5期。

第八讲 抗美援朝的决策及其影响

李庆刚

今天和大家学习交流的题目是《抗美援朝的决策及其影响》。大家知道,1949年10月1日新中国成立,新中国成立之后,我们面临的是百废待兴的局面。在这种情况之下,1950年6月6日至19日,党的七届三中全会在北京召开,这次会议确定了党在国民经济恢复时期的主要任务,准备带领全国人民为争取财政经济状况的好转而斗争。然而始料未及的是,在七届三中全会召开半个月之后,也就是1950年6月25日,朝鲜内战爆发。朝鲜内战爆发之后,美国杜鲁门政府就宣布介入朝鲜半岛事务,同时操纵联合国组建了"联合国军",武装干涉朝鲜内战,朝鲜内战就逐渐演化成为一场"二战"结束之后爆发的第一场比较大规模的国际性的局部战争。与此同时,美国派遣其第七舰队入侵台湾海峡,这样中国的国家安全利益就受到了外来的严重威胁。这对刚刚执政的中国共产党来说,对于刚刚解放的中国人民来说,是一场极其严峻的考验。

面对这样一场严峻的考验,应朝鲜民主主义人民共和国的请求,在反复权衡利弊的基础之上,党中央、毛泽东主席毅然做出了"抗美援朝、保家卫国"的战略决策,派遣中国人民志愿军赴朝作战。从1950年的10月至1953年7月,经过两年九个多月的军事、政治较量，中国人民最终取得了抗美援朝战争的伟大胜利。抗美援朝战争是新中国成立之后，美国强加给中国人民的这样一场战争，也是近代100多年以来，中国人民反对外来侵略，在新的历史条件下的继续，可以说是新中国的立国之战。事非经过不知难。当年，党中央、毛泽东主席做出"抗美援朝、保家卫国"的战略决策，其过程是非常艰难的。70年后的今天，我们重新回顾抗美援朝决策及战争的简要过程，审视其影响，依然具有非常重要的现实启示意义。

今天围绕这个题目，从三个方面展开，和大家做个分享交流。第一个问题，反复权衡做决策；第二个问题，战场上的较量；第三个问题，影响与启示。

一、反复权衡做决策

先讲第一个问题，反复权衡做决策。刚才已经讲到，1950年6月25日，朝鲜内战爆发，6月27日，美国杜鲁门政府就宣布介入朝鲜半岛事务，同时派遣其第七舰队入侵台湾海峡。这样就直接侵犯了中国的主权利益，同时也使中国人民解放军解放台湾这一事业受到影响。

本来在这之前，中国人民解放军为解放台湾已经做了比较充分的准备。1949年5月至6月，中央军委已经责成第三野战军副司令员粟裕就解放台湾做必要的准备工作。经过一年左右的准备，人民解放军逐渐具备了强大的跨海登陆作战能力。特别是1950年5月1日解放了海南岛，1950年5月中旬又解放了舟山群岛，都取得了跨海登陆作战的宝贵经验，为解放台湾打下了比较坚实的基础。但就在这个时候，朝鲜战争爆发，美国介入朝鲜半岛事务的同时，派第七舰队入侵台湾海峡。所以针对这一举动，党中央、毛泽东主席做出及时的回应和决策，完全是必要的，也是非常及时的。

6月27日美国的第七舰队来了，6月28日在北京毛泽东就主持中央人民政府会议，明确表达了中国的立场和声音。毛泽东指出，世界各国的事务应该由各国人民自己来管，不应该由美国人来管，亚洲的事务应该由亚洲人民自己来管，也不应该由美国来管。毛泽东同志发出一个响亮的号召，即全国和全世界人民团结起来，打败美帝国主义的任何挑衅。同一天，政务院总理兼外交部长周恩来，代表中国政府发表声明，谴责美国对中国台湾和朝鲜半岛事务的粗暴干涉。显然，美国方面对此置若罔闻。它操纵联合国，组建了"联合国军"，武装干涉朝鲜事务。

在这种情况之下，1950年7月7日至10日，经毛泽东主席批准，主持中央军委日常工作的周恩来，在北京紧急召开了国防会议，参加国防会议的是中国人民解放军各方面的高级将领。包括总司令朱德、代总参谋长聂荣臻、总政治部主任罗荣桓、第四野战军司令员林彪、海军司令员肖劲光、铁道兵司令员滕代远、装甲兵司令员许光达、空军司令员刘亚楼、总情报部部长李克农、总后勤部部长杨立三等。大家聚集一堂，商议对策。朝鲜内战爆发之后，包括美国武装干涉朝鲜半岛事务之后，东北成为直接受影响的一个地区。当时中国在东北的军事力量最为薄弱，只留下了一个第四十二军，还准备从事农业生产，这显然是不行的。

所以这次会议就明确决定，将部署在河南就是中原地区的战略预备队第十三兵团调往东北。十三兵团下辖第三十八军、三十九军、四十军，加上三个炮兵师，再加上在东北的四十二军，一共是25.5万人，组成了东北边防军，任命粟裕为东北边防军司令员。毛泽东批准了这样一个建议。这样，粟裕由原来主持准备对台作战，现在调到东北，主持东北边防事宜，可见中央对粟裕的认可。但是恰在此时，粟裕的身体状况不允许了，为什么呢？因为粟裕在革命战争年代，曾经几次严重负伤，留下了后遗症，病情经常发作，发作起来，难以坚持工作。而恰恰在此时，他的病情又变严重了。经中央同意，粟裕就先到山东青岛进行疗养，疗养一段时间，没有见到明显的好转。粟裕也比较着急，怕因为自己的健康问题耽误了军国大事，所以他就要求来青岛的罗瑞卿给党中央、毛主席捎封信，汇报自己的病情。罗瑞卿就把粟裕的信交给了毛主席。毛主席见信后非常关心，也立即复信粟裕。毛泽东同志的复信是这样说的：粟裕同志，罗瑞卿带来的信收到了，病情仍重，甚为系念。目前新任务不甚迫切，你可以安心休养，直至病愈。休养的地点，如青岛合适待在青岛，青岛不合适，可来北京，望酌定之。

毛泽东回信的时间是1950年8月8日，之所以在此时他说新任务不甚迫切，一方面当然是为了安慰粟裕不要着急，另外一方面，确实我们的东北边防军已经组成，已经开到边境线附近，完成了集结，进行了一定的整训，做了一定的准备，所以要求粟裕不要太着急。但是党中央、毛主席决策向来不打无把握之仗，向来总是把最困难的情况想得更充分一些，因而把准备工作做得更提前、更充分一些。所以在1950年8月上旬，毛泽东主持召开了一系列会议，商讨对策。

1950年8月4日，毛泽东主持召开了中央政治局会议。在会议上毛泽东态度非常鲜明，他说如果美帝得胜就会得意，就会威胁我，对朝不能不帮，必须帮。用志愿军的形式，时机当然要选择，我们不能不有所准备。可见在抗美援朝这个问题上，毛泽东的态度应该说一向比较积极。8月初已经考虑用志愿军的形式，不能不有所准备的问题。

8月5日，毛泽东又亲自接见了第十三兵团司令员邓华。邓华是我军优秀高级将领，接见邓华，毛泽东当然是面授机宜。他对邓华讲，他说你们集结东北后的任务，是保卫东北边防，但要准备同美国人打仗，要准备打前所未有的大仗，还要准备他打原子弹。大家都知道美国在"二战"结束的时候已经有了原子弹，威力巨大。所以在很多人的心目中，美国是有原子弹的，能打过美国人吗？所以毛泽东明确把这个问题提出来，他打原子弹怎么办？毛主席说，他打原子弹，我们就打手榴弹，抓住他的弱点，跟着他，最后打败他。我还是那句老话，在战略上藐视它，当作纸老虎，在战术上重视它，当作真老虎。两个人在交谈的过程当中，毛泽东同志也表扬了邓华，因为邓华前期给中央军委上过一封内参，相当于提过一个建议，据他分析推测，美军将来有可能在朝鲜半岛的东西海岸，寻找一个合适的港口，实施海陆空三位一体的联合登陆作战。毛泽东认为邓华的这个观点、这个看法很有见地。[1]

与此同时，中央军委总参作战室也根据对朝鲜战场整个战

---

[1] 中共中央文献研究室编：《毛泽东年谱（1949—1976）》第1卷，中央文献出版社2013年版，第168—169页。

争态势的模拟推演分析，认为将来美军有可能在朝鲜半岛的东西海岸，寻找一个合适的港口登陆。当年的分析有六个港口比较适合美国人的登陆作战，可能性最大的是在仁川，党中央、毛主席对这个建议非常重视。后来给苏联与朝鲜方面也都做了通报，但是朝鲜方面认为已经不具备这个可能性，因为一直到1950年8月中下旬，在整个战场上面，朝鲜方面向南方推进得比较顺利、比较迅速，眼看就要把敌人推下大海，所以敌人不可能再实施什么登陆作战了。但是当战争持续到8月下旬的时候，面对美军、李承晚的军队所构筑的以釜山为中心的这样一个环形防卫圈，朝鲜人民军久攻不下，所以战场发生逆转的这种可能性大大增加了，在这种情况之下，党中央时刻关注朝鲜战场形势的变化。

1950年8月26日，周恩来再次主持召开国防会议，统一思想、统一认识，周恩来明确向大家讲，我们准备一定要充分，出手即胜。[1]他指出，6月25日朝鲜战争的爆发，给了我们新的课题，支援朝鲜人民，推迟解放台湾。在这里，周恩来代表中央说得已经非常明确，是朝鲜战争的爆发，美国干涉朝鲜半岛事务同时入侵台湾海峡，使得我们不能不推迟解放台湾，也就是说朝鲜战争的爆发及美国的干涉，使得我们解放台湾的事业受到影响，而不是抗美援朝推延了解放台湾，所以这是两个完全不相同的概念。因为美国侵略在先，6月27日，美国的第七舰队就已经侵入台湾海峡，我们反击在后，我们到了10月份才做出抗美援朝的决策，当然，我们反击是在台湾海峡反击，还是在其他什么地方反击，那就根据我们的实际情况做出回应，而不是由侵略者来决

---

[1]《周恩来军事文选》第四卷，人民出版社1997年版，第43页。

定，所以周恩来的这个解释非常明确。

总的来看，从朝鲜战争爆发，包括我们召开国防会议开始，一直到8月26日，抗美援朝整个决策过程属于第一个阶段，有的专家称为备而不用的阶段，不能不有所准备，但是还没用上，准备是必须的。

从8月27日开始，情况又有了新的变化。8月27日，美国的战机已经飞过鸭绿江北岸，向中国境内的民用设施、建筑物、车站、商店开始轰炸，美国后来称之为误炸，是无意之举。但是放在当时的历史条件之下，这显然是对中国赤裸裸的挑衅和侵略，显然是我们不能容忍的。所以从8月27日开始，我们的抗美援朝决策，应该说又进入了一个新的阶段，立足于帮的阶段。因为美国的战火已经烧到了我国境内，帮完全有必要。东北边防军已经组成，现在最缺的是主帅人选。鉴于粟裕身体健康并没有复原，所以党中央、毛主席开始物色新的东北边防军主帅人选。

在不断商讨确定人选的过程当中，朝鲜战局又发生了新的变化。1950年9月15日，七万多美军在麦克阿瑟的指挥之下，在仁川实施了登陆作战，而且成功了。这样就一下子切断了朝鲜人民军的退路，整个战场的形势急转直下。对于美军在朝鲜半岛的东西海岸，有可能实施登陆作战，邓华有预测，中央军委总参作战室有预测，毛主席、周恩来总理曾经把这样一个结果，向苏联方面、朝鲜方面都做了通报，但是没有引起重视。后来10月初，毛泽东曾经给斯大林准备发一封电报，电报里边曾经指出，他说7月中旬、7月下旬和9月上旬，我们三次告诉朝鲜同志，要他们注意，敌人有从海上向仁川、汉城前进，切断人民军后路的危险，人民军应当做充分准备。美军仁川登陆，就表明人民军这方面的准备还不充分。

在这种情况之下，整个中国国内，大家都看得很清楚，美军一旦攻占了仁川，接着下一步就要把汉城夺下来，然后再向三八线推进，就会对中国东北的安全乃至整个中国的安全构成严重威胁。明眼人一看就能看得出。所以当时国内议论纷纷，很多人都在担心。比方说，1950年9月23日晚上，毛泽东和梁漱溟先生有个一个谈话，梁漱溟先生就说，朝鲜战事迫近，东北深感不安。毛泽东是这样回复的，中美之间现在还没有打起来，但硬是要打到你的头上又怎么办？只有还击，以牙还牙。所以在这个问题上，毛泽东的态度是非常明确的。

果不其然，美军在仁川登陆之后，下一步进击的目标就是汉城，到了9月28日，美军就夺回了汉城，夺回汉城之后，麦克阿瑟又宣布向三八线急速推进，美军一旦越过了三八线，那就会发生实质性的变化，会直接对中国的东北安全构成严重威胁。

所以在这种情况之下，9月30日，周恩来代表中国政府发出严重警告，明确指出中国人民绝不能容忍外国的侵略，也不能听任帝国主义者对自己的邻人肆行侵略而置之不理。说得非常明确，不能容忍帝国主义者对我们的邻人肆行侵略而置之不理，也就是说我们要理。周恩来的这样一个表态、这样一个声明在1950年10月1日《人民日报》上登载出来了。所以从10月1日开始，抗美援朝决策进入了第三个阶段，就是我们要理、我们要管的阶段。

1950年10月1日，是一个非常重要的时间节点。麦克阿瑟向朝鲜方面发出了最后通牒，要求立即放下武器，马上投降。在这种情况之下，朝鲜方面，向苏联与中国发出请求支援的要求。而10月1日又恰恰是新中国成立一周年的日子，党和国家领导人正在和群众普天同庆第一个国庆节，但是朝鲜战场上不太乐观的消息就传来了。朝鲜领导人派他们的特使、朝鲜内务相朴一禹专门来北京求见毛主席，请求支援。

在这种情况之下，第一个国庆节过完之后，从10月2日开始一直到10月5日，党中央连续召开书记处会议、政治局扩大会议，讨论朝鲜战局该怎么办。在这个问题上面，毛泽东的态度比较明确，准备支援。所以10月2日开会的时候，开会之前毛泽东已经起草了一份电报，准备发给斯大林，这封电报里面说得很清楚，我们准备派出军队进行支援，但是这份电报并没有能够发出，为什么呢？因为这只是毛泽东个人的意见，其他领导同志还有不同的意见、不同的看法。有的同志认为新中国刚刚成立才一周年，我们的国力太弱，美国的国力太强，我们的军力也太弱，美国的军力海陆空作战形态和我们都不一样，所以这个仗很难打得下去，而且我们也经不起长期的战争，因为国内百废待兴、百业待举，很多事情都要用钱。还有的认为新中国成立之后，老百姓当中有了和平厌战的思想，不想打仗，这些话说来说去就是不想出兵，有不同的意见应该说是正常的。针对这样一个重大的考验，我们当然要把各方面的情况都要考虑进来，然后再慎重地做出决策。在不同的意见当中，其中以林彪的意见最具代表性。林彪说，为了拯救一个几百万人的朝鲜，而打乱一个五亿人口的中国有点划不来。我军打蒋介石国民党的军队是有把握的，但能否打得过美军也很难说，因为它有庞大的海陆空军，有原子弹，还有雄厚的工业基础，把它逼急了，它打两颗原子弹，或者用飞机、大炮对我狂轰滥炸，那也够我们受的，所以最好不要出兵。如果一定要出，那就采取出而不战的方针，屯兵于朝鲜北部，看一看形势的发展，能不打就不打，这是上策。[1]

一段时间以来，有人对这样一个看法，觉得也挺好，这样一个设想符合《孙子兵法》上面所说的，不战而屈人之兵的妙处、妙境。甚至有的还进一步设想，如果当年让林彪带兵出战，屯兵于朝鲜北部，构筑防御阵地，然后再加上我们的外交努力，最终也会使美军知难而退，最终也能退到三八线以南。如何看待这种看法呢？应该说这恐怕是一种一厢情愿的良好愿望。因为作为军事家的毛泽东，当然也知道不战而屈人之兵的妙处，问题在于对手认不认可你的实力，如果对手不认可你的实力，你就是摆再多的兵，在他们看来无疑是增加炮灰而已，实际情况就是这样。我们出兵之后，美国杜鲁门总统也有点担心，一旦中国出兵那怎么办？所以他纡尊降贵专门乘他的专机，跑到了太平洋的一个小岛叫威克岛，去见麦克阿瑟。本来麦克阿瑟是要向他汇报工作的，但是他来见麦克阿瑟，就是要问、要确认。杜鲁门说，中国人干预的可能性有多大？麦克阿瑟拍胸脯向他保证，说很小，中国人没有空军，如果中国人试图进攻平壤，将会有一场最大的屠杀。

可见，麦克阿瑟当年根本不把中国军人放在眼里。在他看来，你来的人越多，无异于增加更多炮灰而已。再一个，战场的形势急转直下，变化很快。毛泽东决定出兵之后，也想在朝鲜北部构筑防御阵地。刚开始的设想也是这样，但是因为美军的机械

---

[1] 雷英夫：《抗美援朝战争几个重大决策的回忆》(续一)，《党的文献》1994年第1期。

化部队向北推进得非常迅速,眼看两军就要接触了,也不可能触而不战了。所以在10月19日我们决定出兵之后,两天之后,10月21日毛泽东同志从凌晨开始,每隔一个小时就给邓华、彭德怀发电报,为什么这么着急呢?只是交代彭德怀和邓华一个问题。什么问题呢?现在是争取战机的问题,是在几天之内完成战役部署,以便在几天之内开始作战的问题,而不是先有一个时期的部署防御,然后再谈攻击的问题。也就是说准备马上打仗,而不能再教条式的一味地防御。

在党中央决策过程当中出现不同的观点,刚才已经讲到,应该说是正常的、允许的,这也是党内民主的一部分。在这种情况之下,就很难一时做出决策。当时中美之间没有外交关系,但是周恩来总理也在做着外交的努力。所以10月3日,周恩来紧接着约见了印度驻华大使潘尼迦,让潘尼迦做个传话人,在中美之间传传话。约见潘尼迦是要表明中国的立场,让美国的杜鲁门知道。周恩来总理对潘尼迦指出,美国军队正企图越过三八线,扩大战争。美国军队果真如此做,我们不能坐视不顾,我们要管。事前周恩来专门对他的翻译讲,一定要把我讲的话翻译准确,特别是我们要管的"管"字,一定要翻译准确,体现出应有的分量。我们的翻译翻译得非常准确、非常到位。杜鲁门也知道中方的立场,但在他看来,这是新中国对美国的恫吓,美国不听,而且他认为潘尼迦是一个亲近共产党的家伙,所以潘尼迦传的话他也不听。麦克阿瑟后来在他的回忆录里说得也非常清楚,他说他接到的命令很明确,就是急速地挥军北进,往三八线推进。这样外交努力就没有能够成功。

到了10月4日,中央政治局继续开会,怎么办?出不出兵,还是有不同的意见。谈来谈去，还是感觉到这个仗确实没法打，打起来也不好坚持下去，不好收场，说来说去定不下来。毛泽东说了这么一段话，他说，你们说来说去都有理由，但是别人处于国家危难时刻，我们站在旁边看，不论怎样说，心里也难过。在会议进行的过程当中，突然闯进一个人，谁呢？西北军事委员会主席兼中国人民革命军事委员会副主席彭德怀。因为彭德怀是从西北地区，从西安来北京开会，飞机晚点，所以进入会场就晚了。而且彭德怀接到通知，以为来北京是谈建设问题，所以他准备汇报的也是关于西北建设的有关问题，没想到是谈朝鲜战局出兵不出兵的问题，这是个重大问题。彭德怀事先确实没有比较全面地思考，所以一直在听。会议结束之后，彭德怀住到了北京饭店，思考了一晚上，他认为美国这只老虎是要吃人的，什么时候吃决定于它的肠胃，而不决定于我们。所以在彭德怀看来，该出手时就得出手。

10月5日一大早，毛泽东就委托邓小平去北京饭店，专门邀请彭德怀到中南海两个人单独见面。两个人一见面，毛泽东就对彭德怀说，什么意见？可以说是单刀直入，直接问彭德怀，关于朝鲜战争什么意见？援不援助？彭德怀说，赞成出兵朝鲜。毛主席说，谁带兵比较合适，谁挂帅出征呢？彭德怀说，听说中央已经定了林彪了。毛主席说，林彪不便前往，中央希望你把这副担子挑起来，你思想上没有这个准备吧？彭德怀说，我完全服从中央决定。毛泽东说，这我就放心了。他说，今天下午中央政治局继续开会，希望在会议上摆摆你的观点。这样两个人达成了共识。10月5日下午，中央政治局扩大会议继续进行，彭德怀就鲜明地提出了自己的观点和立场。他说出兵朝鲜是必要的，打烂了，最多就等于解放战争晚胜利几年，如果美军摆在了鸭绿江边，他要想发动侵略战争，随时都可以找到借口。如果等美国占领了朝鲜半岛，将来的问题更复杂，所以迟打不如早打。[1]

彭德怀的观点一亮，大家思考来思考去，也觉得彭德怀的观点更有说服力，更站得住，逐渐形成了共识。所以抗美援朝的决策，10月5日是一个重要的转折点，最终中央政治局做出"抗美援朝、保家卫国"的战略决策，定下来了。由彭德怀带兵出战，由周恩来到莫斯科寻求苏联斯大林的支援。应该说这个决策非常及时，如果再晚一点的话，确实就有点被动了。

10月5日，中国决定要出兵。10月7日，美军就越过了三八线，开始向北方推进，开始进逼鸭绿江岸。美军一旦越过了三八线，情况就完全不一样。所以10月8日，毛泽东就亲自签发了抗美援朝战争的第一道重要命令，就是关于组成中国人民志愿军的命令。这道命令毛泽东亲自起草，很多地方做了修改，留下来的电报可以看出修改了多处。可见他对此决策是非常慎重的，权衡各方面的利弊，而且在电报的落款处，毛泽东也没有像过去那样仅仅写"毛泽东"三个字，而是把自己的职务头衔"中国人民革命军事委员会主席"写上，可见他对这个问题的郑重态度。

采取志愿军的形式，也是出于对战略全局考量而采取的一种特殊的做法。我们出动的是志愿军，而不是中国人民解放军，这样就有可能把战争的规模局限在一定的范围之内。当然，当年与

---

[1]《彭德怀自述》，人民出版社1981年版，第258页。

现在都有人说，什么中国人民志愿军，不就是中国人民解放军吗？对此，当年彭德怀就明确地予以驳斥。彭德怀在志愿军司令部召开的会议上明确指出，所谓的志愿军不志愿，这种说法是非常错误的。在座的都是共产党员，都是自愿入党的，没有人强迫你入党。我们从入党的那天起就宣誓要为共产主义事业，为解放全人类奋斗终生，表示遵守党的纪律，服从党的分配。如果说志愿，我也不是自愿报名来的，我是服从党的分配，服从分配就代表志愿。彭德怀的话不多，但掷地有声、铿锵有力，应该说体现了老一代革命家这种鲜明的立场和态度。

所以，10月8日也是一个非常重要的时间节点，党中央毛泽东主席决定出兵。这个决定通过电报发给了中国驻朝鲜大使倪志亮，倪志亮又转告了金日成。彭德怀也到了第十三兵团司令部做准备工作，准备了四天。10月12日，毛泽东致电彭德怀，明确指出第十三兵团各部仍旧原地进行训练，不要出动。这个电报，就使人有点疑惑。因为10月8日出兵的集结号已经吹响，决定已经定下来了，那么过了四天为什么要原地进行训练，不要出动呢？因为周恩来去莫斯科，争取苏联斯大林的援助出现了状况，出现了问题。周恩来见到斯大林之后明确提出，中国人民志愿军要赴朝作战，希望苏联方面提供武器支援，坦克、大炮、机枪，对此斯大林说可以，需要多少都能满足。但是周恩来明确提出，我们急需苏联空军的支援，一提到这个问题，应该说这是个实质性的问题。因为当年中国人民志愿军包括中国人民解放军、空军、海军的力量都很弱。我们只有陆军，但是如果美军空军在上面活动，那我们势必要遭受很大损失，所以急需苏联空军的支援。对此，斯大林当时就犹豫，他说苏联空军现在还没准备好，恐怕在两个或两个半月之后才能准备好，实际上是在推脱、拖延。

对斯大林这样一个态度，当时周恩来就不满意。如果没有苏军空军的支援，确实我们中国人民志愿军恐怕就要遭受很大损失，能不能出兵呢？所以周恩来马上就把这情况向党中央、毛主席做了反馈。后来周恩来也谈到过他和斯大林会谈的情况。他说，美军逼近了鸭绿江，我们就下定了决心去与斯大林讨论，两种意见，或者出兵，或者不出兵，这是斯大林说的。我们问能否帮助空军，他动摇了，说中国既然困难，不出兵也可，说北朝鲜丢掉，我们还是社会主义，中国还在，谈了一天，晚上就决定马上电问毛主席。所以，党中央、毛主席接到周恩来的来电之后，非常重视。10月13日，中央政治局继续开会讨论，怎么办？这一次政治局会议意见比较一致，所以毛泽东比较满意，立即复电周恩来：我们认为应当参战，必须参战，参战利益极大，不参战损害极大。[1]也就是说没有苏联空军的支援，我们中国人民志愿军照常赴朝作战。周恩来接到复电后，心里就有了底，尽可能地取得苏联更多的援助。不久他就回国了，向党中央做了汇报。

10月18日，毛泽东再次主持召开中央政治局会议商讨战况及对策。他说现在敌人已经围攻平壤，再过几天就要进入鸭绿江了，我们不论有天大的困难，志愿军渡江援朝不能再变，时间不能再推迟。大家都同意。所以，这次会议就决定中国人民志

---

[1]《毛泽东军事文集》第六卷，军事科学出版社、中央文献出版社1993年版，第117页。

愿军按照预定的计划，于10月19日入朝作战。

到了10月19日下午，夜幕降临鸭绿江时，中国人民志愿军趁着月色秘密地渡过了鸭绿江，进入到朝鲜境内。这样相隔本来万里之遥的中美两国军队即将狭路相逢。讲到这里，有必要对党中央、毛泽东同志的抗美援朝决策做一个简要的分析。

第一点，不是我们中国人民主动要求来的一场战争，是美国的侵略行径，迫使新中国不得不应战。

在这个问题上，毛泽东曾多次强调指出，比方说1951年在全国政协会议上他就明确指出，他说我们不要去侵犯任何国家，我们只是反对帝国主义者对我国的侵略。大家都明白，如果不是美国军队占领我国的台湾，侵略朝鲜民主主义人民共和国和打到了我国的东北边境，中国人民是不会和美国军队作战的。但是既然美国侵略者已经向我们进攻了，我们就不能不举起反侵略的旗帜，这是完全必要的，完全正义的。[1]我觉得这段话是对抗美援朝战争必要性、正义性的一个最简洁的概括和回答。

战争进行的过程当中，我们派出了特派代表伍修权专门到联合国安理会陈述中国的主张和诉求。1950年11月24日，伍修权在联合国安理会上也态度鲜明地指出，朝鲜内战在任何意义上，都不可能成为美国武装侵略台湾的理由和借口。能不能设想，因为西班牙内战，意大利就有权俘虏法国的科学家？能不能设想，因为墨西哥内战，英国就有权占领美国的佛罗里达？这是毫无道理的，不能设想。后来，毛泽东又指出，他说有些人说我们是

---

[1]《毛泽东文集》第六卷，人民出版社1999年版，第184页。

好战分子、冒险主义者,这有些人当然是指的有些国家的政客。但是我们冒险也就是你打来了,你来冒险我才防御。所以世界上的事情就是欲加之罪,何患无辞啊。也就是说,我们态度是鲜明的,表示不是主动地要去打仗,去侵略别人,而是别人已经把战火烧到了我们的大门口,所以我们要应战。

第二点,中国出兵是在美国无视中国的严重警告,越过三八线进逼鸭绿江,严重威胁中国安全的这样一个时刻,应北朝鲜党和政府的邀请而做出的。

当年党中央、毛主席做决策有个底线,就是三八线。美军不过三八线,我们不管,因为朝鲜进行的是内战,是朝鲜半岛的内部事务,但是美军一旦越过了三八线,就会对中国的东北国防安全,包括中国的主权利益造成威胁和伤害。所以底线就是美军过不过三八线的问题。毛主席、周总理多次强调这个问题,毛泽东说美帝国主义如果不过三八线,我们不管,如果过三八线,我们就一定过去,应该说态度很鲜明。有的人问,难道在鸭绿江构筑防御阵地防御不也可以吗?当年的历史状况之下行不行呢?显然是不行的。这些情况已经被我们老一代革命家都考虑到了。周恩来就指出,假如我们采取消极防御的办法,那是不行的。消极防御要花很多钱,比方说改装一个飞机场就要一亿斤小米,东北修八个,关内修三个就要十多亿斤小米,飞机场外还有许多设施,所费甚大,再加上还有工厂搬家,许多工业无法按原计划生产下去,军事上除装备之外,还有兵力的问题,鸭绿江1000多里的防线需要多少部队,而且年复一年,不知道他哪一天打进来,这样下去怎么能安心生产建设,这是敌人把火烧到了我们的大门口,并非我们惹火烧身。[1]

当然,我们出兵是在朝鲜方面发出求救请求之后,而且求援信当时由朝鲜内务相朴一禹带着来北京,呈送给中共中央毛主席。接到这封信之后,是不是我们就立即出兵呢?也不是。所以我们提出的口号是"抗美援朝、保家卫国",这两者是一体的。抗美援朝就是为了保家卫国,你要保家卫国就要去抗美援朝。

第三点,在当时的世界格局下,抗美援朝不排除也可以说有意识形态的因素,但不仅仅限于此,更有出于国家利益地缘政治以及历史教训的考虑。

有的人分析中国为什么出兵,就说中国共产党和朝鲜劳动党都是信仰共产主义的,都属于当时以苏联为首的社会主义阵营,所以中国出兵。这种分析应该说太简单化,因为它不能解释为什么在出兵过程当中,党中央、毛泽东同志还主持召开了那么多会议,来分析研判,来反复地权衡决策。就是说我们在出兵的时候,不仅仅出于意识形态方面的考虑,更重要的是出于对地缘政治、国家利益以及历史教训的考量。特别是历史的教训,因为近代以来,中国的乱源就是外国帝国主义的侵略,是一个重要的原因。特别是日本军国主义对中国的侵略,往往就是通过朝鲜半岛这个跳板,一下子跳到中国来惹是生非。所以这一点对于毛泽东那一代中央领导同志,印象特别深刻,可以说是有切肤之痛。通过抗日战争,终于送走日本军国主义,美帝国主义又在朝鲜半岛惹是生非,所以毛泽东在这一点上当然看得非常严重。所以他是下定了决心,这个决心就是打得一拳开,免得百拳来。这是

---

[1]《周恩来军事文选》第四卷,人民出版社1997年版,第73—74页。

为什么抗美援朝战争被誉为是新中国的立国之战，也反映出毛泽东的决心和意志，一定要把这一拳打开，否则各帝国主义国家还会来骚扰你、侵略你。1950年10月27日，毛泽东专门就此问题与他青年时代的好朋友周世钊有过交流。毛泽东对周世钊说：我们对朝鲜问题如果置之不理，美帝必然得寸进尺，走日本侵略中国的老路，甚至比日本侵略得更凶。他要把三把尖刀插在中国的身上，从朝鲜一把刀插在我国的头上，从台湾一把刀插在我国的腰上，从越南一把刀插在我国的脚上，天下有变，他就从三个方面向我们进攻，那我们就被动了。我们抗美援朝就是不允许他的如意算盘得逞，打得一拳开，免得百拳来，我们抗美援朝就是保家卫国，我是不打无把握之仗的。

应该说，当年大家都看得很清楚，美国在朝鲜半岛惹是生非，那必然会严重地侵犯到中国的国家安全主权利益。所以在中国共产党和各民主党派发表的联合宣言中也这样明确指出：今天的情势已经非常明显了，美帝国主义正使用着当年日寇先侵略朝鲜，再侵略中国的故伎。朝鲜是一个较小的国家，但其战略地位极其重要，历史的事实早已经告诉我们，朝鲜的存亡与中国的安危密切相关，唇亡则齿寒，户破则堂危。中国人民支持朝鲜人民抗美战争，不只是道义上的责任，而且和我国全体人民的切身利益密切地关联着，是为自卫的必要性所决定的，救邻就是自救，保卫祖国必须支持朝鲜人民。

还有一点，大家要看到近代以来，中国革命和朝鲜革命紧密联系在一起。在中国革命的进程当中，有将近10万朝鲜人参加了我们的革命队伍，所以新中国的成立与朝鲜同志的帮助也分不开，现在他们遇到了问题，对于毛泽东来说，如果站在旁边看，不施以援手，确实心里难过，看不下去，这恐怕也是一个非常重要的原因。

第四点，党中央、毛泽东作出出兵决策，应该说考虑过苏联因素，但绝不是在苏联斯大林的压力之下做出的。我们的出兵决策完全是独立自主做出来的。

一个直接的证据，就是1950年10月13日斯大林已经给周恩来明确的回复，苏联空军没准备好，不能出兵。在他看来，如果没有苏联空军的支援，中国人民志愿军就难以进入朝鲜境内。所以他一度要求朝鲜领导人在抵抗不住的情况之下，可以向边境地区撤退。但是最终党中央、毛主席认为必须出兵，参战利益极大，不参战损害极大，这个答案是非常明确的。后来毛泽东在不同的场合也做过进一步的说明。他说，出兵无非是进去了，又被美国人赶了出来，被赶出来回到鸭绿江以西，如美国人占领了鸭绿江以东，那他总是不放心的。我们总还可以进去，以后我们两家合起来组织游击队，再可以钻进去占领鸭绿江以东。如果你按兵不动以后就没有理由了，这就是参战利益极大，不参战损害极大。周恩来也做过解释，他说，我们和美帝国主义的较量是不可避免的，问题就看选择在什么地方，这个当然取决于帝国主义，但同时也决定于我们，帝国主义决定在朝鲜战场，这个对我们是有利的。我们也决定来抗美援朝，我们现在想一想三个战场，大家都会懂，不论从哪条来说，如果在越南作战，更不要说是在沿海岛屿作战了，就比在这里困难得多了。在朝鲜半岛，在朝鲜战场，我们可以充分发挥中国人民志愿军陆地作战的优势。其他地方应该说沿海岛屿作战需要空军、海军，在热带丛林里边作战，难度也非常大。所以，最终党中央、毛主席独立自主地做出出兵的决策。

第五点，党中央做出出兵决策应该说是非常艰难的。所以在开会的过程当中反复权衡，各种观点相互碰撞。后来周恩来也说，那个时候下这个决心，在我们革命的进展历史中是很不容易的，下这个决心，在当时的情况有许多顾虑。[1]顾虑最大的就是确实中美两国的实力太不对等，这个仗打下去，确实就像很多人担心的那样负担不起。1950年中美两国一个实力对比，我们除了人口数量多、军队数量多之外，其他关于打仗战争的一系列硬件条件，钢产量、军舰吨位、军用飞机、人均收入我们都是非常低，甚至连美国的一个零头都抵不上。比方说钢产量，1950年中国的钢产量60万吨，美国的钢产量8772万吨，所以连他72万吨的那个零头都赶不上。所以这也是后来毛主席所说的，我们是钢少气多，美国是钢多气少，最终我们依靠顽强的意志取得了战争的胜利。这也反映了毛泽东所说的，你打你的，我打我的，你有你的长处，我有我的优点，这样才取得了这场战争的胜利。这是对抗美援朝决策过程的一个简要分析。

刚才讲到这个决策过程很难，毛主席自己感到也非常难。1970年他在接见金日成的时候，对金日成也讲过。他说，我们虽然摆了五个军在鸭绿江边，可是我们的政治局总是定不了，这么一翻那么一翻，这么一翻那么一翻，最后还是决定了！这个翻来覆去的过程，就是反复权衡利弊，是一个艰难的过程。最终结果如何呢？彭德怀在总结抗美援朝战争经验的时候，明确指出：这个决心不容易下，这不仅要有非凡的胆略和魄力，更主要

---

[1]《周恩来军事文选》第四卷，人民出版社1997年版，第137页。

的是具有对复杂事物的卓越洞察力和判断力。历史进程证明了毛主席的英明和正确。

经过反复权衡，我们最终做出了决策。10月19日，中国人民志愿军进入朝鲜境内，也就是在这一天，美国的情报机构也做出了反应。美国中情局驻香港的军事联络官给中情局汇报，据他们分析，中国的军队有可能在前后这几天秘密地进入朝鲜境内，据估计有40万人之多。对这样一个有价值的情报，当时美国中情局认为采取这种行动的最佳时机已经过去了，在这个时候，苏联和中国都不愿冒越来越大的风险，因为中共直接介入朝鲜，将促使第三次世界大战爆发。所以这个情报没有起到应有的作用。

10月19日，中国在出兵的时候，作为志愿军主帅的彭德怀是先于大部队过江的。他当时带了一部电台，带了秘书，带了警卫员，在朴一禹的带领之下，进入朝鲜境内，开始寻找金日成，要和金日成会合。进入朝鲜境内之后，因为他带的电台出了故障，一时和北京、和毛主席联系不上，所以党中央，特别是毛泽东非常着急。10月21日，从凌晨一点开始，每隔一个小时，毛主席就给彭德怀、邓华发一次电报，刚才已经讲到，强调的是争取战机的问题，而不是先部署防御，然后再谈攻击的问题。因为美军向北推进得非常迅速，马上两军就要接触，一旦接触，就要打仗，就要作战。应该说毛主席这个告诫非常及时，最终彭德怀和北京、和毛主席取得了联系。后来有人向毛主席汇报，说彭德怀先于大部队渡过鸭绿江，在朝鲜已经活动几天了。毛主席听到这个消息也大为震惊，他说这种事情只有彭大将军能做得出来。

在毛主席的告诫下，志愿军做好了充分的准备，保持了高度的警觉。10月25日，志愿军前线部队发现了敌人，立即打电话向志愿军司令部汇报，接电话的是参谋长解方，这么快地发现敌人，使得解方感到可能是不是搞错了信息，他在电话里边大声地向前线部队说道，你们一定要侦察清楚，不要搞错了。前线的同志回答，确实是敌人，因为他们说的是外国话，我们听不懂。在这种情况之下，那就好办了，所以就下了命令，开打。中国人民志愿军就以我们最擅长的拦头、截尾、斩腰的方式，向敌人发起了猛烈而突然的袭击、突然的进攻，这样就打响了抗美援朝战争的第一仗，也是第一次战役。一年之后，10月25日也被毛泽东亲自批示为中国人民志愿军赴朝作战纪念日。

二、战场上的较量

1950年10月25日，志愿军和美军、南朝鲜的军队一接触之后，随即发动了第一次战役，持续了10天，11月5日结束。通过第一次战役，共歼敌15000多人，把美军与"联合国"的军队从鸭绿江赶到了清川江以南。这给美军及"联合国军"以沉重打击，美军搞不清楚从哪里一下子冒出这么多人来。

第一次战役结束之后，麦克阿瑟实施了空中侦察，侦察来侦察去，认为中国已经出兵了，但是出兵最多也就是五到七万人，是可以应付得了的。所以他不想认输，他要求美军继续往北推进，想在圣诞节之前结束战争，好让他的美国大兵回家过圣诞节。但此时美方还不知道中国人民志愿军的第九兵团三个军已经秘密地进入到朝鲜境内，这样我们在朝鲜军队的兵力达到了九个野战军、30个作战师，将近38万人的这样一个兵力，无论是在东线还是西线，我们在兵力数量上远远地高于美军及"联合国军"。

美军不明就里继续往北方进击，从1950年11月25日开始，又发起了第二次战役。第二次战役一共持续了一个月，12月24日结束。这次战役共歼敌36000多人，其中美军24000多人，迫使美军从清川江退到三八线以南。

这次战役给美军以沉重的打击，美国军政界都惊呼，这是美军陆军作战史上的最大的败绩，从来没有出现过这么大的伤亡。当然，当时美国总统杜鲁门表现得比较强硬。他说，不能因为受到了打击，而丢掉在朝鲜的使命。这个时候杜鲁门总统也接受了记者的采访，被问：怎么来看待这次战役损失这么大？对朝鲜的事态究竟该怎样应付？杜鲁门说，我们对朝鲜事态要采取必要的步骤，记者就追问是否包括使用原子弹呢？杜鲁门说包括我们所有的武器。记者再次追问，总统先生，您所说的包括所有的武器是否包括使用原子弹？杜鲁门可能被问得有点着急了、有点生气了，说我们一直在积极地考虑使用原子弹。这个消息被报道出来后，引起轩然大波，被认为是美国要动原子弹。但是对于这样一个言论，党中央、毛主席认为是赤裸裸的核讹诈，最终美国方面没敢动原子弹。

在战争进行的过程当中，特别是经过第二次战役，美军向南溃退，溃逃到三八线以南，战场形势出现了有利于中朝两国军队的态势。就在这时，有关国家在联合国提议，说中国军队停止进攻，双方坐下来谈判，这个提议带有明显的拉偏架的性质。我们的外交部就质问：为什么在美军打过三八线的时候你们不讲话？为什么你们不宣言从朝鲜撤退外国军队？为什么你们不反对美国对朝鲜和中国台湾的侵略？实际上言外之意，为什么中朝两国军队刚刚占点上风，你们就开始站出来充当和事佬？对此，12月13日，毛泽东电令志愿军要克服一切困难，忍受一切困难，坚决打过三八线。针对这样一个声明，美国杜鲁门政府一看，确实也大事不妙，所以1950年12月15日，杜鲁门发表了全国讲话，宣布国家进入紧急状态，实行扩军计划，增兵、增加军队的员额、增加武器装备的生产。在杜鲁门发表全国讲话动员的时候，中国国内应该说也做好了反击的准备。在党的领导之下，全国人民被团结动员起来，前线战争、抗美援朝战争，后方国内掀起了声势浩大的抗美援朝运动。

第二次战役结束之后，经过将近一周的休整，1950年12月31日，也就是1950年的最后一天，中国人民志愿军又发动了第三次战役，第三次战役打了八天，共歼敌19000多人，将美军由三八线驱逐到北纬37度线附近。

这一仗，打出了志愿军的军威，但也开始凸显志愿军的一些短板，比方后勤供应困难，通信联络保障跟不上。经过三次军事打击，美军及"联合国军"也开始逐渐反应过来，对志愿军的战法也开始有所了解。本来第三次战役结束之后，志愿军准备用两个月的时间进行休整，但是反应过来的美军也不想给志愿军更多的休整时机，他们迅速完成了补给。1951年的1月25日，美军发起了进攻，第四次战役中朝军队利用有利地形进行节节阻击，防御就此拉开了序幕。

第四次战役持续的时间比较长，美军及"联合国军"往北方推进，中朝军队节节抵抗，经过87天作战，共歼敌78000多人，其中志愿军歼敌53000多人，迫使敌人以平均每天伤亡900多人的代价,才能往北推进1.3公里。战场上美军及联合国军出现这么大的伤亡,使得美国高层出现了矛盾。麦克阿瑟主张扩大战争的规模,并叫嚣要派飞机轰炸中国的本土,要把台湾蒋介石国民党的军队派到朝鲜战场来作战。对于这种扩大战争规模的危险做法,美国总统杜鲁门不同意,但是麦克阿瑟经常背着美国政府与杜鲁门接见记者,发表一些不合适的言论。这为杜鲁门所不能容忍,两个人的矛盾日渐加深。1951年4月11日,杜鲁门下令解除麦克阿瑟职务。这个命令来得确实有点突然,麦克阿瑟听到这个消息的时候,确实有点尴尬,没想到自己就这样黯然收场。

麦克阿瑟回到美国后,到美国的国会也做了一个告别演说。但是这个告别演说,当时杜鲁门评价,说了一堆该死的废话。在杜鲁门看来,他说麦克阿瑟的做法超出了作为军事指挥官的权限范围。因为美国总统是美军三军统帅,麦克阿瑟无权表明美国政府的态度、不能代表总统态度,从军人的角度来看,他确实是美国军人的一个代表,有点桀骜不驯,自高自大,不可一世。在美国国会发表的演说中,他也回顾了自己50多年的军旅生涯,但是继续鼓吹扩大战争规模的设想。他这个演讲是美国历史上比较有名的一个演讲,也有所谓的名人名言,比方说"老兵永远不死,他们是悄然隐退"。说得也很动情,很多人听了之后也很感慨,但是有的人听了他鼓吹扩大战争规模的想法后也感到很后怕,所以对麦克阿瑟的演说反应不一。一位美国议员说,麦克阿瑟的演说使共和党人眼泪汪汪,民主党人尿湿裤裆——共和党人听了之后感到很感动,但是执政的民主党人士听了之后,吓得不得了,战争这样打下去,那第三次世界大战真的有可能要爆发了。麦克阿瑟离开后,由美国第八集团军司令李奇微来接任,李奇微成了"联合国军"的司令。李奇微对志愿军的战法有了一定的研究，也是个比较难缠的对手。

经过第四次战役，美军又重新越过了三八线。为了立即扭转战场上的这种被动局面，第四次战役一结束，中朝军队又迅速发起了第五次战役，所以第五次战役从4月20日开始，一直到6月10日结束，一共进行了50天。先是把美国及"联合国"的军队打退到了三八线以南，他们又退回三八线以北，接着又把美军及"联合国军"打回三八线以南，形成了一个拉锯状态。第五次战役共歼敌82000多人，志愿军歼敌67000多人，但是志愿军自身减员也达到了75000多人，伤亡第一次超过"联合国军"。

通过五次战役，双方对彼此的力量、实力及底线也都有了一定了解，都认识到要完全把敌方赶出朝鲜半岛是非常困难的，打是打不下去，双方都有了想谈一谈的意愿。1951年的5月2日至16日，美国国家安全委员会召开了两周的闭门会议，最后决定还是通过谈判来结束战争。对于这样一个提议，美国总统杜鲁门、国务卿艾奇逊都认为应该谈判：美国主要的敌人是苏联，只要这个敌人还没卷入战场，在幕后操纵，美国就绝不能浪费自己的力量。

到了这个时候，美国方面才逐渐地清醒过来。1951年7月10日，双方就在中国军队控制的开城来凤庄一个茶馆里面会晤，会晤的过程中也发生了很多冲突。但是最终要坐下来谈，谈的过程当中一直也不顺利，这说明打是打出了双方之间的一些认识，但是想结束这场战争恐怕也难，因为双方还都没有取得各自应得的利益。美国代表比较自以为是，自视高人一等。他们认为，他们有优越的海军、空军优势，这些在朝鲜战场还没发挥出来，所以在画停战线的时候要得到补偿。停战线要往北方画，画到中朝军队的后方。对于这种无理的要求，中朝代表反唇相讥，说既然你这样说，那说明我们有强大的陆军优势，我们的空军、海军都没用得上，我们只依靠陆军，就把你美军、"联合国军"打成这样。如果把我们的陆军、海军优势加起来，那是不是我们的停战线也应该往南方画呢？这样一说美国代表自然哑口无言。所以谈来谈去，最终美方代表还是谈不下去，说停止辩论，那就让炸弹、大炮、机关枪去辩论吧。

所以谈不下去，双方又到战场上兵戎相见。随后美军发动了轰炸志愿军后方补给线的绞杀战，接连着夏季攻势、秋季攻势。中朝两国军队相继歼敌78000多人、79000多人，战线仍然稳定在三八线附近，这样谈谈打打、打打谈谈就到了1952年。1952年是美国的总统大选之年。1952年春夏之交，美国驻欧洲的盟军司令艾森豪威尔将军，作为美国共和党总统候选人参加总统竞选，辞去了军职。他的职务空缺之后，就由李奇微去担任，这样李奇微的原职位出现了空缺，美国方面又派来了克拉克来担任"联合国军"司令。克拉克到任之后，杜鲁门希望克拉克能在朝鲜战场壮大声势，以便给美国民主党总统竞选拉点选票。克拉克经过准备，对志愿军控制的两个小山头发动了猛烈的进攻，但最终一无所获，这就是大家所熟知的上甘岭战役。

所以，打来打去，打到1952年底，战线仍然维持在三八线附近。三八线以北，前沿地带集结着中国人民志愿军27万人，朝鲜人民军83000多人，三八线南侧，前沿地带集结美军、"联合国军"24.7万人。三八线北侧后方纵深地带，还有志愿军42万人，朝鲜人民军预备队18.5万人。三八线南侧后方纵深地带，美军及"联合国军"还有61.7万人。也就是说双方当时都陈兵将近百万,特别是三八线南侧。美军及"联合国军"每天消耗的美国本土运来的大量战略物资,使得美国国内厌战情绪弥漫。艾森豪威尔在竞选总统时,说他可亲自到朝鲜半岛结束这场战争。这话打动了大多数美国人,最终艾森豪威尔赢得了大选。当上总统的艾森豪威尔也到了三八线南侧的南朝鲜境内,端着望远镜往北朝鲜三八线北侧观察,观察来观察去,得出一个认识,看来任何进攻都是非常困难的。但是作为昔日的五星上将,他又想以胜利者的姿态来结束这场战争,所以他也制定了一个扩大战争规模的规划。但此计划遭到了他的盟友英国、法国等国的反对,因为这个时候英、法自身因殖民地问题,事务缠身,也无意听命于美国在朝鲜半岛扩大战事。特别是1951年英国大选,重新上台的丘吉尔以老牌政治家的口吻,对艾森豪威尔说,他不同意扩大战争。这说明帝国主义之间的联盟也不是铁板一块。周恩来总理及时捕捉到这样一个国际形势的变化,要求中国谈判代表团(因为前期在开城谈判谈不下去,后来双方又选择了在板门店进行谈判)就当前的国际形势做一个分析,看有没有可能重启谈判。接到这个任务之后,我们的代表团进行了研究,向中央提出了这样一个建议:如果我方提出恢复谈判,对方可能认为我方性急,有些失落,反引起对方的幻想,一动不如一静,让现状拖下去,拖到美国愿意回到谈判桌上来。也就是说我们的策略就是先拖一拖,这个策略在1953年2月7日,毛泽东在一届政协四次会议讲话中,就明确讲出来了。毛泽东说:"时间要打多久,我看我们不要做决定,过去是由杜鲁门,以后是由艾森豪威尔,或者美国将来的什么总统,由他们去决定,就是说他们要打多久就打多久,一直打到完全胜利。"

这一拖，美国方面确实受不了了。1953年2月22日，克拉克就遵循艾森豪威尔的指令，建议先交换病伤战俘，以此作为条件重启谈判，恢复接触。对于这样一个提议，中、苏、朝三国需要协调立场。而就在此时，1953年3月5日，斯大林逝世，这是当时社会主义阵营的一件大事。中国随即派出以周恩来总理为团长的代表团，前去莫斯科吊唁。周恩来带领的代表团参加斯大林的吊唁活动之后，又率领同一个代表团到了布拉格，参加了捷克斯洛伐克共产党主席哥特瓦尔德的葬礼。也就是说周恩来总理率领同一个代表团一连参加了两个葬礼，这一下子时间就拖延了半个多月。

到了3月底，周恩来就发表了中国的声音。当然在这段时间里，中国、苏联、朝鲜是协调了立场，所以周恩来同意先交换病伤战俘，重启谈判。接着苏联方面、朝鲜方面也都先后发表声明。但是这个时候李承晚却不答应了，李承晚叫嚣着要单独干下去，还是要打，一直打到鸭绿江为止。在这种情况之下，为了教训李承晚，志愿军发动了金城反击战，给李承晚的军队以沉重的打击，最终李承晚也不得不乖乖地坐到了谈判桌旁。

1953年7月27日，朝中代表团和美韩代表团接触，在板门店签署了关于朝鲜军事停战的协定，协定的文本后来又交双方的最高军事长官去签字。所以彭德怀、金日成，包括"联合国军"司令克拉克都签了字。彭德怀签字的时候神情非常放松。他说，先例既开，来日方长。克拉克在签字的时候神情比较黯淡，后来克拉克也写了回忆录，有这么一段话被我们经常引用。他说："在执行我政府训令中，我获得了一项不值得羡慕的荣誉，那就是我成了历史上签订没有胜利的停战条约的第一位美国陆军司令官，我感到一种失望的痛苦！我想我的前任——麦克阿瑟与李奇微两位将军一定具有同感。"

经过两年九个月的军事政治较量，毛泽东得出这样一个认识，他说美帝国主义者很傲慢，凡是可以不讲理的地方就一定不讲理，要是讲一点理的话，那就是被逼得不得已了。应该说毛主席的这个认识很深刻，一直到今天，美帝国主义者这种傲慢的姿态，恐怕也没改掉多少。

三、影响与启示

2020年10月，在纪念中国人民志愿军抗美援朝出国作战70周年大会上的讲话中，习近平总书记指出："抗美援朝战争伟大胜利，是中国人民站起来后屹立于世界东方的宣言书，是中华民族走向伟大复兴的重要里程碑，对中国和世界都有着重大而深远的意义。"他指出：经此一战，中国人民粉碎了侵略者陈兵国门、进而将新中国扼杀在摇篮之中的图谋，可谓"打得一拳开，免得百拳来"，帝国主义再也不敢作出武力进犯新中国的尝试，新中国真正站稳了脚跟；经此一战，中国人民彻底扫除了近代以来任人宰割、仰人鼻息的百年耻辱，彻底扔掉了"东亚病夫"的帽子，中国人民真正扬眉吐气了；经此一战，中国人民打败了侵略者，震动了全世界，奠定了新中国在亚洲和国际事务中的重要地位，彰显了新中国的大国地位；经此一战，人民军队在战争中学习战争，愈战愈勇，越打越强，取得了重要军事经验，实现了由单一军种向诸军兵种合成军队转变，极大促进了国防和军队现代化；经此一战，第二次世界大战结束后亚洲乃至世界的战略格局得到深刻塑造，全世界被压迫民族和人民争取民族独立和人民解放的正义事业受到极大鼓舞，有力推动了世界和平与人类进步事业。

第一，抗美援朝，打出了国威、军威，粉碎了美国扩大侵略进而把新中国扼杀在摇篮之中的阴谋，极大提升了新中国的国际地位，新中国巍然屹立在世界东方，真正成为任何人都不敢小觑的政治大国和军事大国。

刚刚诞生一年、渴望和平安定的新中国绝不主动要求这一战争，而是美国的侵略行径迫使新中国在极端困难的情况下不得不应战。1951年10月，毛泽东指出："我们不要去侵犯任何国家，我们只是反对帝国主义对于我国的侵略。如果不是美国军队占我国的台湾、侵略朝鲜民主主义人民共和国和打到了我国的东北边疆，中国人民是不会和美国军队作战的。但是既然美国侵略者已经向我们进攻了，我们就不能不举起反侵略的旗帜，这是完全必要的和完全正义的。"[1]这是对抗美援朝战争正义性、必要性最简洁的阐述。抗美援朝打破了美军"不可战胜"的神话，是新中国的立国之战。通过这一战，毛泽东摸透了美国人的底。他指出："这一次，我们摸了一下美国军队的底。对美国军队，如果不接触它，就会怕它。我们跟它打了三十三个月，把它的底摸熟了。美帝国主义并不可怕，就是么一回事。我们取得了这一条经验，这是一条了不起的经验。"美国方面也承认，中国在这场战争中显示了坚强有力的领导和巨大的力量，"它再也不是第二次世界大战时的那个软弱无能的国家了"，中国在这场战争中"赢

---

[1]《毛泽东文集》第六卷，人民出版社1999年版，第184页。

得了声誉""提高了地位"。[1]彭德怀指出，抗美援朝战争的胜利雄辩地证明：西方侵略者几百年来只要在东方一个海岸上架起几尊大炮就可霸占一个国家的时代是一去不复返了。它也雄辩地证明：一个觉醒了的、敢于为祖国光荣、独立和安全而奋起战斗的民族是不可战胜的。

第二，人民军队在战争中学习战争，取得了进行现代战争的军事经验。

在战争中，美军当时使用了除原子弹以外的所有最现代化武器装备，实行的是陆海空军联合、全方位立体作战。而志愿军武器装备无论在数量上还是质量上均无法与美军相比，谈不上制空权，更谈不上制海权。但是通过战争，人民军队得到了锻炼，实现了由单一军种向诸军兵种合成军队转变，极大促进了国防和军队现代化。在朝鲜战场上轮训作战的部队达到290万人。1953年9月，毛泽东在总结抗美援朝的胜利和意义时说："抗美援朝战争是个大学校，我们在那里实行大演习，这个演习比办军事学校好。""我们中国人民志愿军的陆军、空军、海军、步兵、炮兵、工兵、坦克兵、铁道兵、防空兵、通信兵，还有卫生部队、后勤部队等等，取得了对美国侵略军队实际作战的经验。"

与此同时，在抗美援朝战争中，志愿军在战斗技巧和作战意志上远胜于敌人。美国海军陆战队评价：虽然中国红军是一支农民军队……它也是一支第一流的军队。他能够用难以相信的秘密行动潜入到敌人阵地的周围。只有有这种经验的美国人才能体会

---

[1]［美］沃尔特·G. 赫姆斯：《朝鲜战争中的美国陆军——停战谈判的帐篷和战斗前线》，国防大学出版社1988年版，第565页。

到半夜被偷袭时的震恐心情,因为偷袭者像从地底下钻出来的妖魔鬼怪那样用手榴弹和冲锋枪的子弹射击我们。中国红军之所以成为可怕的力量,不是依靠他们人多,是依靠诡计和突袭。[1]李奇微说:常常有这样的情况,守卫在孤零零的碉堡(碉堡四周堆放着沙袋,设置着铁丝网,可以在各个方向上对付敌人的攻击)中的士兵往往吃惊地发现,四五个穿着胶底鞋的中国人已不声不响地潜入他们与前哨警戒线之间的地带。这时信号弹就会从敌人战线那边升起,疯狂的军号声就会把我方哨兵吓进碉堡,几乎来不及发出口令,战斗就打响了。[2]此外,在战争中志愿军意志强于敌手的例子比比皆是。美军原计划用两个营的兵力、5天时间、伤亡200人便拿下上甘岭。然而却打了43天,动用了6万余人,向两个小山头倾泻了190万发炮弹和5000枚巨型炸弹,伤亡了两万余人,山头依然控制在志愿军手中。

正如习近平总书记指出的那样:"这一战,人民军队战斗力威震世界,充分展示了敢打必胜的血性铁骨!"他指出:在朝鲜战场上,志愿军将士面对强大而凶狠的作战对手,身处恶劣而残酷的战场环境,抛头颅、洒热血,以"钢少气多"力克"钢多气少",谱写了惊天地、泣鬼神的雄壮史诗。志愿军将士冒着枪林弹雨勇敢冲锋,顶着狂轰滥炸坚守阵地,用胸膛堵枪眼,以身躯作人梯,抱起炸药包、手握爆破筒冲入敌群,忍饥受冻绝不退缩,

---

[1] [美]R.麦克法夸尔、费正清编,谢亮生等译:《剑桥中华人民共和国史·上卷,革命的中国的兴起:1949—1965年》,中国社会科学出版社1990年版,第253页。

[2] [美]马修·邦克·李奇微著,军事科学院外国军事研究部译:《朝鲜战争》,军事科学出版社1983年版,第202—203页。

烈火烧身岿然不动，敢于"空中拼刺刀"。在他们中涌现出杨根思、黄继光、邱少云等 30 多万名英雄功臣和近 6000 个功臣集体。这种血性令敌人胆寒，让天地动容！[1]

第三，党的领导和群众支持是抗美援朝取得胜利的法宝。

通过总结抗美援朝的历史，毛泽东指出："我们的经验是：依靠人民，再加上一个比较正确的领导，就可以用我们的劣势装备战胜优势装备的敌人。"以毛泽东为代表的中国共产党人采取边打边建边稳的方针，抗美援朝、土地改革、镇压反革命"三套锣鼓一起敲"，极大地调动了全国人民生产的积极性、创造性，不但没有使国家建设倒退，反而使国民经济恢复的任务顺利完成，为大规模经济建设打下了良好的基础，这让世界见证了蕴含在中国人民之中的磅礴力量。当时，全国各条战线和广大人民积极响应党和政府号召，开展了轰轰烈烈的抗美援朝运动，支援前线、支援战争。全国城乡到处出现父母送儿女、妻子送丈夫、兄弟争相入伍的感人场面。成千上万的铁路职工、汽车司机和民工纷纷到朝鲜前线去担任战地运输和勤务工作，医务工作者组织了大批医疗服务队为中朝军队服务，全国规模的慰问志愿军运动、捐献武器运动、优待志愿军烈军属运动极大地鼓舞了前方将士的士气，各界人民捐献了可购买 3700 架飞机的巨款。正是由于全国各族人民的大力支援，才形成了同仇敌忾、战胜一切困难和强大敌人的无穷力量，才赢得了抗美援朝战争的胜利。毛泽东自信地说："帝国主义侵略者应当懂得：现在中国人民已经组织起来

---

[1] 习近平：《论中国共产党历史》，中央文献出版社 2021 年版，第 297—298 页。

了,是惹不得的。如果惹翻了,是不好办的。"[1]这是一条了不起的经验!

第四,必须弘扬伟大的抗美援朝精神。

在抗美援朝战争中,19.7万多名英雄儿女为了祖国、为了人民、为了和平献出了宝贵生命,也锻造了伟大的抗美援朝精神。习近平总书记指出:"在波澜壮阔的抗美援朝战争中,英雄的中国人民志愿军始终发扬祖国和人民利益高于一切、为了祖国和民族的尊严而奋不顾身的爱国主义精神,英勇顽强、舍生忘死的革命英雄主义精神,不畏艰难困苦、始终保持高昂士气的革命乐观主义精神,为完成祖国和人民赋予的使命、慷慨奉献自己一切的革命忠诚精神,为了人类和平与正义事业而奋斗的国际主义精神,锻造了伟大抗美援朝精神。"[2]伟大抗美援朝精神跨越时空、历久弥新,必须永续传承、世代发扬。

---

[1]《毛泽东文集》第六卷,人民出版社1999年版,第355页。
[2] 习近平:《论中国共产党历史》,中央文献出版社2021年版,第296—297页。

第九讲　新民主主义向社会主义的过渡

罗平汉

大家知道，1949年中华人民共和国成立之时，我们的国家还不是社会主义国家，而是新民主主义国家，中国的社会主义制度是1956年基本建立的，从1949年到1956年，整体上讲就是由新民主主义向社会主义的过渡时期，也可以说是从新民主主义向社会主义的转变时期，因此，我们也把这段历史叫社会主义革命时期。那么，这个过渡是如何完成的？我想分以下三个问题和各位具体进行探讨。第一个问题，新民主主义社会的基本特征；第二个问题，过渡时期总路线的提出；第三个问题，社会主义改造的完成及其评价。

一、新民主主义社会的基本特征

新民主主义社会是个什么样的社会？中国原本是一个半殖民地半封建社会，这样的国家因为资本主义发展不充分，是不能直接走入社会主义的，而我们共产党人奋斗的目标是要实现社会主义，最终实现共产主义，那怎么解决这个问题？以毛泽东为代表的中国共产党人创建了新民主主义理论。他强调：新民主主义革命胜利后，要建立的是新民主主义的共和国，经过一个时期的新民主主义建设，在生产力水平得到了比较大的提高的基础上，再将新民主主义转入社会主义。应该说这是共产党人对马克思主义的一个创造性的发展，也是中国共产党人成功实现马克思主义中国化的一个重要标志。新民主主义理论是毛泽东思想极为重要的组成部分。

有人认为1949年新中国成立之后，中国并没有一个新民主主义社会，新中国成立伊始就开始向社会主义过渡，于是，也有人据此认为中国共产党执政后根本没有履行当年建立新民主主义共和国的承诺。实际上，在新中国成立之初，中国的社会性质属于新民主主义是确定无疑的，中国是从新民主主义转入社会主义的，而不是直接从半殖民地半封建社会走入社会主义的。

在中国革命即将胜利的时候，当时人们的心目当中即将建立的新中国，毫无疑问是新民主主义的国家。1949年7月1日，在北平也就是今天的北京召开的纪念中国共产党成立28周年的大会上，朱德就发表了这样的讲话，他说："新的政治协商会议，已经开始了筹备工作，不久新民主主义的人民共和国和它的中央政府，就要宣告成立了。中国人民五千年历史的新的一页，不久就要正式开始了。"[1]明确表示即将成立的新中国是新民主主义的共和国。

新中国成立的时候还来不及制定宪法，但有一个起着临时宪法性质的重要文件，这就是《中国人民政治协商会议共同纲领》。《共同纲领》对国家的社会性质做了这样的概括，它强调：中华人民共和国为新民主主义即人民民主主义的国家，实行工人阶级领导的、以工农联盟为基础的团结各民主阶级和国内各民族的人

---

[1]《北平"七一"纪念大会上的讲词》，《人民日报》1949年7月3日。

民民主专政。在《共同纲领》中，虽然没有明确提出中国共产党在国家政治生活中的领导地位问题，但它强调新中国是工人阶级领导的，而中国共产党是中国工人阶级的先锋队，工人阶级对新中国的领导，必然要通过自己的先锋队也就是中国共产党去实现，这实际上确立了中国共产党对新中国的领导地位。

对于新中国成立初期的社会性质问题，作为这段历史的重要见证人的薄一波，在 2004 年第 6 期的《百年潮》杂志上，发表了一篇题为《见证新中国民主法制的曙光》的文章，其中他就这样写道："《共同纲领》中没有写社会主义，也没有写不劳动者不得食的原则，这不是疏忽。相反，它是党中央毛泽东同志经过慎重考虑和决定的，表明我们党当时确实忠心实意的要搞一段新民主主义。"这表明，当年我们确实想要搞一段时间的新民主主义。

大家也知道，1940 年毛泽东发表了一篇非常重要的文章——《新民主主义论》。这篇文章的发表是新民主主义理论形成的一个重要标志。在文章中，毛泽东说："我们共产党人，多年以来，不但为中国的政治革命和经济革命而奋斗，而且为中国的文化革命而奋斗；一切这些的目的，在于建设一个中华民族的新社会和新国家。在这个新社会和新国家中，不但有新政治、新经济，而且有新文化。这就是说，我们不但要把一个政治上受压迫、经济上受剥削的中国，变为一个政治上自由和经济上繁荣的中国，而且要把一个被旧文化统治因而愚昧落后的中国，变为一个被新文化统治因而文明先进的中国。一句话，我们要建立一个新中国。"[1]他讲得很清楚，我们共产党人的奋斗目标是要建立一个新

---

[1]《毛泽东选集》第二卷，人民出版社 1991 年版，第 663 页。

中国。

那么,当年毛泽东所设想的新中国,是个什么样的新中国?毫无疑问,首先是个新民主主义的新中国,然后是个社会主义的新中国。所以他又说:"这个革命的第一步、第一阶段,决不是也不能建立中国资产阶级专政的资本主义的社会,而是要建立以中国无产阶级为首领的中国各个革命阶级联合专政的新民主主义社会,以完结其第一阶段。然后,再使之发展到第二阶段,以建立中国社会主义的社会。"[1]他强调中国革命要分两步走:第一步进行新民主主义革命,建立新民主主义的社会;第二步,进行社会主义革命,在中国建立社会主义制度。

毛泽东在《新民主主义论》中,对建立一个什么样的新民主主义社会,或者是什么样的新民主主义共和国,提出了一些具体的设想。他指出,新民主主义社会政治上一个最突出的特点,就在政权问题上,要实行无产阶级领导的各个革命阶级的联合专政。那就是说我们要建立的专政,既不是资产阶级专政,也不是无产阶级专政,而是各个革命阶级的联合专政。当然,各个革命阶级联合专政是由无产阶级领导的。他这里所讲的各个革命阶级指的是工人阶级、农民阶级、小资产阶级和民族资产阶级。

那么,各个革命阶级怎样实现联合专政?体现在政权问题上,就是要建立什么样的权力机关,组成什么样的政府?抗日战争后期和解放战争时期,中国共产党明确提出要成立各党各派参加的民主联合政府,以民主联合政府的方式来体现各个革命阶级的联合专政。当然,一开始联合政府主要是针对国民党

---

[1]《毛泽东选集》第二卷,人民出版社1991年版,第672页。

的一党专政提出的，到了解放战争后期提出的民主联合政府，应该是由中国共产党所领导的，也就是工人阶级领导的联合政府。

在《新民主主义论》中，毛泽东对于新民主主义共和国的经济政策也做了具体的解释。他认为是多种所有制共存，而且两个显著的特征，这就是在农村一定要解决农民的土地问题，实行"耕者有其田"；在城市，国营经济是整个国民经济的领导力量，同时允许私人资本主义经济存在和发展。

毛泽东还就此做了具体的论述。他说："这个共和国将采取某种必要的方法没收地主的土地，分配给无地和少地的农民，实行中山先生'耕者有其田'的口号，扫除农村中的封建关系，把土地变为农民的私产。农村的富农经济，也是容许其存在的。这就是平均地权的方针。这个方针的正确的口号，就是'耕者有其田'。"[1]那就是说，要解决农民土地问题，同时允许富农经济存在，这是新民主主义的农村政策。

毛泽东还说："在无产阶级领导下的新民主主义共和国的国营经济是社会主义的性质，是整个国民经济的领导力量。但这个共和国并不没收其他资本主义的私有财产，并不禁止不能操纵'国民生计'的资本主义生产的发展，这是因为中国经济还十分落后的缘故。"[2]一方面，在新民主主义共和国，国营经济是社会主义性质的，是整个国民经济的领导力量。另外一方面，还不没收其他资本主义的私有财产，要允许私人资本主义生产在一定范

---

[1]《毛泽东选集》第二卷，人民出版社1991年版，第676页。
[2] 同上书，第678页。

围的发展。

那么,依据毛泽东的《新民主主义论》对于新民主主义社会政治和经济特征的概括,通过对新中国成立初期政治经济情况的简要分析,就不难得出新中国成立之时,我们国家属于新民主主义社会的这么一种判断。

首先,我们看新中国成立时候的政治形态。新中国成立之初,在政治形态上有一个重要的特征,就是各级人民政府具有统一战线性质,在一定意义上讲,是中国共产党所领导的民主联合政府。

1949年6月19日,在新政协的筹备会(后来把新政协叫中国人民政治协商会议)上,毛泽东就讲了一段这样的话,他说:"必须打倒帝国主义、封建主义、官僚资本主义和国民党反动派的统治,必须召集一个包含各民主党派、各人民团体、各界民主人士、国内少数民族和海外华侨的代表人物的政治协商会议,宣告中华人民共和国的成立,并选举代表这个共和国的民主联合政府,才能使我们的伟大的祖国脱离半殖民地的和半封建的命运,走上独立、自由、和平、统一和强盛的道路。这是一个共同的政治基础。"[1]他说,我们要召开有各方面代表人物参加的政治协商会议,要宣告新中国的成立,要选举代表这个共和国的民主联合政府。

那么,新中国成立之初,我们所建立的中央人民政府和地方各级人民政府,是不是中国共产党所领导的民主联合政府?请各

---

[1]《毛主席等七人在新的政治协商会议筹备会上的讲词》,《人民日报》1949年7月20日。

位先看看《开国大典》这幅油画。这幅油画对大家来说已经是耳熟能详了。毛泽东在天安门城楼上宣布，中华人民共和国中央人民政府于本日成立了。过去我们总习惯于说，毛泽东在天安门城楼上宣布中国人民从此站起来了。从另外一个角度也可以说，新中国的成立，确实标志着中国人民从此站起来了，但毛泽东在这里宣布的是中华人民共和国中央人民政府的成立。我们讲新中国的成立，有一个标志性的事件，很多人总觉得标志性事件就是开国大典，这固然是一个事实，但我个人觉得新中国成立更为重要的标志，就是新的中央人民政府的成立。毛泽东是中央人民政府的主席，他的背后所站的是中央人民政府的六位副主席，这六位副主席分别是朱德、刘少奇、宋庆龄、李济深、张澜和高岗。这六位副主席当中，有三位不是共产党员，那就是宋庆龄、李济深和张澜。

在中央人民政府之下组织政务院，相对于现在的国务院。当然，今天国务院就是中央人民政府，在过去是中央人民政府之下组织政务院。政务院有总理、副总理一共是五个人，其中有两个人不是共产党员，这就是副总理郭沫若和黄炎培。最高人民法院和最高人民检察署即后来的最高人民检察院，有院长两人，其中一人不是共产党员，即最高人民法院院长沈钧儒。中央人民政府一共有56名委员，其中有27个委员不是共产党员。政务院有30个组成单位，即部、委、署，其中有14个组成单位的行政一把手不是共产党员。从以上人员构成可以看出，新中国成立之初的中央人民政府，是具有中国共产党所领导的民主联合政府性质的。这是中央人民政府的组成情况。

在1949年10月23日的《人民日报》上发表了一篇文章，

叫《中央人民政府各机构成立，民主党派热烈拥护》。其中郭沫若先生就讲："这是一个货真价实、不折不扣的人民民主的联合政府，各方面都照顾得很周到，人选也配合得煞费苦心，将来在政权的运用上，在共同纲领的实施上，一定能够收到很好的效果，不负人民的重托的。"[1]郭沫若这番话里面讲得很清楚，说我们是个不折不扣的人民民主的联合政府。

新中国成立初期，不但中央人民政府具有中国共产党领导的民主联合政府性质，地方各级人民政府也是广泛地吸收各阶级、各阶层、各党派的代表人士参加，成为地方性的民主联合政府。

1950年1月31日，在纪念北京解放一周年之时，当时的北京市市长聂荣臻在广播演讲当中就讲过一段这样的话，这段话还刊登在同一天的《人民日报》上。聂荣臻是这么说的："新的民选的北京市人民政府，充分具备了地方民主联合政府的性能和形式。经过各界人民代表的选举，各阶层都有代表人物参加了政府的领导工作。比如在政府委员中，有半数是在群众中有声望的民主人士，其中包括工人、教授、专家和银行家。在市政府的十一个局当中，吸收了有才能的民主人士来担负局长和副局长的工作。这样，政府就能够更加有效能地集中人民的意志，来为全市人民更好地服务。"[2]那就是说，在北京市的政府委员当中，有相当数量的人不是共产党员。

所以从以上的分析当中可以看得出来，新中国成立初期，中

---

[1]《中央人民政府各机构建立，民主党派热烈拥护》，《人民日报》1949年10月23日。

[2]《纪念北京解放一周年——聂荣臻市长广播演讲词》，《人民日报》1950年1月31日。

央人民政府和地方各级人民政府，应当具有无产阶级领导的、各个革命阶级联合专政性质的这么一个特征。

其次，再看看新中国成立时的经济特征。第一个明显的经济特征，那就是多种所有制共存。当然对于这个问题，有同志可能提出，今天不也是多种所有制共存吗？是的，我们今天也是以公有制为主体，多种经济成分共同发展，但我个人觉得新中国成立初期，各种所有制在国民收入当中比重与今天的比重应该是不一样的。今天整体上还是以公有制为主体的，但是在新中国成立初期，虽然国民经济是领导力量，但恐怕还不能说那个时候已经是以公有制为主体。

1952年，各种所有制在国民收入当中的比重情况是：国营经济占19.1%，合作社经济占1.5%，国家资本主义经济占0.7%，私人资本主义经济占6.9%，个体经济占71.8%。国营经济当然是公有制的，合作社经济也是公有制的，国家资本主义经济可以说是公私混合所有制的，私人资本主义经济和个体经济当然属于私有制的。前三种加起来也就是20%略多一点，而私人资本主义经济和个体经济即私有制经济占了近80%。所以各种所有制当中，当时私有制是占主体的，今天我们是以公有制为主体的。

新民主主义经济的第二个特征，这就是国营经济日益壮大。从1949年到1952年，国营经济发展非常地迅速。1949年国营工业的增长值只有36.8亿元，1952年达到了142.6亿元，增长了387.5%。国营商业机构1950年的批发和零售额分别占全国的23.2%和8.3%，1952年上升到了60.5%和19.1%。从这组数字的变化中可以看得出来，国营经济发展非常地迅速，而且确实已经成了国家经济的领导力量。

但与此同时，也可以说新民主主义经济的第三个特征，私人资本主义经济仍然是重要的经济力量。1949年到1952年，私人资本主义其总量也是呈增长的趋势的，所以，人们把这段时间称之为中国民族资本主义发展史上的第二个黄金时期。第一个黄金时期当然是第一次世界大战期间，因为西方列强忙于在欧洲进行厮杀，暂时放松了对中国的经济侵略，所以这段时间中国的民族资本主义得到了比较大的发展。中国民族资本主义发展史上第二个比较快的时期，就是新中国成立初期。与1950年相比，1951年私营工商业的发展情况是，私营工业的增长和增加数都是比较快的，私营工业的增长率可以说是达到了11%以上，职工增加的人数也是在11%以上，所增加的资产达到了39%。私营商业的发展速度也大体差不多。

那么，为什么在这个时期要允许私人资本主义经济存在？1949年7月，吴玉章在全国第一次科学会议筹备会上的讲话当中，有过这样的解释，我觉得这就是一个很好的说明。他说："其所以和社会主义共和国有区别的原因，就在于经济上落后的半殖民地半封建的国家，取得了政治上的独立后，为了对付帝国主义的压迫，为了使落后的经济地位提高一步，中国必须利用一切于国计民生有利而不是有害的城乡资本主义因素，团结民族资产阶级，共同奋斗。我们现在的方针是节制资本主义，而不是消灭资本主义。但是我们发展的方向，是社会主义的而不是资本主义的。共同目标有了，团结就能巩固，就能组织起来。"[1]他讲得非

---

[1]《吴玉章同志在全国第一次科学会议筹委会上的讲话》，《人民日报》1949年7月14日。

常地明白，现在的方针是节制资本主义，而不是消灭资本主义。当然，发展的方向不是资本主义，而是社会主义。但是因为中国还是在新民主主义阶段，所以，今天这个时期还是要节制资本，而不是消灭资本主义。

当然，由于国营经济快速发展，私营经济在国民经济的比重应该说是呈下降趋势的。1951年之前，私营工业在全部工业总产值中超过了50%，也就是1949年的63.3%，1950年的51.8%，1951年的50.1%，而到1952年的时候，下降到了只有39%，比例在下降。为什么下降？主要是国营经济发展十分迅速。

新民主主义社会经济上的第四个特征，保存富农经济，保护人民土地所有权。1950年出台的《中华人民共和国土地改革法》规定，土地改革的基本内容就是要没收地主阶级的土地，分配给无地少地的农民，保护富农所有自耕和雇人耕种的土地及其财产不得侵犯。那就是说，一方面要没收地主的土地分配给农民，但另外一方面要保存富农经济。因此，在新民主主义社会里，农村在消灭地主阶级之后，还存在一个具有资本主义性质的社会阶层——富农。应该说在当今我们的社会主义初级阶段当中，是没有富农这个阶级的，或者说没有富农这个阶层，而在新中国成立初期，农村是允许富农经济存在的。

那么，为什么要采取这样的政策？大家都知道，中国农村社会分为两个阶级，一个叫农民阶级，一个叫地主阶级，而农民又可以分为不同的阶层，其中可以细分为富农、中农、贫农和雇农。所以要请大家注意的是，虽然平时我们常常是把地主与富农连在一起表述，但实际上地主与富农是分属不同阶级的。地主是一个阶级，富农是农民阶级当中的一个阶层。

什么样的人应该划为地主？什么样的人应该划为富农？1933年10月，毛泽东写了一篇文章，叫《怎样分析农村阶级》，对此，他分别做了这样的界定：

所谓地主是什么？他说：占有土地，自己不劳动，或只有附带的劳动，而靠剥削农民为生的，叫作地主。地主剥削的方式，主要是收取地租，此外或兼放债，或兼雇工，或兼营工商业。地主有两个显著的特征：第一个特征，自己不劳动。那自己不劳动，他的生活从哪里来呢？主要靠剥削。剥削的方式是什么？主要的是收取地租。所以第二个特征，地主是剥削农民，并且收取地租的。

什么叫富农？富农一般占有土地。但也有自己占有一部分土地，另租入一部分土地的。也有自己全无土地，全部土地都是租入的。富农一般都占有比较优裕的生产工具和活动资本，自己参加劳动，但经常依靠剥削为其生活来源的一部或大部。富农的剥削方式，主要是剥削雇佣劳动（请长工）。富农也有两个显著的特征，第一个特征，自己参加劳动。第二个特征，富农也剥削农民，但剥削农民的主要方式是雇佣劳动，即请长工。

过去我们总习惯于认为请长工的是地主，其实不对，请长工的才叫富农。当然，农村的情况也可能比较特殊，一户人家他既把土地出租给别人耕种，收取地租，同时他又可能在家里请些长工，像这样的人家怎么判断他属于地主还是富农？主要看他的剥削收入是来自雇工，还是来自地租。如果他主要剥削收入来自收取地租，要划为地主；如果他的主要的补贴收入是来自雇工，就可以划为富农。

这里所说的劳动，在普通情况之下，是全家有一人每年有

1/3 的时间从事主要劳动，叫作有劳动。全家有一人每年从事主要劳动的时间不满 1/3，或者每年虽有 1/3 的时间从事劳动，但他不是主要劳动，都叫作附带劳动。所以，我们这里讲的劳动是指主要劳动，而不是附带劳动。富农自己劳动，地主自己不劳动，或只有附带劳动，是否劳动是区分地主与富农的重要依据。另外，地主剥削农民的方式是收取地租，收入的大部甚至可能是全部都来自地租剥削。富农剥削农民主要是雇工，收入并非全部来自剥削，因为他自己要劳动。

在农村还有一个比较特殊的社会阶层，叫富裕中农。富裕中农不是富农，是中农的一部分，其生活状况在普通中农以上，一般对别人有轻微的剥削，其剥削收入的分量以不超过其全家一年总收入的 15% 为限度。当然在某种情形下，剥削收入虽超过全家一年总收入的 15%，但不超过 30%，而群众不加反对者，仍可以把他当作富裕中农。那就是说，富农和富裕中农的区别，是看剥削占收入的额度。一般情况下，剥削收入不能超过一年总收入的 15%。如果群众不反对，顶多不能超过 30%。超过 30% 以上的人就划为富农，没有超过 30% 的可以定为富裕中农。

说起地主，人们自然而然就联想到了四个人，那就是小说《半夜鸡叫》中的周扒皮，歌剧《白毛女》中的黄世仁，泥塑《收租院》中的刘文彩，芭蕾舞剧《红色娘子军》中的南霸天。可能也有人说，地主根本就不是这四个人的形象，我们村里有的地主不是这个样子的。这里需要说明的是，这是当年文艺作品塑造出来的四个典型的地主形象，当然也就成了相当多中国人对于地主最深刻的记忆。因为艺术是允许虚构的，虽然这些艺术形象或许可以找到具体的原型，但他与现实生活当中的地主是不能完全画等号的。那就是说他们是艺术化的地主形象，我们可以把全国各种各样的地主形象集中体现在这四个人身上，但是没有办法和村里面的地主一一画等号，村里面的地主可能情况就千差万别。

准确地讲，这四个艺术形象应当称之为恶霸地主，并且是集恶霸地主罪恶之大成者。在这里需要指出的是恶霸与地主是两个不同的概念。按照1950年8月中央人民政府政务院《关于划分农村阶级成分的决定》这么一个规定，恶霸指的是依靠或组成一种反动势力，称霸一方，为了私人的利益，经常利用暴力或者权势去欺压和掠夺人民，造成人民生命财产之重大损失查有实据者。很显然，恶霸并非都是地主，地主也不是人人都是恶霸。那种同时具有地主和恶霸两种身份的人，才是我们通常所讲的恶霸地主。根据当年的社会调查，在农村当中，恶霸地主一般只占地主的1/10左右。所以这两个概念一定要分清楚。那四个艺术形象可以叫作恶霸地主，但实际上恶霸地主在地主当中的比例，并不是非常之高。

同时，农民与地主的身份，也并不是固定不变的。地主如果破产，就有可能下降为贫农，即便祖辈是大中地主，但也可能经过诸子继承、家产分拆之后，大地主变成中地主，中地主变成小地主，小地主如果再分家，很有可能变成一般农民。比如说我们村里有户人家，家里有两千亩地，够得上是个大地主了。他生了五个儿子，在旧中国农村有个习俗，儿子参与分家，女儿不参与分家，那么他的田产要分成五份，每个儿子分到了400亩地，就变成了五个中地主。其中一个中地主又生了五个儿子，那么每家分到了80亩地，就变成了五个小地主。其中又有一个小地主，再生五个儿子，这么再分家，一家只分到十来亩地，那就变成一般农民，当不成地主了。当然，这里的基本前提是这个家庭人口在不断增加，而土地没有增加，农村的土地和人口是不断变动的。

普通农民也有可能由于经营有方，或小商业致富而上升为地主。地主当中有善有恶并非清一色；农民中也有少数好逸恶劳、偷鸡摸狗之类的二流子。但是从整体上看，因为地主自己不劳动，或不从事主要劳动，可以凭借土地取得地租剥削农民，而贫雇农由于缺少土地或者根本没有土地，不得不租种地主的土地而接受地主的剥削，所以二者之间构成了剥削与被剥削的关系。之所以要进行土地改革，其根本目的就是改变这种封建剥削关系。

1950年6月通过的《中华人民共和国土地改革法》，这是新中国历史上的第二部法律，第一部法律叫《中华人民共和国婚姻法》。随着《中华人民共和国土地改革法》的公布，在广大的新解放地区实施土地改革。至于在1949年之前已经解放了的老解放区，土地改革已经完成了，大概1948年的时候就基本完成了老解放区的土地改革。新解放地区的土地改革与原来老解放区的土地改革，有个明显的不同，这就是不动富农的土地财产，保存富人经济。到1952年底，全国范围的土地改革基本完成，彻底消灭了延续几千年的封建剥削制度。土地改革完成以后，人民政府要发给农民土地所有证。土地所有证就是农民取得土地的凭证，土地是归农民个体所有，当然本质上它是私有的。

通过以上的简要分析，能否对新民主主义社会做这么一个简要的概括：在政权形态上，是中国共产党领导的民主联合政府；在经济制度上是多种所有制并存，既发展社会主义性质的国营经济，也允许私人资本主义经济存在和发展；在农村保留富农经济,农民对土地具有所有权。这与毛泽东在《新民主主义论》当中关于新民主主义共和国的构想,我觉得是相吻合的。既然如此,也可以说新中国成立之时,我们的国家是新民主主义的国家,我们的社会是新民主主义的社会。

承认新中国成立初期是新民主主义社会的性质,既是历史的事实,同时也表明,第一,中国共产党人信守了当年建立新民主主义共和国,从新民主主义再转入社会主义的承诺,共产党人是言而有信的。第二,中国是从新民主主义走入社会主义的,而不是从半殖民地半封建社会一步跨入社会主义的。在新民主主义社会,因为曾经允许资本主义经济存在和发展,因此,在建立社会主义制度之后,没有必要再补什么资本主义之课。

二、过渡时期总路线的提出

新民主主义社会是中国这样的半殖民地半封建国家,也就是非资本主义国家走入社会主义的一个过渡阶段,它不是固定不变的,因为我们的目标是要建立社会主义制度,并且由社会主义发展到共产主义。

既然是一个过渡阶段,那么这个阶段需要多长的时间?对于这个问题,在新中国成立起前后党的领导人设想,要搞15年左右的新民主主义再向社会主义过渡,或者说一二十年的新民主主义再向社会主义过渡。

1948年9月召开的中央政治局会议上也就是9月会议上,毛泽东就讲,我国在经济上完成民族独立还要一二十年时间,我们要努力发展经济,要发展新民主主义经济,过渡到社会主义。

1949年7月4日,毛泽东在接见新民主主义青年团第一次全国代表大会的代表时，有人问他，咱们什么时候进入社会主义？他回答说：20年后，我们工业发展到一定程度，看情况进入社会主义。

1948年12月25日，刘少奇在华北财经委员会所做的《新中国经济的性质和经济建设方针》的讲话当中，也这样说，中国如果没有突然的武装干涉，没有资产阶级的暴动，这种过渡（所谓这种过渡指的就是由新民主主义向社会主义的过渡）可能是10年或者15年，这样对无产阶级有利。如果国际干涉，如有武装暴动，我们就立即过渡。革命的性质就会改变。我们希望和平过渡为好，争取10年到15年，时间从容，我们的手脚来得及。

在1950年4月全国第一次统战工作会议上，周恩来在讲话当中又这样说：我们和资产阶级是继续合作下去，还是同他搞翻（这四个阶级指的是工人、农民、小资产阶级和民族资产阶级），搞垮他一个，今天没有哪个同志这样说，大家都还是说搞社会主义，要15年左右，那么，在这个期间，总还是有跟资产阶级搞团结合作吧，因此不是搞垮他的问题。周恩来在这个讲话当中也讲得很清楚，搞社会主义可能还要15年左右以后的事情。

那就是说，新中国成立起前后，对于新民主主义向社会主义的过渡时期，大体的设想是15年左右或者说一二十年的时间。

到了1952年9月，毛泽东认为从现在开始就应该考虑由新民主主义向社会主义过渡的问题。在这年9月24日的中央书记处会议上，他说：我们现在就要开始用10年到15年的时间，基本上完成到社会主义的过渡，而不是10年或者以后才开始过渡。这是毛泽东第一次明确提出从现在开始，就要用10年到15年的时间，基本上完成到社会主义的过渡。

同年 10 月，刘少奇代表中共中央出席苏联共产党召开的第十九次全国代表大会。会议期间，刘少奇给斯大林写了一封长信，通报了中共中央向社会主义过渡的设想，认为中国已经具备了征收资本家的工厂归国家所有的条件，并准备在今后 10 年至 15 年内，将多数农民组织在农业生产合作社和集体农场内。这个设想得到了斯大林的认可。他说我觉得你们的想法是对的，当我们掌握政权以后，过渡到社会主义去应该采取逐步的办法，你们对中国资产阶级所采取的态度是正确的。

就这样，经过一段时间的酝酿，1953 年 6 月，毛泽东提出了过渡时期的总路线，到同年 12 月形成了完整的表述。过渡时期总路线是这样的：从中华人民共和国的成立到社会主义改造基本完成，这是一个过渡时期，党在过渡时期的总路线和总任务是要在一个相当长的时间内，基本上实现国家工业化和对农业、手工业、资本主义工商业的社会主义改造，这条总路线应当成为照耀我们各项工作的灯塔，各项工作离开它，就要犯右倾或"左"倾的错误。这里所说的一个相当长时间，内部设想的时间是三个五年计划，即 15 年左右。过渡时期总路线的内容，简称为"一化三改"，一化指的是国家工业化，三改指的是对农业、手工业、资本主义工商业的社会主义改造。在后来的实践当中，过渡时期总路线贯彻落实的时候，重点实际上是放在"三改"上。

1952 年 10 月，中共中央做出决定要尽快召开全国人民代表大会和制定宪法。召开第一届全国人民代表大会的首要任务，当然是要制定宪法，中央对此高度重视，指定了一个宪法起草小组，由毛泽东亲自领导，并以政务院内务部为主，组成了宪法起草办公室，收集有关资料。1953 年 12 月下旬，毛泽东率领宪法起草小组的成员离开了北京,来到了杭州。在此后三个月时间里,宪法起草小组先后起草并修改了四稿。1954年3月上旬,中央政治局扩大会议通过了宪法起草小组起草的第四稿,向宪法起草委员会提出了宪法草案初稿。宪法起草委员会接受了中共中央的宪法草案初稿,先后召开了七次会议讨论修改,最后形成了宪法草案。

1954年6月14日,中央人民政府委员会第30次会议讨论通过了《中华人民共和国宪法草案和关于公布宪法草案的决议》,要求广泛开展讨论,发动人民群众提出修改意见。在大规模宣传的基础上,讨论持续了两个多月的时间,参加讨论的人数达到了1.5亿人之多,占当时全国人口的1/4。广大人民群众热烈拥护宪法草案,同时也提出了许多修改和补充的意见。根据当时的统计,前前后后收到的各方面的意见达到了118万多条。应该说这是一个经过广泛讨论形成的宪法。

1954年9月15日,第一届全国人民代表大会第一次会议在北京召开。9月20日,大会以无记名投票的方式通过了《中华人民共和国宪法》。这是新中国的第一部宪法,也是一部社会主义性质的宪法。大会选举毛泽东为中华人民共和国主席,朱德为副主席,刘少奇为全国人大常委会委员长,决定周恩来为国务院总理。随着一届全国人大一次会议的召开,作为我国根本政治制度的人民代表大会制度正式确立。

1954年宪法规定,中华人民共和国是工人阶级领导的以工农联盟为基础的人民民主国家。宪法当中没有再强调国家的新民主主义性质。

随着第一届全国人大一次会议的召开,由中国人民政治协商会议代行全国人大职权的任务已经结束。1954年12月，全国政协二届一次会议在北京召开，会议通过的《中国人民政治协商会议章程》明确宣布，今后人民政协是团结全国各民族、各民主阶级、各民主党派、各人民团体、国外华侨和其他爱国民主人士的人民民主统一战线的组织。这就表明，作为我国基本政治制度的中国共产党领导的多党合作和政治协商制度得到了巩固和发展。

我们国家是一个多民族的国家，新中国成立时，决定不采取苏维埃式的联邦制，而是实行民族的区域自治制度。1952年8月，中央人民政府颁布《中华人民共和国民族区域自治实施纲要》，规定各民族自治区统为中华人民共和国领土的不可分割的一部分，各民族自治区的自治机关统为中央人民政府统一领导下的一级地方政权，并受上级人民政府的领导。各民族自治区人民管理本民族内部事务。民族区域自治制度作为我国一项基本政治制度，载入了1954年宪法之中。

所以，中国共产党在国家政治生活中领导地位的确立，以及人民代表大会制度、中国共产党领导的多党合作和政治协商制度、民族区域自治制度等制度的形成，为我国社会主义制度的建立和巩固提供了坚强的制度保障。

中国共产党人原来计划要经过一个比较长，也就是15年左右的新民主主义社会后再进入社会主义的，而实际上，我们的新民主主义社会的时间没有那么长。那么，为什么新民主主义社会没有按照预定的计划而提前结束呢？当然其中的原因是很多的，我想有这么几个因素，是不是值得考虑？比如到1952年，国民经济已经恢复，国家财政经济情况已经好转。恢复发展国民经济是个十分艰巨的任务，但应该说这项工作完成得很好，提前完成了恢复国民经济的目标。又比如国营经济发展迅速，并且取得了领导地位。经过1952年进行的"三反""五反"运动（"三反"主要是在干部队伍内部进行的，"五反"主要是针对民族资产阶级的），无产阶级和资产阶级斗争谁战胜谁的问题，应该说已经解决了。同时通过"五反"运动，也使资本主义经济的一些弊端有了充分的暴露。又比如，除部分边疆少数民族地区外，土地改革已经完成，个别土地改革较早的地区已经开始出现了新富农，需要预防农村可能出现的两极分化。经过土地改革，消灭了农村的地主阶级，如果说土地改革一段时间以后，又出现了一个新富农，怎么去对待这个问题？这是需要我们去面对的。同时，抗美援朝战争取得了决定性胜利，可以安心地开展大规模的有计划的经济建设，有必要把各种经济纳入国家计划的轨道，而各种非公有制经济的存在，必然与计划经济发生矛盾。总之，是各种因素致使新民主主义社会没有按照预定的时间进度，而是过渡的时间比原来要大为提前。

当然，我觉得其中还有一个不可忽视的重要因素，当时全国人民对社会主义的急切向往。在这里我举一个例子，便可以说明情况。大约是在1952年前后，我们组织了一个劳动模范代表团去苏联参观学习，回来之后，他们纷纷发表自己在苏联参观学习的心得体会。比方说河北饶阳县耿长锁农业生产合作社社长耿长锁，在报告当中讲了一段这样的话，他说：苏联集体农民的生活真是令人羡慕，他们吃的是面包、肉、牛奶，星期天穿的不是哔叽就是绸子，睡的是钢丝床，房子有自来水、电灯、收音机、橱柜桌椅齐备，每一个集体农场都有俱乐部、图书馆、无线电转播站、电影厂，集体农民一面工作、一面唱歌，那里没有人剥削人的现象,大家都很快乐,这样的生活只有集体化才能得来,看了之后,真使人羡慕。所以,当年大家普遍认为,如果我们实现了农业集体化,就能够过上苏联农民这样的好生活。

新民主主义社会是允许多种所有制共存,特别是允许私人资本主义经济存在和发展的,这就意味着它的前途是有两种可能性的,即转变到社会主义或者转变到资本主义。新民主主义社会既然是半殖民地半封建社会过渡到社会主义的桥梁,对于实现社会主义和共产主义为己任的共产党人来说,自然是希望尽早实现向社会主义的过渡。因为目标已经设定了,那就是要走入社会主义的,自然是越早进入社会主义越好。我觉得这是新民主主义社会提前结束的一个十分重要的因素。

三、社会主义改造的完成及其评价

我想主要从两个层面做简要的介绍,即农业的社会主义改造和资本主义工商业的社会主义改造。至于手工业的社会主义改造,其方式和步骤与农业的社会主义改造基本是相类似的,因为时间的关系,在这里不展开讨论。

第一个问题是关于农业的社会主义改造。

实际上,农业的社会主义改造,也就是农业的合作化运动,在过渡时期总路线提出之前就已经启动了。1951年党内曾经发生了一场关于山西试办农业合作社的争论。1951年初,山西省委决定在长治地区试办十个农业生产合作社,并且给华北局写了一个报告。山西省委提出,对于私有基础不应该是巩固的方针,而应该是逐步地动摇它、削弱它,直至否定它。这个报告交到华北局以后,华北局不太认可,华北局向刘少奇做了报告,刘少奇也认为这时我们开始搞农业合作社还是有点早了。刘少奇说，现在农业生产上不能发动农民搞生产合作社，只能搞互助组。现在是三年准备十年建设，13年和15年之后才可能考虑到社会主义问题，将来实行社会主义，不是先在农村，而是先在城市，是先工业国有化，然后才是农业集体化。

对于这个问题，毛泽东知道之后明确表示赞同山西省委的意见，而不赞同华北局的观点。1951年9月，中共中央召开了第一次全国互助合作会议，毛泽东亲自主持制定了《中共中央关于农业生产互助合作的决议》。这是我国第一个指导互助合作的文件，也由此启动了我们国家的农业合作化运动。所以，农业的社会主义改造实际上在过渡时期总路线提出之前就已经启动了。当然，在过渡时期总路线提出之前，重点是发展互助组，叫互助合作运动。过渡时期总路线提出之后，重点主要是发展合作社，叫农业合作化运动。

《中共中央关于农业生产互助合作的决议》提出，农业合作化的主要形式是互助组，互助组分为临时性的互助组和常年性的互助组，然后才是土地入股为特征的农业生产合作社，也就是初级社，最后才是取消土地报酬的集体农场，也就是我们后来所讲的高级农业生产合作社，要从低级向高级发展，由互助组、初级社发展到高级社。同时还提出，农业合作化的基本方针应当是稳步前进，农业合作化应该采取的基本原则是要自愿互利，农业合作化的主要方法是要采取典型示范。今天看起来，应该说这个文件规定的农业合作化的主要形式、基本方针、基本原则、主要方法的规定还是符合实际的，也是基本正确的。

在这里，过去总是这样讲，我们是通过社会主义萌芽的互助组，到半社会主义性质的初级农业生产合作社，然后到完全社会主义性质的高级农业生产合作社。为什么做这样的表述，它们之间区别在哪里？

互助组生产资料归农民个人所有，作为劳动的方式，它是短期集体劳动，是在农忙的时候互相之间进行换工，产品的分配方式是产归田主。正因为如此，在互助组当中，分配上还没有做到按劳分配，生产资料上还没有实现集体化，没有集体所有，所以只能说是社会主义的萌芽。为什么说初级农业生产合作社是半社会主义性质的呢？初级农业生产合作社在生产资料上，是要农民把土地和其他主要的生产资料，以个人入股的方式交给集体，当然所有权还是农民个人所有，劳动的形式是农民长期要集体劳动，在产品的分配上要地劳按比例进行分配，也就是土地分红加评工记分。至于土地分红和评工记分在分配中占什么样的比例，在初级农业生产合作社制定章程的时候，可以由农民们商定。比方说五五分红，也可以四六分红、三七分红，这是在制定章程的时候，由农民们自己决定的。在这里，因为劳动产品已经有相当大的按劳分配的成分，所以我们说它是半社会主义性质的。而到了高级农业生产合作社的时候，生产资料不再归农民个人所有，而是要转为农业合作社集体所有，劳动的形式当然要长期集体劳动，产品完全按劳分配，土地等主要生产资料不再参与分配，所以我们说它是完全社会主义性质的。因为在那个年代，人们对于社会主义认为它有这么几个重要的特征，第一，公有制；第二，按劳分配；第三，计划经济。高级农业生产合作社生产资料完全公有，产品完全按劳分配，自然被称为完全社会主义性质的。

过渡时期总路线提出后，我国农业合作化运动的速度迅速加快。1953年12月16日，中共中央通过了《关于发展农业生产合作社的决议》，决议就指出，初级社将逐渐变成为我们领导互助合作运动继续前进的重要环节。从这个时候开始，互助合作运动的重点，由发展互助组，转变为发展农业生产合作社。

我个人觉得我们国家的农业合作化运动，一开始是稳步前进的，建立的农业生产合作社，也都有较好的互助组基础，有较强的领导力量，各级组织对农业生产合作社也给予了一定的帮助。因此，最初的一批农业生产合作社建立后，农业生产也得到了较好的发展，起到了典型示范的作用。

但1955年，我们加快了农业合作化的速度，使得农业合作化运动比原定的计划大大提前，也使得整个社会主义改造的时间比原定的计划大大提前。

1954年是我国农业合作社得到了较大发展的一年，这也是国家对粮食全面实行统购统销的一年。在这个过程当中，有的农村干部出现强迫命令，导致有一部分农民被迫加入了合作社，也导致一部分农民卖了过头粮，造成了1955年初农村形势曾经一度出现比较紧张的情况。

1955年3月上旬，毛泽东让当时的中央农村工作部部长邓子恢汇报有关农村工作情况，当汇报到当前农村的紧张情况时，毛泽东说，生产关系要适应生产力发展的要求，否则生产力会起来暴动，当前农民杀猪宰牛就是生产力起来暴动。几天后，毛泽东再一次听取中央农村工作部的汇报，并当场议定农业合作化的方针，应当是停、缩、发。所谓停，就是发展很快的地方现在要适当地停下来；所谓缩，就是数量过多的地方要适当地压缩；所谓发，就是现在合作社比较少、发展比较慢的地方还要适当地加以发展。

根据毛泽东的指示和农业合作化运动的实际情况，1955年3月20日，中央农村工作部发出了关于巩固现有合作社的通知，强调春耕季节已到，全国农业生产合作社已经发展到了60万个，完成了预定的计划，无论何地均应停止发展新社，全力转向春耕生产和巩固已有社的工作。所以在这以后，根据停、缩、发的方针，各地开展了农业生产合作社的整顿工作，收到了比较好的效果。

本来1955年初，毛泽东对于农村紧张形势的看法与邓子恢等人是一致的，因此当时他也赞成停止农业合作社的发展。但是到了5月，他的态度发生了很大的变化，认为农业生产合作社不但不应停止发展，反而应该加快发展。其中可能有两个因素促使毛泽东改变了原来的看法。一个因素，那就是1955年4、5月间，全国各地开展了对统购统销的整顿，结果粮食销量大幅度下降，原来一些地方说粮食不够，通过统购统销的整顿之后，发现其实粮食是够的，是有些农民担心自己的余粮被国家统购走了，所以有粮也不卖给国家，缺粮的在那里说自己没有粮食，不缺粮的也在那里说自己缺乏粮食。而经过这次整顿，毛泽东相信原来对农村粮食紧张形势的估计，有点言过其实了，形势没有那么紧张。有人说农村缺粮，是资产阶级借粮食问题向我们进攻，是有些人不想搞社会主义，不愿意统购统销。

第二个因素，1955年4月下旬，毛泽东离开北京，前往南方视察。这个时候，正是春暖花开的时节，毛泽东在视察的途中，看到了铁路公路两旁庄稼的长势，听了一些地方负责人的汇报，对农村的形势做了新的判断。他说农民生产消极,那只是少部分,我沿途看见麦子长得半人深,生产消极吗?这时,一位地方负责人向他报告说,在农村大约有1/3的基层干部,他们不愿意搞社会主义,他们要自由。这个事情使毛泽东产生了一个判断,他认为这种不愿意搞社会主义的人,不但农村有,其实中央机关也有。

1955年5月9日,毛泽东与邓子恢就农业合作化速度问题,进行了一次讨论。毛泽东问邓子恢,说1957年我们化个40%可不可以?邓子恢回答说,上一次会议商定的1/3,还是1/3左右为好。毛泽东说,1/3也可以,农民对社会主义改造是矛盾的,农民是要自由的,这种思想党内也有。应该说已经流露出有所不满了。这年5月17日,毛泽东在北京亲自主持了部分省市委书记会议,就农业生产合作社问题发表了自己的意见。毛泽东说:"合作社问题,也是乱子不少,大体是好的。不强调大体好,那就会犯错误。在合作化的问题上,有种消极情绪,我看必须改变。再不改变,就会犯大错误。"[1]这显然是对邓子恢在农业合作化运动的问题上有所不满了。南方15省市委书记会后,毛泽东再一次找邓子恢商量1955年合作社发展数量问题。毛泽东提出1955年合作社应发展到130万个,因为这个时候现有的合作社数量是65万个,130万个那就是要翻一番。而邓子恢则提出,还是原计划的100万个为好。因为在此之前,刘少奇主持中央书记处会议,决定1955年应该发展的合作社是增加35万个,65万个加

---

[1] 中共中央文献研究室:《建国以来重要文献选编》第六册,中央文献出版社1993年版,第224页。

35万个就是100万个。

毛泽东对于邓子恢坚持己见不太高兴。他对中央秘书长邓小平说，邓老的思想很顽固，得用大炮轰。怎么用大炮轰呢？随后他主持召开了全国各省市委书记会议。在讲话当中，毛泽东对邓子恢及其领导的农村工作部提出了一些批评。他说："在全国农村中，新的社会主义群众运动的高潮就要到来。我们的某些同志却像一个小脚女人，东摇西摆地在那里走路，老是埋怨旁人说：走快了，走快了。过多的评头品足，不适当的埋怨，无穷的忧虑，数不尽的清规和戒律，以为这是指导农村中社会主义群众运动的正确方针。否，这不是正确的方针，这是错误的方针。"[1]随后不久，他又主持召开了扩大的中共七届六中全会，再一次对农业合作化运动当中的所谓右倾机会主义也就是"小脚女人"进行了批评。同时，他又亲自编辑了《中国农村的社会主义高潮》一书，以此推动农业合作化运动高潮的到来。

1955年秋冬，在毛泽东和中共中央的直接领导下，农业合作化运动迅速掀起了高潮。1956年的4月30日，《人民日报》向全世界宣布，中国农村基本上实现了初级农业合作化。到这个时候，全国农业生产合作社共有100.8万个，入社农户达到了10668万户，占全国农户总数的90%。那就是说到这个时候，初级形式农业生产合作化已经基本完成。随后不久，由初级农业生产合作社又转变为高级农业生产合作社。到这年底，这个转变工作也基本完成。

今天看起来，引导农民走合作化的道路是无可厚非的，但是

---

[1]《毛泽东文集》第六卷，人民出版社1999年版，第418页。

回过头去看，在农业合作化的速度上确实太快了一点，有一批农业生产合作社没有经过互助组阶段，有的高级农业生产合作社甚至还没有经过初级社阶段，使一些本来应该解决好的问题没有得到解决。比方说按劳分配它是一个好制度，但是在农业生产当中，如何体现按劳分配，在当年就没有解决得很好，造成了平均主义严重的现象。

对于手工业的社会主义改造，组织形式是由手工业生产合作小组、供销合作社到生产合作社，步骤是从代销入手，由小到大，由低到高，逐步进行。1955年下半年，农业合作化运动的加快发展，也影响了手工业合作化的速度。中共中央在1955年底提出要求，在两年内基本完成手工业合作化，实际上由于改变了过去按行业分期、分批、分片改造的办法，采取手工业全行业一起合作化的办法，到1956年底，参加合作社的手工业人员已占全体手工业人员的91.7%。到这个时候，我们手工业的社会主义改造也基本完成。

第二个问题是关于资本主义工商业的社会主义改造。

1953年的3、4月间，当时的中央统战部部长李维汉率领一个调查组，到武汉、上海、南京、无锡等资本主义工商业比较发达的地方进行调查。5月27日，调查组向中共中央报送了《关于资本主义工业中的公私关系问题》的调查报告，提出国家资本主义是利用和限制资本主义的主要形式，是将私营工业逐步纳入国家计划轨道的主要形式，是资本主义工业逐步向社会主义过渡的主要形式。

什么叫国家资本主义呢？所谓国家资本主义，就是利用各种形式和国营社会主义经济相联系着的，并受工人监督的资本主义经济。国家资本主义的形式可以多种多样，低级形式的如加工订货、统购包销、经销代销，高级形式的如公私合营，又包括个别企业的公私合营和全行业的公私合营。国家资本主义的形式，在1953年以前，重点是在工业中的委托加工、计划订货、统购包销和商业中的委托经销、经销代销等初级形式。到1952年，私营工业形式加工订货、包销等国家资本主义形式，占整个私营工业总产值的56%。

高级形式的国家资本主义是公私合营。公私合营又分为个别企业的公私合营和全行业的公私合营。个别企业实行公私合营后，企业的利润要采取"四马分肥"的分配方式。所谓"四马分肥"，就是国家的所得税占34.5%，企业的公积金占30%，职工福利基金占15%，资方红利占20.5%。这就是说，个别企业公私合营以后，资本家所占的利润比重已经很低了，只占20.5%，企业的性质也就变了，企业已经主要不为资本家生产了。

1955年11月，中共中央通过了《关于资本主义工商业改造问题的决议草案》，对私营工商业的社会主义改造，就由单个企业的公私合营推进到全行业的公私合营阶段。全行业怎么进行公私合营呢？就是将同一性质私营企业进行合并改组。在工业企业全行业的公私合营主要是两种方式，一种办法是合并，将小厂合并到大厂，或者几个小厂合并成一个大厂。另一种办法就是淘汰，那些设备很落后的小厂就干脆不要了，将工人、职员安插到大厂、先进厂去。至于交通运输、商业和其他服务性行业，则按行业组成若干公私合营公司。

全行业公私合营后，在企业利润的分配上，就不再实行"四马分肥"，而是采取定息的办法。所谓定息是通过核定私营企业的资产，将其总资产额按照当时银行的利率，每年付给一定的利息。比方说经过清产核资，这家私营企业的总资产是100万元，而当年的银行利息是年息5%，那就是每年支付五万元利息给资本家。原来计划支付十年，后来时间稍微有点延长。我们就通过这种方式实现了对资产阶级的和平赎买。

全行业的公私合营后，企业的生产资料，就按原来的单个企业公私合营的公私共有转归国家支配，资本家已经丧失了三权，即生产资料的支配权、管理权、人事调配权。资本家虽然还对生产资料有所有权，但已经不能买卖，只是在一定时间内起领取定息凭证的作用。

到1956年底，全国原有私营工业88000家，职工131万人，总资产72.66亿元，有99%的户数、98.9%的职工以及99%的总资产，以及私营商业82.2%的户数，实现了所有制的社会主义改造。所以到这个时候，资本主义工商业的社会主义改造也已经完成。

那么，民族资产阶级为什么能够接受改造，把他们的资产交给国家，是不是这么几个因素比较重要？第一，政权已经掌握在无产阶级手中。第二，随着统购统销的实施，隔断了私人资本主义与市场的联系。中国的民族工商企业主要是轻工业为主，而轻工业的原料离不开农产品，国家已经对主要农产品实行了统购统销，资本家已经没有原料来源了。第三，民族资本家认识到迟早要进入社会主义的，这是大势所趋。第四，当年我们采取了和平赎买和对资方人员进行包下来的政策，既对企业进行改造，也对人进行改造，是有偿而不是无偿的。当然，还有一个更加重要的原因，中国的民族资本家是爱国的，他们是相信共产党的。

随着农业、手工业和资本主义工商业的社会主义改造，在中国基本上消灭了生产资料的私有制，这就标志着社会主义基本经济制度得以建立。所以，我们说1956年是中国建立社会主义制度之年，就是从这个角度来讲的。

说到这里，今天我们回顾历史的时候，有两个值得我们去探讨的问题。第一个问题，当年不进行社会主义改造是否可行？为什么提出这个问题呢？因为在新民主主义社会阶段，我们国家是多种所有制共存，而在我们当下的社会主义初级阶段，也是多种所有制共存，是经过社会主义改造，把当时的多种所有制改造成为单一的公有制。在改革开放之后，我们又把单一的公有制转变为多种所有制，当然这多种所有制当中是以公有制为主体的，在新民主主义社会时期，应该说当年它不是以公有制为主体的。有人说，既然过去是多种所有制共存，现在也是多种所有制共存，那为什么要进行社会主义改造呢？我个人觉得，现在看起来，如果当年新民主主义社会存续的时间更长一些，不那么急于进行社会主义改造，改造的时间也不要那么急促，情况也许更好一些，留下的后遗症也可能会少一些。但是人们的认识总受到时代条件的限制，既然社会主义是中国共产党人既定的奋斗目标，自然是希望社会主义能够早一点到来，只有将历史放在当时特定的时空环境下考察，才能够理解当年共产党人对于社会主义制度的选择。60多年前的改造和今天的改革都具有历史必然性。"早知今日、何必当初"这么一种事后诸葛亮式的议论，并不能对历史现象做出合理的解释。所谓"早知今日、何必当初"，其实是早不知今日才有当初。因为当年还没有意识到，尽管我们进入社主义了，但还是初级阶段的社会主义，那个年代，人们还没有社会主义初级阶段这样的概念，同时也没有认识到在社会主义初级阶段，应当是允许在公有制为主体的前提下多种所有制共同发展。在当时人们的心目当中，社会主义必须是清一色的公有制，必须是完全的按劳分配，而且社会主义也应当执行计划经济。而随着社会主义建设的进行，我们对于什么是社会主义、怎样建设社会主义的认识日渐深刻，经过这么多年的发展，已经认识到在社会主义初级阶段可以在坚持以公有制为主体的前提下，允许多种所有制共同存在；在坚持按劳分配为主要分配方式的前提下，允许多种分配方式存在；至于计划还是市场，那只是手段，社会主义可以选择计划经济，也可以选择市场经济，根据我们国家的实际情况，今天我们选择了社会主义市场经济。因此，不能以今人的认识去苛求于前人，而应该是在前人为我们留下的历史经验和教训当中去吸收营养。

第二个值得讨论的问题，有些人说当年的新民主主义社会其实是蛮好的，我们现在能否重新回归新民主主义社会？如今的社会主义初级阶段，与当年的新民主主义社会确实有一些相类似的地方，但为什么不能把当今的社会主义初级阶段，回归新民主主义社会，我觉得一个重要原因，既然是已经搞了那么久的社会主义，如果又说要搞新民主主义，在政治上就会陷入非常被动的局面。这就是说1956年以后20多年的历史不好解释，而叫社会主义初级阶段，实际上已经把这个难题给破解了。社会主义初级阶段有两层含义，其一，中国已经是社会主义，不是原来的新民主主义；其二，这种社会主义是初级形式的社会主义。从这个意义上讲，社会主义初级阶段概念的提出，体现了中国共产党人的政治智慧。因此，鉴于社会主义改造所留下的经验和教训，必须深刻认识到社会主义初级阶段的长期性，一定要坚持党在社会主义初级阶段的基本路线不动摇。

今天，我们怎么去评价由新民主主义向社会主义过渡，特别是怎么评价社会主义改造？我觉得1981年党的十一届六中全会通过的《关于建国以来党的若干历史问题的决议》，为我们提供了基本的指导方针。决议指出：

> 在过渡时期中，我们党创造性地开辟了一条适合中国特点的社会主义改造的道路。对资本主义工商业，我们创造了委托加工、计划订货、统购包销、委托经销代销、公私合营、全行业公私合营等一系列从低级到高级的国家资本主义的过渡形式，最后实现了马克思和列宁曾经设想过的对资产阶级的和平赎买。对个体农业，我们遵循自愿互利、典型示范和国家帮助的原则，创造了从临时互助组和常年互助组，发展到半社会主义性质的初级农业生产合作社，再发展到社会主义性质的高级农业生产合作社的过渡形式。对于个体手工业的改造，也采取了类似的方法。在改造过程中，国家资本主义经济和合作经济表现了明显的优越性。到一九五六年，全国绝大部分地区基本上完成了对生产资料私有制的社会主义改造。这项工作中也有缺点和偏差。在一九五五年夏季以后，农业合作化以及对手工业和个体商业的改造要求过急，工作过粗，改变过快，形式也过于简单划一，以致在长期间遗留了一些问题。一九五六年资本主义工商业改造基本完成以后，对于一部分原工商业者的使用和处理也不很适当。但

整个来说，在一个几亿人口的大国中比较顺利地实现了如此复杂、困难和深刻的社会变革，促进了工农业和整个国民经济的发展，这的确是伟大的历史性胜利。[1]

我觉得这个评价今天仍然是适用的，这也是我们评价这段历史应当遵循的一个基本原则。

---

[1]《关于建国以来党的若干历史问题的决议》，《人民日报》1981年7月1日。

第十讲　党对中国社会主义建设道路的探索

李庆刚

大家好，今天和大家学习交流的题目是《党对中国社会主义建设道路的探索》，这是我们党的历史上一个非常重要的组成部分，讲的是从1956年社会主义制度建立到1978年党的十一届三中全会之前这20多年的历史。这是以毛泽东同志为核心的党的第一代中央领导集体带领全党、全国人民艰辛探索社会主义建设道路的20多年的历史，有成功的经验，也经历了曲折。这为后来以邓小平同志为核心的党的第二代中央领导集体成功开辟中国特色社会主义道路，应该说提供了正、反两方面的经验。

这20多年的历史，从探索的角度来讲，又可以分为三个大的阶段。第一个阶段，从1956年到1966年，叫社会主义建设的全面展开和艰辛探索的十年。第二个阶段，"文化大革命"的十年，从1966年到1976年。第三个阶段，1976年"文化大革命"结束到1978年党的十一届三中全会召开之前，我们党史上一般称之为"在徘徊中前进和实现伟大历史转折"的两年。这样三个大的历史阶段。如果再细划分，全面建设社会主义的第一个十年，我们又一般分为三个阶段：第一阶段，是探索的良好开端。从1956年开始一直到1957年上半年一年多的时间，开局良好。第二个阶段，叫探索中的曲折。从1957年下半年开始到1960年底，我们的探索出现了曲折，发生了失误。在这样一个情况之下，从20世纪60年代初，我们对国民经济就进行调整，调整见成效。但与此同时，党的思想上、政治上的"左"倾错误没有得到根本的纠正，而且继续发展，最终发生了"文化大革命"。今天就按照这样一个历史发展的脉络和顺序，和大家共同回顾、重温以毛泽东同志为核心的党的第一代中央领导集体带领全党对我们中国社会主义建设道路探索这段曲折而又辉煌的历史。

一、探索的良好开端

先讲第一个阶段，叫探索的良好开端——1956年至1957年上半年。探索的良好开端，以什么为标志呢？就是以1956年4月25日，毛泽东同志在中央政治局扩大会议上所做的《论十大关系》这篇重要的讲话为标志。有同志会问，为什么毛泽东同志能够在1956年4月做这样一个重要的讲话，从而成为党带领全国人民探索社会主义建设道路的开端呢？这也不是偶然的。应该说探索社会主义建设道路任务的提出，有深刻的国内、国际背景。

就国内背景来看，有两个方面的因素。大家都知道，1956年社会主义三大改造运动在中国基本完成，社会主义制度在咱们中国就建立起来了。在这之后，党和人民面临的任务显然是搞建设。怎么搞呢？客观上这个任务摆在了全党面前，要求党做出回答，所以这是一个大的客观的历史背景。再一个"一五"计划（1953—1957）的制定与实施，也为我们党提供了实践经验的参考。但是"一五"计划实事求是地讲，应该说从苏联照搬照抄的东西比较多一点，当然"一五"计划的实施也取得了伟大的成就。对于这样一个计划，推行了两三年之后，以毛泽东同志为代表的国家领导人也有了自己的看法，这种看法应该说比较复杂。所以毛泽东同志曾经讲，解放后三年恢复时期，对搞建设我们是懵懵懂懂，接着搞第一个五年计划，对建设还是懵懵懂懂，只能基本照抄苏联的办法，但"总觉得不满意，心情不舒畅"[1]。这段话就表达出，以毛泽东同志为核心的党的第一代中央领导集体的共同的心情。的确，那一代领导人确实对照抄照搬苏联的东西是不满意的，心情也不舒畅。我们中国共产党人中国人民有伟大的创造性，为什么事事处处都要跟在别人的后面，别人怎么做我们就怎么学呢？过去在新民主主义革命时期搞革命，我们在这方面就走过弯路，现在搞建设，这种照抄照搬不能再这样继续下去。问题已经提出，已经意识到了，那就加以改变。

怎么改变呢？按照中央领导同志开展工作的惯例与传统，首先开展调查研究，调查研究中国自己的实际国情，然后从自己的实际情况出发，提出符合中国自己实际的这样一个建设思路。正是从这个认识出发，从1955年下半年一直到1956年上半年，中央领导同志以毛泽东同志为代表，展开了一系列调查研究工作。从1956年2月14日开始，一直到4月24日，在两个多月的时间里面，毛泽东在北京先后听取了中央国务院35个部门的工作汇报，前后加起来，实际听汇报的天数时间是43天，最终的结果就是《论十大关系》的问世。十大关系是这么提出来的，是我们中国自己的建设思路。

《论十大关系》的提出还有一个非常重要的国际背景，这个

---

[1]《毛泽东文集》第八卷，人民出版社1999年版，第117页。

国际背景就是1956年2月苏共二十大的召开，苏共二十大在苏联共产党历史上也是一次非常重要的大会。作为社会主义阵营的老大哥，苏联也在发生变化。当然一谈到苏共二十大，大家马上会想到苏共二十大赫鲁晓夫做了一个所谓的秘密报告，所以苏共二十大也因这个所谓的秘密报告最为著名而载入史册。所谓的秘密报告实际上是全盘否定斯大林。斯大林是1953年去世，仅仅过了不到三年的时间，继任的苏共最高领导人就在党的全国代表大会上面，以所谓秘密报告的形式，把斯大林这样一个前任最高领导人给否定了。这个秘密报告后来也没保住密。首先从美国西方世界给公布出来，这样就立即在社会主义阵营内部掀起了一个巨大的政治冲击波。

对这个秘密报告的内容，后来中共中央毛主席也知道了，知道之后就进行了认真的研究。经研究，党中央毛主席认为，在这个重大问题上，特别是在事关斯大林评价的问题上面，应该表明我们中共中央的态度。所以在研究的基础上，到了1956年4月5日，《人民日报》就发表了一篇社论。这篇社论实际上是代表党中央的观点意见的，叫《关于无产阶级专政的历史经验》，实际上是委婉地不点名地批评了赫鲁晓夫，认为他对斯大林应该一分为二地进行评价，斯大林的功是大于过的。那么在表达立场态度的同时，我们对赫鲁晓夫这个秘密报告实际上也是采取了一分为二的态度，一方面认为他捅了娄子，惹了麻烦，太草率，另外一方面也认为，这个报告有促使我们中国共产党人思考的积极的推动作用。它使我们思考，看来斯大林真的犯了严重的错误，斯大林这样一个领导人为什么会犯肃反扩大化等一系列严重错误呢？追究其根源在于苏联模式，苏联制度有问题。所以，当年党中央毛主席的这种分析，应该说还是非常深刻、非常到位，归结到了制度问题。既然你苏联模式、苏联制度有问题，那我们中共中央中国共产党人，就没必要完全照抄照搬苏联模式、苏联经验，所以很自然地就得出了这个结论。在和中央其他领导同志交流意见的时候，毛泽东同志说了一段非常重要的总结性的一个论断。他说，看来最重要的还是要独立思考，把马列主义的基本原理同中国革命和建设的具体实际相结合。民主革命时期，我们吃了大亏之后，才成功地实现了这种结合，取得了新民主主义革命的胜利。现在是社会主义革命和建设时期，我们要进行第二次结合，找出在中国怎样建设社会主义的道路。[1]这就明确提出了第二次结合的这样一个重大的命题。

大家知道，第一次结合我们结合成功了，把马列主义和我们中国革命的具体实际相结合，走出了一条农村包围城市、武装夺取政权的正确的革命道路，产生了毛泽东思想，实现了马克思主义与中国实际相结合的第一次历史性的飞跃。现在到了建设时期，毛主席又提出了第二次结合这个重大命题，所以它的历史意义是非常巨大的。苏共二十大是1956年2月14日这天开幕的，也就是在这一天，毛泽东同志在北京就开始听取中央国务院各有关部门负责同志的工作汇报，这两件事情是同一天发生的，看似偶然，但应该说有深刻的必然性，表明我们中国共产党人开始准备走自己的道路。

1956年2月14日这一天，按照农历来算，是1956年大年初

---

[1] 中共中央文献研究室编：《毛泽东年谱（1949—1976）》第2卷，中央文献出版社2013年版，第557页。

三,也就是说刚刚过完春节,毛泽东同志就进入了工作状态,就开始认真地进行调研,调研我们中国社会主义建设该怎么搞。调研第一天,听完大家的汇报之后,毛泽东强调的是发挥地方积极性的问题,因为前期毛泽东同志也到了外地外省市调研,了解了地方的有关情况。正好守着中央各有关部门负责同志,毛泽东同志就把地方的有关意见也讲了。他说,地方同中央有矛盾,若干事情不放手让他们管,他们是块块,你们是条条,你们无数条条往下传达,而且规格不一,也不通知他们,他们的若干要求,你们也不批准,约束了他们。所以要处理好中央和地方的关系,这个关系在《论十大关系》里是非常重要的一个关系,在此前后,毛泽东同志多次强调要正确处理好这一关系。这是第一天听汇报谈的一个主要问题。

2月15日第二天听汇报,毛主席谈的问题就展开得更为充分,更加具体,明确提出以苏为鉴这样一个主题。所以他讲了很多具体的例子,他说过去苏联有电影部,没有文化部,只有文化局,我们相反有文化部,没有电影部,只有电影局,有人就说我们同苏联不一样,犯了原则错误,后来苏联也改了,改成跟我们一样,设文化部、电影局,取消电影部。苏联原来男女分校,讲起利益之多不得了,可是现在呢又要男女同校,所以学习苏联得具体分析。在这之后毛主席谈这个问题,谈得也非常具体、非常深入,以苏为鉴,这都是在调研过程当中谈出来的、得出的认识。

这个调研持续了前后两个多月的时间,实际听汇报就43天,主要的内容就是强调要打破迷信,特别是打破对苏联的迷信,要敢于善于向其他国家学习。例如2月25日,毛主席就提出这个问题,打破迷信、学习外国技术的问题。所谓的打破迷信就是打破对苏联的迷信，敢于善于勇于学习其他国家，包括资本主义国家的科学技术，在此前后召开的知识分子问题会议上面，毛主席也明确提出了这个要求。到了3月，例如3月1日，在听调研汇报的时候，毛主席又讲到了，要正确处理好沿海工业与内地工业的关系。3月2日，毛泽东再次强调处理好中央集权和地方分权的关系。

在这样一个基础之上，不断深化对这一问题的认识，到了4月25日中央政治局扩大会议召开的时候，毛主席就把前期他调研所得讲了出来，这就是《论十大关系》这篇重要报告形成的一个简要过程。

《论十大关系》的指向性很明显，就是以苏为鉴，所以讲话一上来，毛泽东同志就明确提出，他说最近苏联方面暴露了他们在建设社会主义过程中的一些缺点和错误。"他们走过的弯路，你还想走？"这样一个反问，就表明我们不能再走了。既然别人已经出了问题，我们还照抄照搬，那只能证明自己太愚蠢。所以我们要走自己的道路，但自己的道路并不是那么好走的，于是毛主席明确提出鉴于中国的实际，我们要走好我们自己的建设道路，要正确处理好以下十大关系。

十大关系也叫十大矛盾，就是问题。前五大关系是经济关系：重工业轻工业农业的关系、沿海工业和内地工业的关系、经济建设和国防建设的关系、国家生产单位和生产者个人之间的关系、中央和地方的关系。后五大关系，毛主席称之为政治关系。第一个是民族关系，第二个是党和非党的关系，第三个是革命和反革命的关系，第四个是是非关系，第五个是中国和外国的关系。处理好这些关系，解决好这些问题、这些矛盾，就能够促进我国社会主义建设的顺利发展。毛主席作报告讲话是非常讲究的，在他讲话报告的开篇，提出以苏为鉴，以苏为鉴是为了把中国的事情办好，所以他说把国内外一些积极因素要调动起来，为社会主义事业服务，开篇就把这样一个主题提出来了。在报告的结尾部分毛主席又做了总结，他说我们处理好以上十大关系，就是把党内、党外、国内、国外一些积极的因素，直接的间接的积极因素全部调动起来，把我国建设成为一个强大的社会主义国家。所以这篇报告、这篇讲话做到了首尾呼应，就是要调动积极因素，建设强大的社会主义国家。这样一个报告、这样一个讲话，就为1956年9月召开的党的第八次全国代表大会奠定了思想理论基础。在某种程度上也是一个统一全党思想认识的讲话和报告。

在这样一个基础之上，1956年9月，党的八大在北京全国政协礼堂胜利召开。党的八大实际上也是为党领导社会的建设所谋划的第一张蓝图。毛泽东同志致开幕词，刘少奇同志作政治报告，邓小平同志作修改党章的报告，周恩来同志作关于第二个五年计划情况说明的建议，其他领导人也都有些重要的讲话和发言。以党的八大胜利召开为标志，党对社会主义建设道路的探索表现出开局良好这样一个景象。

毛泽东同志在八大开幕词里，明确提出了我们探索社会主义建设道路的指导思想和基本方针。他明确提出把马克思、列宁主义的理论和中国革命的实践密切地联系起来，这是我们党的一贯的思想原则。要调动一切积极因素，团结一切可能团结的力量，建设一个伟大的社会主义中国，这实际上就是《论十大关系》的主题。最后毛主席呼吁全党必须善于学习，在讲话的开幕式的最后结尾部分，他明确提出虚心使人进步，骄傲使人落后，我们全党必须要永远牢记这样一个真理。他讲完话之后，整个会场报以热烈的掌声，应该说这是我们迈出探索建设道路良好开端的第一步。

党的八大最主要的理论贡献就是对我国社会主要矛盾做出了正确的分析与判断。刘少奇同志作政治报告，会议最后通过的决议里明确提出，我们国内的主要矛盾已经是人民对建立先进工业国的要求，同落后的农业国现实之间的矛盾，已经是人民对经济文化迅速发展的需要，同当前经济文化不能满足人民需要状况之间的矛盾，解决这个矛盾那当然要发展社会生产力。应该说党的八大对社会主要矛盾的把握与判断是正确的，当然非常遗憾，这样一个对社会主要矛盾的分析、判断与把握没有能够长期地坚持下去，一年多之后就做了变动。

第三个方面，探索良好开端，还表现在党的八大前后，包括八大本身提出了经济建设和经济体制改革的一些比较好的思路。当然也要承认这些好的思路是在当时计划经济体制的框架之下提出来的。尽管如此，也有积极的，比方说关于经济建设的速度，提出了既反保守，又反冒进，在综合平衡中稳步前进。关于经济体制，刚才也讲到，毛泽东同志在《论十大关系》里面，明确提出要发挥中央和地方两个积极性。有的领导同志如陈云同志提出完善所有制结构，提出了"三个主体、三个补充"（计划生产是工农业生产的主体，按照市场变化而在国家计划许可范围内的自由生产作为补充；国家市场是主体，附有一定范围内国家领导的自由市场作为补充；国营经济和集体经济是工商业生产经营的主体，附有一定数量的个体经济作为补充）的思想，所以，这些观点放在当年的历史条件之下，都是有进步意义的。

探索良好开端的第四个方面的表现，就是毛泽东同志阐述了社会主义与社会的基本矛盾和两类矛盾学说。这主要是1957年2月毛泽东同志在第十一次最高国务会议上作了著名的《关于正确处理人民内部矛盾的问题》这样一个重要讲话。毛泽东同志指出，社会的基本矛盾仍然存在，就是生产力和生产关系、经济基础和上层建筑的矛盾仍然起作用。我们进入社会主义社会之后，矛盾很多，类型也很多，我们要善于处理好两种类型的矛盾，一种类型是人民内部矛盾，再一种是敌我矛盾。人民的矛盾只能用批评、说服教育这种方式来解决。从批评开始，团结，然后批评，然后再团结，必须采取统筹兼顾的方针。对敌我矛盾，当然采用阶级斗争的办法。但是毛泽东同志提出，敌我矛盾局限在一定的范围之内。当前大量表现的是，要处理好人民内部矛盾，这是国家政治生活的主题。毛泽东同志这样一个重要的判断，应该说是非常正确。所以，当年他的讲话在听众当中引起了强烈的反响。著名翻译家傅雷先生，听了毛泽东的讲话之后，曾经把他讲话之中、收获感想，写在了给孩子的家信里边。他说毛主席的讲话那种口吻、音调，特别亲切平易，极富于幽默感，而且没有教训的口气，速度恰当，间以适当的 pause（停顿），笔记无法传达。他的马克思主义是到了化境的，随手拈来，都成妙谛，出之以极自然的态度，无形中渗透听众的心。讲话的逻辑都是隐而不露，真是艺术高手。[1]可见毛泽东同志这种理论功底。他阐述的是高深的哲学问题，但是他一讲，大家都听懂了、听清楚了。

---

[1]《傅雷家书》，作家出版社2017年版，第128页。

探索良好开端的第五个方面的表现，就是重视社会主义民主和法制建设。1956年前后，从毛泽东同志开始，包括其他中央领导同志，对发展社会主义民主和法制建设是非常重视的。周恩来同志提出，专政要继续，但民主要扩大。刘少奇指出，现在革命的暴风雨时期已经过去了，新的生产关系已经建立起来，斗争的任务已经变为保护社会生产力的顺利发展。因此斗争的方法必须跟着改变，所以完备的法制就是完全必要的。董必武同志也明确提出，一切国家机关都必须依法办事。今后对于那些故意违反法律的人，不管现在地位多高，过去功劳多大，必须一律追究法律责任。

探索良好开端还有其他方面的表现，比方说思想文化工作方面，党中央、毛泽东明确提出了"双百方针"：百花齐放，百家争鸣。周恩来代表党中央明确提出，知识分子是工人阶级的一部分，明确提出要向科学技术进军。在党的建设方面，邓小平在党的八大关于修改党章的报告里边，明确提出防止和反对个人崇拜。

从以上几个方面可以看出，我们党迈出的探索的第一步，应该说开局是良好的。时至今日仍有重要的历史借鉴意义。既然开端良好，为什么1957年下半年就开始出现曲折？曲折怎么来的？当然实事求是地讲，谁都不想犯错误，就像一个人一样，都想走平坦的正确的道路，我们党也如此。为何曲折就客观地发生了呢？

二、探索出现曲折

1956年党的八大召开的时候，党中央、毛主席就想发动一场全党的整风运动，加强党的自身建设，以便更好地带领全国人民走社会主义建设的道路。所以党的八大结束之后，整风问题就摆上了中央的议事日程。1956年11月在八届二中全会上,毛泽东同志明确提出,我们的干部在新中国成立之后,在取得全国政权之后,在共产党成为执政党之后,切记不要滋长官僚主义的作风。他认为1949年新中国成立以来,主观主义、官僚主义、宗派主义这"三风"在我们党的干部身上有所滋长。所以在八届二中全会上,他就明确地提出了这个问题,他说县委以上的干部有几十万,国家的命运就掌握在他们手里,我们一定要警惕,不要滋长官僚主义作风,不要形成一个脱离人民的贵族阶层。如何解决这个问题呢?在1956年底1957年初毛泽东想了很多,既然出现了"三风"问题,那就要加以改变。所以在1957年1月,省市自治区党委书记会议上,毛泽东同志又发表重要讲话,他说要加强我们的工作,改正我们的错误和缺点,加强什么工作呢?他明确提出工农商学兵政党都要加强政治思想工作。他说现在大家搞业务,搞事务,什么经济事务、文教事务、国防事务、党的事务,不搞政治思想工作那就很危险。他重点表扬了邓小平同志,他说我们的总书记邓小平同志亲自出马,到清华大学作报告,也请你们大家亲自出马,中央和省市自治区、党委的领导同志都要亲自出马,做政治思想工作,来解决我们自身存在的错误和缺点。

经过一个时期的酝酿,到了1957年4月27日,中共中央就明确发出了《关于整风运动的指示》,准备在全党进行一次反对官僚主义、宗派主义、主观主义的整风,主题是正确处理人民内部矛盾。毛泽东同志非常重视,亲自做动员工作,他说几年来都想整风,但找不到机会,现在找到了,凡是涉及许多人的事情,不搞运动就搞不起来。所以1957年的整风,采取的是开门整风搞运动的方式，这样就使得党的建设的这样一个整风变得不好控制，因为搞了群众运动。

既然开门整风，各种意见后来就纷纷地提出来，有的意见比较尖锐，但是还是相对正确的，但是有的意见确实是不能接受的。比方说否定党的领导、攻击社会主义制度，这些意见在当时处于少数，但是非常激烈，引起了党中央毛主席的注意。后来这些言论被称之为右派言论，反党反社会主义当然是右派的言论。鉴于这种形势，所以整风就变成了反右派斗争，对少数资产阶级右派分子进行反击是完全必要的、正确的。但是反右派斗争后来被严重扩大化了，把一批知识分子、爱国人士和党内干部错划为右派分子，造成了不幸的后果。这一点后来在第二个《历史决议》里边也明确地做了分析和界定。这是1957年下半年，我们在探索社会主义建设道路上所发生的第一个曲折。

第二个曲折，就是1958年发动了"大跃进"运动。"大跃进"运动应该说是急于求成，对于这样一个运动，它的发生发展应该说有一个背景，有一个过程，但是与急于求成的心态是密切相关的。新中国成立之后，为了加快社会主义革命、社会主义建设，客观上存在着一定的加快革命进程、加快发展速度的这样一个心理，但是并没有占上风。但是到了1958年，这种心理就变成了实际行动。1958年元旦，《人民日报》发表了一个重要的社论，叫《乘风破浪》，里边就提出了很高的目标，要在比较短的时间里面"超英赶美"，甚至提出要由社会主义社会过渡到共产主义社会。随后，这种急于求成风潮在全国就开始弥漫。

"大跃进"的发动有一个标志，那就是1958年5月召开的党的八大二次会议。党的八大二次会议在我们党的历史上也是比较特殊的一次会议。党的八大二次会议就提出了过高的指标，号召大家敢想、敢说、敢干，而且提出了鼓足干劲、力争上游、多快好省地建设社会主义的总路线。从总路线也可以看出，鼓足干劲，力争上游，要求快。尽管多快好省，四个方面都强调得很全面，但在实际工作里偏重于多和快，忽略了好和省。

党的八大二次会议是5月下旬结束的，马上就到了6月初。6月份中国很多地方进入了夏收时节，"大跃进"首先就以农作物产量虚报浮夸的形式表现出来。各地纷纷争放所谓的高产卫星，并且媒体上面也鼓吹"人有多大胆地有多大产"。在这种风潮的影响之下，1958年我国的粮食产量最终掺的水分很多，被高估为是8000亿斤，但实际只有4000亿斤。这种虚假的数字应该说也导致了中央决策的失误，认为农业问题、粮食问题已经解决。在这之后，中央各省市主要的任务是放到工业上面去，特别是放到钢铁工业上面来。所以1958年8月在北戴河召开的政治局扩大会议，就向全国公布了1958年钢铁产量指标要达到1070万吨的这样一个目标。1958年秋季开始，全国掀起了一个全民大炼钢铁的高潮，这样一个大炼钢铁运动，最终造成了严重损失，得不偿失。在急于求成的"大跃进"运动发动的同时，还发生了急于过渡的人民公社化运动，就是急于向共产主义过渡。在1958年8月北戴河会议上面，中央做出了关于在农村建立人民公社问题的决议，里面比较乐观地指出，看来共产主义在我国的实现已经不是什么遥远的将来的事情了。我们应该积极地运用人民公社的形式，摸索出一条过渡到共产主义的具体途径，这显然是太乐观了。因为1956年我们的社会主义制度刚刚建立，怎么可能1958年就要向共产主义过渡呢？怎么过渡呢？通过人民公社这种形式，"共产主义是天堂，人民公社是桥梁"。所以这个决议下发之后，全国不到两个月的时间里面，纷纷建立了人民公社。人民公社由原来的多个初级社合并或多个高级社合并而来，其特点是一大二公，实际上是靠一平二调，并实行所谓的组织军事化、行动战斗化、生活集体化。有的地方还推行吃饭不要钱的供给制，被认为这是共产主义的因素。人民公社推进得比较迅速，这样在一定程度上就引发了社会的秩序混乱。

毛泽东同志在1958年视察了大江南北，对地方的情况越来越多地有了了解。他认为大家头脑现在有点发热，"左"的东西太多了，所以从1958年11月开始，毛泽东同志就开始主持召开一系列会议，来解决工作中出现的这些"左"的错误。1958年11月，毛泽东同志召集在郑州召开了第一次郑州会议，开始纠正工作中的缺点和错误。这个进程一共持续了九个来月。第一次郑州会议，毛泽东明确提出，大家头脑发热，现在要做降温工作，有关媒体不要做违反实际的宣传。会议结束之后，毛泽东同志又来到武昌，主持召开了政治局扩大会议、八届六中全会，不断地压低各方面的指标，特别是1959年钢铁产量的指标，由原来计划完成的3000万吨，压低为1800万到2000万吨。在这样一个基础之上，到了1959年2月到3月，毛泽东同志又来到郑州主持了第二次郑州会议，解决人民公社有关问题，三级所有队为基础，确定了这样一个方针。接着又在4月份到上海主持召开了八届七中全会，降低钢铁指标，将1959年钢铁产量降为1650万吨，不断地降指标。在八届七中全会，毛泽东同志要求大家要学习海瑞,我们共产党人要有"六不怕"的精神,不要怕警告、不要怕降级、不要怕没有面子等。在会议进行过程当中,毛泽东同志还亲自提笔给我们的干部,从省级、地级、县级、社级、队级一直到小队级的六级干部写了一封信。他说,我想和同志们商量几个问题,去年亩产实际只有300斤的,今年能增产100斤、200斤,也就很好了。吹上800斤、1000斤、1200斤甚至更多,吹牛而已,实在办不到,有何益处呢?[1]可见毛主席在粮食产量方面他的心里还是有数的,指标完不成容易造成被动。所以毛泽东对于1959年能不能完成1650万吨钢铁产量,他心里应该说也持怀疑态度。所以就要求陈云为首的中央财经领导小组进行研究,给出建议。陈云同志接到任务之后,非常重视,经过研究,陈云同志给毛泽东同志、党中央写信,建议将钢铁产量指标降为1300万吨,钢材降为900万吨。事实证明这并不是一个保守的数字和目标,经过一年的拼设备、拼劳力,最终勉强完成这样一个指标。所以事后毛泽东同志非常感慨,他说,国难思良将,家贫思贤妻,陈云同志对财经工作还是在行的。这都是采取实际行动取得的一些成效。

在这样一个前提和基础之上,到了1959年的夏天,中央领导同志又来到庐山继续开会。庐山会议原来开的时间也就半个来月,在会议进行过程当中主要也是谈1958年的有关问题。参加会议的彭德怀同志在会议要结束的时候,给毛泽东同志写了一封信,就"大跃进"谈了自己的看法和意见,最终这封信引发毛泽东同志的强烈不满,所以会议继续召开,会议的风向也由纠"左"

---

[1]《建国以来毛泽东文稿》第8册,中央文献出版社1993年版,第235页。

变成了反右。随后1959年8月2日至16日，中央召开了八届八中全会，八届八中全会就通过了《关于以彭德怀同志为首的反党集团的错误的决议》和《为保卫党的总路线、反对右倾机会主义而斗争》的决议。这两个决议应该说都是错误的，特别是《关于以彭德怀同志为首的反党集团的错误的决议》，对于这个《决议》，1981年党的十一届六中全会通过的《关于建国以来党的若干历史问题的决议》已经做了决定。这样纠"左"的进程就中断了。

庐山会议之后，全国范围内开展了"反右倾鼓干劲、继续国民经济的'大跃进'"这样一个运动。但是跃进到1959年底、1960年上半年，跃进不下去了，国民经济出现了比较严重的困难。

从1957年到1960年底，党在探索社会主义建设道路过程中出现了曲折，包括像"大跃进"这样探索的失误，如何看待这一时期的失误？我觉得有这么几点需要明确：第一点，发动"大跃进"。毛泽东同志初衷是好的，"超英赶美"，但是好心不一定办成好事，最终是欲速则不达。所以这方面应该说给我们提供了深刻的教训。第二点，要把"大跃进"时期、"大跃进"运动区别开来。"大跃进"运动不能再搞，但是"大跃进"时期在党的领导之下，人民群众建设的热情激发出来，所以在一些行业领域，比方说在钢铁领域，大炼钢铁是不对的，但是毕竟一些重要的钢铁厂保留下来，在随后的社会主义建设过程当中发挥了重要作用，这个是不能否认的。再一个在国防科技方面，一些重要的设备研制成功；在交通建设方面，一些重要的铁路修建成功；特别是在水利建设方面，"大跃进"时期一些重要的水库大坝建成。第三点，失误的责任不能完全由毛泽东同志一个人负责。就像邓小平同志所说:"'大跃进',毛泽东同志头脑发热,我们不发热?刘少奇同志、周恩来同志和我都没有反对,陈云同志没有说话。在这些问题上要公正,不要造成一种印象,别的人都正确,只有一个人犯错误。这不符合事实,中央犯错误,不是一个人负责,是集体负责。"[1]我觉得这是我们评价"大跃进"时期毛泽东同志应持的一个基本的立场。

在曲折的探索过程当中,是不是就只是犯错误,而没有得出任何的教益?也不是这样。在这一时期,毛泽东同志也在进行着深刻的理论思考,得出了一些非常重要的有价值的观点。

第一点,1959年底至1960年初,毛泽东在读苏联《政治经济学教科书》的过程当中,就明确提出社会主义社会是分阶段的。他当时说可能分为两个阶段:第一个阶段是不发达的社会主义,第二个阶段是比较发达的社会主义。很显然,当年我们的社会主义恐怕就处在第一个阶段,不发达的那样一个阶段。这个两段论为后来我们提出社会主义初级阶段论,提供了直接的思想理论借鉴。第二点,毛泽东明确提出要利用商品生产价值法则为社会主义服务。在"大跃进"时期,在向共产主义过渡的过程当中,很多人提出要消灭商品生产,取消价值法则,对这种头脑发热的观点,毛泽东同志明确予以批判。他说现在我们有些人一提商品生产就发愁,觉得这是资本主义的东西,他们不懂得在社会主义条件下利用商品生产的作用的重要性,商品生产不能与资本主义混为一谈。为什么怕商品生产?无非是怕资本主义,不要怕,我看要大大发展商品生产,这个观点应该说很重要。他说现在要利

---

[1]《邓小平文选》第二卷,人民出版社1994年版,第296页。

用商品生产、商品交换和价值法则作为有用的工具，为社会主义服务。[1]第三点，经济建设要以农轻重为序。《论十大关系》中，毛主席明确提出第一大关系是重轻农。经过几年的实践，毛泽东说，过去是重、轻、农、商、交（就是商业和交通），现在强调把农业搞好，次序改为农、轻、重、交、商。他说：重工业要搞好没问题，轻工业也应当搞好，特别是农业更应当搞好，吃饭靠外国，危险得很，打起仗来更加危险。[2]这个观点确实太重要了。所以在这之后到了60年代初，党中央就明确提出了"农业为基础，工业为主导"这样一个发展战略。基础不牢，地动山摇。党的十八大以来，习近平总书记高度重视农业粮食的生产安全问题。十九大报告明确提出，要确保国家粮食安全，把中国人的饭碗牢牢端在自己手中。这和当年毛泽东所强调的"吃饭靠外国，危险得很，打起仗来更加危险"，都是一脉相承的关系。第四，经济建设要注意搞好综合平衡。毛泽东同志指出，"大跃进"的重要教训之一、也是主要缺点就是没有搞平衡，说了两条腿走路、并举，实际上还是没有兼顾。在整个经济中平衡是个根本问题，有了综合平衡才能有群众路线，这就又回到了党的八大所强调的既反保守又反冒进，在综合平衡中发展那样一个观点。第五点，毛泽东同志强调了理论创新的重要性。他说，任何国家的共产党，任何国家的思想界都要创造新的理论，写出新的著作，产生自己的理论家来为当前的政治服务，单靠老祖宗是不行的。他说："我们现在已经进入社会主义时代，出现了一系列问题，单

---

[1]《毛泽东文集》第八卷，人民出版社1999年版，第34页。
[2]同上书，第129页。

有《实践论》《矛盾论》,不适应新的需要,写出新的著作,形成新的理论也是不行的。"[1]可以看出毛泽东同志在这方面也做了努力,试图写出新的著作,形成新的理论。1960年6月,毛泽东写下了《十年总结》这篇重要文章,里面提出了一个重要的观点。他说对于社会的革命和建设,我们已经有了十年经验了,懂得了不少东西了,但是还有一个很大的盲目性,还有一个很大的未被认识的必然王国,我们还不深刻认识它,我们要以第二个十年去调查它、研究它,从中找出它固有的规律,以便用这些规律为社会的革命和建设服务。所以毛泽东这些主张、这些观点都是非常重要的、非常正确的,有很强的启发意义、启发作用,这是在曲折探索过程当中的一些重要的理论收获。

现在面临严重的国民经济困难怎么办呢?要坚持问题导向,所以探索的第三个阶段是国民经济的调整与"左"倾错误继续发展。

三、经济调整与"左"倾错误重现

从1961年1月八届九中全会开始,党中央决定对国民经济实行"调整、巩固、充实、提高"的八字方针。国民经济调整开始了,经过几年的调整,应该说非常见成效。

我们先来看成效比较好的一方面的表现。第一点,经济方面当时一个主要的调整措施,就是精减城镇人口。从1961年初到1963年6月,全国共精减职工1887万,减少城镇人口2600万。这项工作任务很繁重,但是进行得比较顺利。所以周恩来总理当时非常感动,他说下去这么多人,等于一个中等国家在搬家,在

---

[1]《毛泽东文集》第八卷,人民出版社1999年版,第109页。

中国没有哪个政权能够这样做，只有我们才有这样做的群众基础。改革开放之后，邓小平同志回顾这段历史的时候，也非常动情地说："那一次调整国民经济进行得比较顺利，是什么原因呢？就是因为党和群众的关系密切，党的威信比较高，把困难摆到人民面前，对群众讲清道理，做了大量的工作。单单两千万人下放这一件事情，就不容易呀。如果党和政府没有很高的威信是办不到的。另外，那个时候整个风气也不同，我们的干部比较接近群众，所以能够很快渡过困难。"[1]第二点，在政治方面也有比较好的表现，就是党内民主的风气再现。这个是怎么得来的？首先是党中央，特别是从毛泽东同志开始，以上率下，首先做了批评与自我批评而引领出来的。面对国民经济困难，毛泽东同志首先表态，主动承担了前几年工作中出现失误的责任。所以，他在1962年1月召开的著名的七千人大会上，当着7000多名中高级干部明确指出，凡是中央犯的错误直接的归我负责，间接的我也有份。因为我是党中央的主席，我不是要别人推卸责任，其他一些同志也有责任，但是第一个负责的应当是我。党的领袖带头做批评与自我批评，应该说给全党树立了典范。所以其他中央政治局常委、中央政治局委员、中央委员、高级干部等，纷纷做自我批评，都承担了自己工作当中应该承担的相应责任。与此同时，大家还开展了批评。比方说周恩来同志给领导干部作《过好"五关"》讲话，他说："不要以为我们是干革命的，立场就一定是稳的。立场是抽象的，要在具体斗争中才能看出你的立场站得稳不稳。……同时还要看我们的工作态度、政策水平、群众关系，看

---

[1]《邓小平文选》第2卷，人民出版社1994年版，第217页。

我们的党性，……特别是看我们的批评和自我批评精神，是不是知过能改。"[1]这些话应该说都有很强的针对性。第三点，对国情的认识进一步清晰。之前之所以犯错误，就是因为对实际的国情不太了解，好高骛远。在此基础上，经过调查研究，毛泽东认为要正确认识自己的国情，所以他提出1961年，要搞成一个实事求是之年，调查研究之年。经过调查，经过研究，对国情的认识非常地清晰。毛泽东说，中国人口多，底子薄，经济落后，要使生产力很大地发展起来，要赶上和超过世界上最先进的资本主义国家，没有100多年的时间，我看是不行的。他说三百几十年才建设了强大的资本主义经济，在我国50年内外到100年内外，建设起强大的社会主义经济，那又有什么不好呢？[2]所以这样一个时间判断，应该说越来越切合实际。在此基础之上，到了1964年底，随着国民经济调整的任务基本完成，周恩来同志在三届人大一次会议上面明确宣布，今后，我们中国的任务就是要在不太长的历史时期内，建设成为一个具有现代农业、现代工业、现代国防和现代科学技术的社会主义强国，赶上和超过世界先进水平。这样一个目标，经过努力应该说是可以达到的。第四点，从整个社会氛围来看，面临严重的经济困难，大家并没有怨天尤人，而是在党的领导之下，各行各业精神高昂，团结在党的周围，一心一意去付出，所以涌现出了大批的英模人物。所以，20世纪60年代中前期是一个英模辈出的时代，出现了以焦裕禄为代表鞠躬尽瘁死而后已的县委书记，他是我们干部的榜样；出现了

---

[1]《周恩来选集》下卷，人民出版社1984年版，第425页。
[2]《毛泽东文集》第八卷，人民出版社1999年版，第302页。

不怕困难艰苦奋战,以铁人王进喜为代表的石油工人,是我们工人阶级的榜样。还有广大的基层人民公社社员、干部群众,为了农业的恢复发展,战天斗地;还有我们的人民解放军,出现了全心全意为人民服务的共产主义战士雷锋。这些典型的出现、这些宣传产生了强大的精神的正能量,为战胜国民经济困难发挥了重要的作用。所以《中国共产党历史》第二卷在评价这一历史时期的时候,说:"这是一个艰苦奋斗的年代,一个乐于奉献的年代,一个理想闪光的年代和一个意气风发的年代,这种时代性的社会风尚和思想氛围,给中国社会主义建设的历史烙下了深刻的印记。"我觉得这段话非常中肯,这是60年代中前期比较良好的调整的一种倾向。

但是另外一种倾向,我们党在思想上、政治上的"左"倾错误,没有得到根本的纠正,甚至再度严重发展。它的表现就是在1962年9月召开的八届十中全会上,毛泽东同志明确提出了阶级斗争要年年讲、月月讲、天天讲的问题。八届十中全会就开了三天的时间,但是为了准备这次会议,前期在北戴河,后来又回到北京,先后召开了将近两个月的工作会议和预备会议。在这些会议上,毛泽东同志对当时其他中央领导同志为克服国民经济困难所采取的一些调整措施有不同的看法,有的不太认可,认为有的同志对形势的估计过于黑暗,所以他批判了所谓的"黑暗风"。而且对当时安徽等地农村出现的包产到户的一些情况,他也不认可,他批评为这是"单干风"。而且对七千人大会之后,彭德怀同志给党中央和毛泽东同志上书,反映自己的问题,要求实事求是地解决1959年庐山会议对他的评价问题。毛泽东同志认为这是"翻案风"。所以,他批判了这三股他认为不良的风气。应该说这种批评在党内造成了一种风向，造成了一种紧张的气氛，阶级斗争这根弦越来越紧。

当然，毛泽东同志之所以在这次会议上，包括在会议之前大批"三风"，应该说也是和当时整个社会氛围密切相关，包括和国际形势也密切相关。从社会氛围来看，20世纪60年代初，在意识形态领域也掀起了几次比较有影响的批判运动。比方说，文学方面对孟超昆曲《李慧娘》和廖沫沙《有鬼无害论》的批判，哲学领域有对杨献珍"合二而一"论的批判，经济学领域有对孙冶方价值规律的批判，历史学领域有对翦伯赞历史主义观点的批判。这一系列批判运动应该说使得党在意识形态方面的指导越来越"左"。与此同时，中苏关系出现了巨大的矛盾和分歧。1962年至1964年，中苏两党展开了论战。通过这样一个论战，毛泽东认为苏联党已经演变成一个修正主义的党，所以中国也要高度重视自己的反修、防修问题。如果不抓阶级斗争，社会主义、资本主义两条道路，谁战胜谁的问题就不能解决。所以，一方面国际上反修，另外一方面国内也要防修，客观上就促使阶级斗争这根弦一下子就绷紧了。与此同时，当时台湾蒋介石当局还在鼓吹所谓的反攻大陆，这些因素结合在一起，搞得整个社会氛围确实相对紧张。

所以，八届十中全会最后通过的会议公报明确提出：在无产阶级革命和无产阶级专政的整个历史时期，在由资本主义过渡到共产主义的整个历史时期，存在着无产阶级和资产阶级之间的阶级斗争，存在着社会主义和资本主义这两条道路的斗争，阶级斗争是不可避免的，这是马克思列宁主义早就阐明了的一条历史规律，我们千万不要忘记。[1]这就把阶级斗争提到了一个很高的地位，所以我们一般也称之为重提阶级斗争。因为在1957年反右派斗争过程当中，毛泽东同志曾经提出过这个问题，认为无产阶级和资产阶级的矛盾、社会主义道路和资本主义道路的矛盾是我国社会的主要矛盾。1957年就提出过一次，现在到了1962年又重提，1969年党的九大政治报告里面，就把这个过程又重新声明了一下，说在1962年8月北戴河中央工作会议和9月党的八届十中全会上，毛主席更加完整地提出了我党在整个社会主义历史阶段的基本路线。毛主席提出，在社会主义这个历史阶段中，还存在着阶级矛盾和阶级斗争，所以必须年年讲、月月讲、天天讲。毛主席提出的这条马克思列宁主义的路线，是我们党的生命线。这就把阶级斗争摆在了生命线的这样一个高度，这显然是不正确的。所以八届十中全会结束之后，国内阶级斗争的氛围骤然就紧起来了。从1963年开始，搞了一个城乡社会主义教育运动，也叫"四清运动"，主要是以阶级斗争的观点作为指导的，清政治、清经济、清组织、清思想，搞了三年多，得出一个结论，1/3的基层政权已经不在我们党手里边，这就非常严重了。那怎么办？所以在毛主席看来，所谓的"四清"，所谓的意识形态领域的批判，都已经不能解决问题。只有采取断然的措施，公开地、全面地、自下而上地发动群众，来搞无产阶级"文化大革命"，才能把走资派已经篡夺的权力给夺回来，才能避免出现修正主义。所以从1966年开始，"文化大革命"爆发，延续十年之久。

---

[1] 中共中央文献研究室编：《建国以来重要文献选编》第15册，中央文献出版社2011年版，第553—554页。

对于"文化大革命"这段历史，历史决议已经做了明确的分析与定性，这是一场由领导者错误发动，被反革命集团利用，给党、国家和各族人民带来严重灾难的内乱，对这场运动必须彻底否定。

但是也要看到，在这十年间，党、人民政权、人民军队和社会的性质都没有变。由于党的领导层，党内外广大干部群众对于"左"的理论思潮，采取了不同程度、不同形式的抵制和斗争，所以使得"文化大革命"造成的破坏，也受到一定程度的限制。而且在这十年间，"文化大革命"对国民经济，确实造成了严重的损害。但是在某些方面应该说也有新的发展，比方说在尖端科学技术方面，1970年4月24日，我国成功地发射了第一颗人造地球卫星"东方红一号"。人民军队在这十年间也英勇地保卫着祖国的安全，我国的外交工作也打开了新局面，等等。当然，这些都不是"文化大革命"的成就，如果没有"文化大革命"这个运动，我们取得的成绩会更大一些，甚至要大得多。

在经历了曲折和磨难之后，最终党依靠自身的力量结束了"文化大革命"。经过两年的徘徊，在曲折中取得了这样一个前进。在总结正反两方面经验的基础之上，最终实现了改革开放的伟大历史转折，也可以说物极必反。正像邓小平同志后来总结的那样，我们要全面否定"文化大革命"，应该说"文化大革命"也有一功，当然这个功是加引号的，他说没有"文化大革命"提供的教训，就没有十一届三中全会以来的组织、政治、思想、路线和一系列政策。我觉得这就是历史的辩证法。

四、总结与启示

最后，对这20多年党带领全国人民探索社会主义建设道路的这段历史、这段历程，做一个总结，看看我们能得出什么重要的启示。

这20多年的历史，通过以上的讲解大家也清楚了，有成就，但是走过弯路，甚至犯过严重的错误。怎么来看呢？邓小平同志指出，过去的成功是我们的财富，过去的错误也是我们的财富。习近平总书记也曾经指出，工作中的经验是财富，工作中的教训也是财富，关键在于是否善于总结。应该说，两位领袖同志所说的都是一个道理。总结经验和教训，总结正确了，对促进我们的发展都是有益的。不可否认，这20多年的历史，无论成绩也好，走过的弯路也好，确实离不开毛泽东同志的领导。所以在研究这段历史的时候，如何评价毛泽东同志，特别是毛泽东同志晚年所犯的错误，确实是一个非常重大的历史问题，也是一个重大的政治问题。对毛泽东同志犯错误的主观因素、个人责任我们当然要分析。但正如习近平总书记所指出的，还在于复杂的国内国际的社会历史原因，应该全面历史辩证地看待和分析。也就是说毛泽东同志作为历史伟人，他也是在历史提供的舞台上来活动，也受制于历史条件的限制。所以我们分析这段历史，更重要的是要从国际、国内，以及社会历史几个方面来分析，成就是怎么取得的？曲折是怎么来的？

从国内的因素来看，我们已经讲到1956年我们进入了社会主义社会，搞建设了。怎么搞建设呢？对中国共产党人来说是一个全新的工作。从这个角度来讲，要想完全地不发生一点失误，那也是不可能的。从国际的角度来讲，当时中国处在两大冷战阵营对抗的格局下，刚开始我们是倒向了以苏联为首的社会主义阵营，但是50年代中后期之后，中苏关系开始出现问题，1962年到1964年中苏有论战，后来又发生了局部的武装冲突。所以整个国际格局、国际形势应该说还是比较紧张的，特别是在60年代，中美关系没缓和，中苏关系又恶化，所以我们分析问题一定要结合当时整个国际、国内的背景来分析。再一个还有社会历史原因，中国是一个封建社会历史非常悠久的国度，封建专制思想影响比较深，我们的社会主义民主建设刚刚起步，党的领导制度并不完善、不健全。所以从这几个角度来分析，要想不犯错误确实几乎是不可能的。与此同时，我们整个国民的科学文化素质，在50年代、60年代肯定不能与现代相比，应该说还是像毛主席所说的一穷二白，懂得不多，所以容易犯错误。所以这几个方面要结合起来分析。当然最根本的一个问题，就是邓小平同志所指出的："问题是什么是社会主义，如何建设社会主义。我们的经验教训有许多条，最重要的一条，就是要搞清楚这个问题。"[1]搞清楚了这个问题，我们的路就会走得相对比较顺利。改革开放以来的发展也证明了邓小平的这个论断。

所以问题要看到，要讲透，但是同时探索过程当中取得的重大成果也不能忽视。这些成果总结起来可以归结为以下几个方面。

第一，这一时期的探索就成果形式来讲，从制度方面是全面确立了社会主义的根本和基本制度，首先是确立了新中国的社会主义国家制度和政治制度。国体方面，工人阶级领导的以工农联盟为基础的人民民主专政建立起来。政体方面，民主集中制的人民代表大会制度也得以建立完善。国家机构形式，统一的多民族

---

[1]《邓小平文选》第二卷，人民出版社1994年版，第116页。

国家和在单一制国家中的民族区域自治制度，也是在那个时代建立起来的。政党制度，中国共产党领导的多党合作和政治协商制度，也是在这个时候奠定基础的。同时也确立了以公有制为基础的社会主义基本经济制度。这些根本的和基本的政治制度，为我们当前坚持发展完善中国特色社会主义制度，推进国家治理体系和治理能力现代化，都提供了非常重要的制度基础和保障。所以党的十九大报告在谈到这段历史的时候，习近平总书记当时用非常凝练的语言概括指出，我们党团结带领人民完成社会主义革命，确立社会主义基本制度，推进社会主义建设，完成了中华民族有史以来最为广泛而深刻的社会变革，为当代中国一切发展进步奠定了根本的政治前提和制度基础。这论断应该说包含的历史内容是非常丰富的，也是站得住脚的。

第二，取得的重大成果是全面建设社会主义取得了历史性的巨大进展。前面讲到1956年我们刚刚迈开社会的建设探索第一步的时候是什么状况呢？毛主席在《论十大关系》里面也讲过，我们一为穷，二为白，穷就是没有多少工业，农业也不发达，白就是一张白纸，文化水平、科学水平都不高。刚才我们也谈到正是因为文化水平、科学水平都不高，所以就容易犯错误。经过二三十年的发展，最终我们达到了一个什么高度？邓小平同志总结指出，30年来，当然他说的30年是从1949年新中国成立，他说不管我们做了多少蠢事，我们毕竟在工农业和科学技术方面打下了一个初步的基础。也就是说有了一个向四个现代化前进的阵地，建立了实现四个现代化的物质基础。[1]1979年在庆祝中华人

---

[1]《邓小平文选》第二卷，人民出版社1993年版，第232页。

民共和国成立30周年大会上,叶剑英同志代表党中央做了重要讲话。他也讲到我们"在旧中国遗留下来的'一穷二白'的基础上,建立了独立的比较完整的工业体系和国民经济体系"[1]。所以物质基础也不容否定。美国学者莫里斯·迈斯纳指出,考虑到中国的经济成就是几乎在毫无外来援助和支持的情况下,由中国人民独立取得的,因而这种经济成就就格外引人注目。他说毛泽东时代是中国现代工业革命的时代,20世纪50年代初,中国从比比利时还要弱小的工业化起步,到毛泽东时代结束时,长期以来被耻笑为东亚病夫的中国,已经跻身于世界前六位最大的工业国家之列。[2]这是一个外国专家学者的评价。邓小平同志有一段论述,我们大家也非常熟悉。他说,如果60年代以来中国没有原子弹、氢弹,没有发射卫星,中国就不能叫有重要影响的大国,就没有现在这样的国际地位。这些东西反映一个民族的能力,也是一个民族、一个国家兴旺发达的标志。"两弹一星",应该说是毛泽东时代我们尖端国防科技成果的代表,在那个时代能够把大国重器给制造出来确实不容易。参与这项工作的著名科学家钱学森同志在《人民日报》也发表了相关文章。他说:回想当年党中央毛主席下决心搞两弹,那真是了不起的决策。那个时候我们的工业基础十分薄弱,连汽车都没造出来,竟决定搞最尖端的技术——导弹和原子弹。他说:没有无产阶级革命家的伟大胸怀和气魄,谁

---

[1] 叶剑英:《在庆祝中华人民共和国成立30周年大会上的讲话》,《人民日报》1979年9月30日。
[2] [美]莫里斯·迈斯纳著,杜蒲、李玉玲译:《毛泽东的中国和后毛泽东的中国》下,四川人民出版社1989年版,第540—541页。

敢做这样的决策？[1]做出了这样的决策，对我们国家、对民族的影响确实就是深远的。

除了国防科技、除了工业建设，农业基础设施建设也取得了长足发展。经过20多年的建设，全国水库库容由新中国成立前的200亿立方，增加到1976年的4200亿方。修建了长达20多万公里的防洪堤坝和8.6万个水库，灌溉面积比例由1952年的18.5%提高到1978年的45.2%。新中国成立之前农村几乎没有农业机械、化肥和电力。20世纪70年代末，农用拖拉机、排灌机械和化肥使用量大大增加，用电量是新中国成立初全国发电量的7.5倍，这都是有关的发展数字。文化教育方面，应该说发展也取得了很大的进步。1949年全国小学一共34.7万所，在校人数2439万人。到了1976年毛泽东同志逝世的时候，小学已经发展到104.4万所，有1.5亿小学生在接受教育，中学发展也非常迅速。1949年全国中学数量仅有4045所，一共103.9万人接受中等教育。到了1976年，中学数量发展到19.2万所，有5836.5万人在接受中等教育。大学发展也取得了长足的进步，1949年全国大学数量205所，发展到1976年增加到434所，这是文化教育。其他各项事业，比方说妇女解放事业，中国的妇女解放事业走在了世界前列。人均预期寿命1949年新中国成立的时候仅为35岁，但是到了1975年，男性提高到65.34岁，女性提高到67.08岁，达到了当时中等发达国家的水平，合作医疗制度也被世界卫生组织誉为发展中国家实现初级卫生保健的唯一典范。

第三，探索适合中国情况的社会主义建设道路取得重要的积

---

[1] 钱学森：《一切成就归于党》，《人民日报》2001年6月25日。

极成果。我们已经提到，毛泽东同志明确提出了"第二次结合"这样一个重大命题，提出要调动一些积极因素，提出了社会主义社会矛盾学说，提出了社会主义社会分为两个发展阶段，提出了四个现代化的目标。党在经济建设、民主政治建设、文化建设、国防和军队建设，包括党的建设方面，都做了一些有益的、可贵的探索。

第四，创造了有利于社会主义建设的和平国际环境。在毛泽东制定的国际战略思想和对外工作方针的指引下，党领导人民逐步冲破西方敌对势力对新中国的孤立、遏制、包围和威胁，有效地维护了民族独立、国家主权和安全。特别是新中国在联合国的合法席位到1971年10月得到了恢复，毛泽东同志也亲自开创了中美关系和中日关系的新阶段，以此为引领，到了1976年，同中国建交的国家已经有113个，这包括了当时世界上绝大多数国家。这些都为后来中国逐步实行对外开放政策创造了有利的条件。所以邓小平同志作为历史当事人，谈到我们的改革开放之所以能够顺利推进的这个问题时，他说："毛泽东同志……亲自开创了中美关系和中日关系的新阶段，从而为世界反霸斗争和世界政治前途创造了新的发展条件。我们能在今天的国际环境中着手进行四个现代化建设，不能不铭记毛泽东同志的功绩。"[1]

对于1956年到1978年，党领导人民探索社会主义建设道路这20多年的历史，我们应该客观评价，全面看待。党的十八大以来，习近平总书记对党的历史、对新中国发展史非常关注，也提出了一个非常重要的论断。他明确指出，我们党领导人民进行

---

[1]《邓小平文选》第二卷，人民出版社1994年，第172页。

社会主义建设，有改革开放前和改革开放后两个历史时期，这是两个相互联系又有重大区别的时期，但本质上都是我们党领导人民进行社会主义建设的实践探索。他明确指出，不能用改革开放后的历史时期否定改革开放前的历史时期，也不能用改革开放前的历史时期否定改革开放后的历史时期。这个重要论断，是指导我们研究党的这段历史的一个根本的指导。

总之，对于这 20 多年的探索，最后我想用两句话来概括：对于党带领全国各族人民艰辛探索的社会主义建设道路这 20 多年的历史，我们应当永远铭记；对共和国领导者这一代先辈的探索精神，我们应当永远致以敬意！

第十一讲　党的十一届三中全会与伟大历史转折

沈传亮

大家好，今天给大家讲的题目是《十一届三中全会与伟大历史转折》。很多人都知道，召开于1978年的十一届三中全会，距今为止已经40多年了。今天为什么还要讲这个会议？显然这个会议特别重要，尤其是在党的历史上，在新中国的历史上都是特别重要的一次会议。在会议上，邓小平同志、陈云同志等老一辈革命家发挥了重要作用。通过这次会议，我们也实现了党的历史的伟大转折。在这个会上到底发生了什么？邓小平同志、陈云同志等老一辈革命家到底发挥了什么样的作用？这些都是我们今天需要回答的问题。围绕这些问题，今天准备讲三个问题。第一个问题，实现历史转折并非一件容易的事情，而实现转折有一个过程。第一个问题就谈一谈，为实现历史转折，我们做的一些准备，也称为走向历史转折。第二个问题，决定命运的41天，也就是实现历史转折的这个转折点。这41天怎么算来的？是因为两个会议的召开，召开的时间加起来共为41天。一次是中央工作会议，也就是十一届三中全会召开之前的预备会，这个会议召开了36天之久，预备会开完之后稍微休整了两天；接着又召开了十一届三中全会，这个会开了5天，加起来是41天。在这41

天的会议过程中，确实经过36天的讨论与5天的决定，做出了很多重大决策，实现了党的历史的转折。所以，这41天我们叫决定命运的41天。第三个问题，主要是谈一谈原因。谈一谈为什么"文化大革命"结束之后两年多一点的时间，我们就能走出"文化大革命"，走向了改革开放，实现了伟大历史转折。

一、走向历史转折

我们说任何一个历史的发展都是有一定的阶段，这个阶段结束了，要走向下一个阶段。"文化大革命"结束了，中国的历史也要步入下一个发展的阶段。可以说我们面临着一个重大的历史关头。下一步怎么走呢？当时有这几个基本选择。可以选择走老路，继续按照"两个凡是"抓纲治国。"两个凡是"是1977年2月7日，《人民日报》《解放军报》《红旗》，即"两报一刊"发的名叫《学好文件抓住纲》社论中提出来的。当然还有一种选择，有的人说"文化大革命"出问题了，有一股"非毛化"思潮，他们主张要照抄照搬西方的道路，被认为这是走"邪路"，是改旗易帜。当然从历史的实际来看，我们既没有选择走老路，更没有走"邪路"，而是从中国的实际出发，摸着石头过河，走一步，看一步，开出了一条新路，这条新路后来我们概括为中国特色社会主义道路。之所以我们能够从实际出发，选择了这么一条新路，开辟了这么一条新路，实际上和我们在重大历史关头的民心有很大的关系。共产党的一个鲜明特点就是和人民紧紧地站在一起。"文化大革命"结束了，中国老百姓的心思是什么呢？很多研究表明，"文化大革命"结束之后，中国老百姓的民心就是过上好日子。为什么呢？因为"文化大革命"带来的创伤确实十分地惨重。从政治上来看，在"文化大革命"期间不少的国家机关、机构或者部门都停摆了，包括我们熟知的人大、政协、公检法，一度都陷入停摆。从经济上来说，"文化大革命"十年，我们损失了5000亿人民币。在当时5000亿是天文数字，相当于我们新中国成立到"文化大革命"结束，基本建设投资的80%。[1]从文化上来看，确实我们在"文化大革命"之前、新中国成立之后，我们叫17年，这17年我们拍了很多电影，包括一些戏。但是在"文化大革命"时期，很多电影得不到上映，老百姓的文化生活比较贫乏。所以说"文化大革命"带来的创伤十分惨重。

第二个原因，就是人们厌倦了接二连三的政治运动。有人统计，新中国成立之后到"文化大革命"结束，大大小小的运动有几十次，所以老百姓对这种运动治国的方式确实也有所厌倦了。

第三个原因，关系到老百姓切身利益问题多。"文化大革命"结束之后，老百姓发现，吃、穿、住、用、行、上学、就业、看病，面临很多的问题。什么都难，什么都少，什么都缺。国外的一位经济学家曾经写了本书叫《短缺经济学》，他指出有些社会主义国家在发展过程中，短缺经济比较明显，也就是物资比较短缺。怎么来应对物资短缺的现象？不得已发行大量的粮油布票。当时的粮票有很多种类，当然还有油票、布票、豆腐票等各种票证。当时的粮票被称为第一货币，因为你光拿着人民币，没有粮票，很多东西也买不了。那个年代后来被称为票证年代。即使是北京，当时也发行了大量的粮油布票。从1953年开始发，一直发到1993年，发了整整40年的粮油布票。北京市发行的粮油布

---

[1] 王年一：《大动乱的年代》，人民出版社2009年版，第467页。

票，种类、重量居全国之首。有的人统计是有500多亿公斤的粮票，数量特别大。后来曾经当上党和国家领导人的田纪云同志，在他写的一本书里提到，当年在四川省当财贸厅厅长的时候的生活待遇情况；那个时候一到周末，早晨起来就要和老婆去排队。排队干什么呢？去买东西。周末早晨爬起来去买东西，这排队排到头了，发现这东西卖没了，再重新排队。他说作为一个财贸厅的厅长，从来没有为多发愁过，都是为少而发愁，什么都少，什么都缺。还说到北京来开会，如果晚上八点以后到了北京，吃饭、住宿都面临很多的难题。吃饭的地方关门了，住宿的旅店也关门了。这是田厅长的日常生活。所以大家对票证年代都记忆犹新，那是一个比较短缺的时代，老百姓希望过上一个好日子。

为了尽快摆脱这种局面，党中央国务院采取了很多办法，包括迅速恢复发展国民经济，提高国有企业职工的工资，提高粮食产品的收购价格，采取了一系列办法，推动了经济社会继续向前发展。在这个过程中，我们有一些大事发生，为走向历史转折做了一些准备。

第一，初步清理冤假错案。"文化大革命"结束之后，平反冤假错案的呼声是比较高的。"文化大革命"及其之前，确实产生了大量的冤假错案，甚至有的领导人讲，这个问题很严重。当然"文化大革命"结束了，不少人写信、找人、托关系，要把自己的事给说一说，所以这个呼声是很高的。在当时那种情况下，有些部门平反冤假错案不力。在这种情况下，1977年12月，胡耀邦同志被任命为中央组织部长。他走马上任的时候，中组部的院子里还响了阵阵的鞭炮声，因而有的人说耀邦同志是在鞭炮声中走马上任的，确实被寄予厚望。胡耀邦同志到了中组部以后，确实发挥了很大作用,把一些老同志找回来,成立了几个办公室,专门负责平反冤假错案的工作。当时,有些事比较难,胡耀邦提出"两个不管",大意是不管什么时候定的、不管哪一级定的,只要是冤假错案,我们都要给平反过来,确实有大无畏的勇气。在这种情况下,胡耀邦同志请示中央统一开始复查,其中包括涉及面比较广的薄一波等六十一人集团案,复查时间达三个多月。在党的十一届三中全会召开之前基本查清楚了,这是一个重大的冤假错案。中组部在1978年11月向中央提交了这个报告,也就是十一届三中全会召开之前,我们初步地开始清理了冤假错案。据统计,在十一届三中全会召开之前,我们平反了中央国家机关5344名有相当级别的干部,占中央国家机关待平反干部的87%多,这就为将来开会打下了一个比较坚实的组织基础。

第二,恢复发展教育科学工作。1977年7月召开的十届三中全会,标志着邓小平同志第三次复出。他复出以后,主动要求分管教育科学工作,后来还说要当好大家的后勤部长。邓小平同志一出来要抓教育科学工作,这抓住了关键。在1977年8月举行的科学教育工作座谈会上,他在讲话中号召尊重劳动、尊重人才,推翻了教育黑线专政论。也就是在这个会上,有的专家提出来,能不能恢复高考?后来邓小平同志经过慎重思考,拍板恢复了高考制度。1977年有570万考生走进了考场,有27.3万被录取。1978年又有600多万考生走进了考场。这是在"文化大革命"结束之后,很多青年人参加了高考,改变了自己的命运。现在有不少同志,尤其是当时参加高考年龄比较小的同志,现在还处在领导岗位上,奋斗在各条战线上,恢复高考确实改变了很多人的命运。1978年3月,我们召开了全国科学技术大会,有的人说这标志着科学的春天来了。在这个大会上，我们有的同志知道，著名的数学家陈景润参加了，实际上我们当时还有一位年轻的军队代表，那就是今天华为的老总任正非，当年也很年轻，也参加了全国科学技术大会。这个大会提出了科学技术是第一生产力，并且制定了科技发展规划，也就是改革开放初期我们的教育科学工作已经开始逐步走向正轨，为我们实现转折，开始集聚力量，准备人才。

第三，开展了真理标准问题的大讨论。真理标准问题的大讨论，说起来和中共中央党校有非常密切的关系。1977年11月9日，中共中央党校举行了开学典礼。在这个开学典礼上，主管中共中央党校工作的中央政治局常委叶剑英同志提出，来党校学习的学员要学习党的历史，这实际上是党的一个优良传统。作为中共中央党校副校长的胡耀邦同志，高度重视，抓紧落实中央领导的讲话。学习党的历史得有教材，要编写教材首先要编写教材的大纲，编写大纲的任务就落到了中共中央党校负责党史教学的部门。当时在这些部门的同志受路线斗争的影响比较大，刚开始编写出来的提纲，还有浓浓的阶级斗争的味道，按照路线斗争为背景编写的提纲，耀邦同志很不满意，提出来要按照实践的标准来编写党史教材。这在中共中央党校开学之后基本上就提出来了。那时刚好南京大学有一位青年学者叫胡福明，向《光明日报》投了一篇稿子——《实践是检验真理的标准》。《光明日报》的编辑觉得这样的稿子特别重要，也特别好；经过修改之后，准备在重要版面发表。但在重要版面发表，可能引起的影响会比较大，《光明日报》总编辑杨西光就要审看这篇文章。杨西光同志刚在中共中央党校高级班学习过，了解胡耀邦同志为编写教材而提出要按照实践的标准来编写一事。所以，这篇文章实际上经过了中共中央党校（中央党校理论动态编辑部吴江、孙长江等贡献很大）、光明日报社等单位的领导和学者几经修改，最终定名《实践是检验真理的唯一标准》。这篇文章率先在中央党校内部刊物《理论动态》上发表了，时间是1978年5月10日。第二天即1978年5月11日，《光明日报》以本报特约评论员的名义公开发表出来了。这篇文章发表出来后，迅速产生广泛影响。为什么呢？因为这篇文章主张实践是检验真理的标准，并且是唯一标准。这和1977年2月7日，"两报一刊"发表的社论《学好文件抓住纲》中提出来的"两个凡是"形成了鲜明对比，影响非常大，引发了一些讨论。

当时有的同志身子走出"文化大革命"了，思想还停留在过去，还是坚持"两个凡是"，对《实践是检验真理的唯一标准》这样的文章不理解，也不认同，甚至出现了压制的行为。这个讨论，就在这种压制和反压制的过程中，迅速展开了。当然我们说实践是检验真理的唯一标准，是从哲学的角度来解释怎么来检验真理的，实践的作用是什么。其实，毛泽东同志早在20世纪30年代写《实践论》《矛盾论》时已经提到了类似观点，这个时候之所以引发了一些讨论，是因为很多人是从政治上来看这个问题的，不仅仅是从学术上来看的。在受压制的情况下，这个讨论还能不能继续推行下去？这个时候，老一辈革命家邓小平同志、陈云同志、罗瑞卿同志等，确实在关键时刻支持了真理标准的讨论。邓小平同志在1978年6月2日举行的全军政治工作会议上，鲜明支持了真理标准的讨论，并且批评了那些假高举毛泽东思想的人。他认为要用完整的准确的毛泽东思想来指导我们全党、全军和全国各族人民。当然，陈云同志、罗瑞卿同志等，也以不同方式来支持了真理标准讨论。在老一代革命家的带领、引领与推动之下，不少省、市、自治区的一把手开始公开表态支持真理标准问题的讨论。在党的十一届三中全会召开之前，全国有2/3以上的省、市、自治区的一把手公开表态支持真理标准问题的讨论。绝大多数军区和军兵种的负责人也表态支持真理标准的讨论，这就表明真理标准的讨论已经不是一般的哲学问题和学术问题的讨论了，上升到了一个政治的高度。今天来看真理标准问题讨论的最大贡献，可以说是重新恢复了党的解放思想、实事求是的思想路线，主张实践是检验真理的标准，不是以个别领导人的讲话，也不是以经典著作上的一句话作为判断真理的标准。这就把人们从个人迷信、"两个凡是"的禁锢中解放出来，为实现历史转折提供了一定的思想空间和条件。当然我们说真理标准讨论，在当时确实起到了很重要的作用。当然也有同志还是没有转过弯来，还是坚持"两个凡是"的思路，也就是说，不是说一讨论大家全变，全部都能转变看法，因为摆脱历史的惯性不是那么容易的，要轻轻地告别过去，很快地走向未来，对任何一个人来讲都是有难度的。要认识到思想转变的这种惯性的强大，认识到我们转变面临的一些难度，不能苛求与强求前人。

第四，我们召开了国务院务虚会，酝酿改革开放。国务院务虚会是在1978年7月到9月召开的，召开的主要目的实际上就是研究怎么样加快中国的经济发展，焦点就是讨论这个。在讨论的过程中，有的同志也提出来我们要对外开放，要引进国外的资金，引进国外的技术。国务院副总理李先念同志结合大家的讲话、讨论，在9月9日举行的闭幕会上发表了长篇讲话。这篇讲话明确提出来要勇敢地改革一切不适应生产力发展的生产关系，不适应经济基础要求的上层建筑。这个改革的意味就出来了：一切不适应生产力发展的生产关系，不适应经济基础要求的上层建筑，都要改革，并且还讲到必须积极地从国外引进先进技术设备。从李先念同志的讲话中可以看出，改革开放的意味已经十分明显了。所以后来不少的人在研究改革开放起源和背景的时候，都把这次国务院务虚会作为酝酿改革开放的一个重要会议，这个会议也确实影响到了后面召开的中央工作会议和十一届三中全会。

当然，除了这四个方面的准备，我们还做了其他很多的工作。所以邓小平后来就讲了，"粉碎'四人帮'以后，三年的前两年做了很多工作，没有那两年的准备，三中全会明确地确立我们党的思想路线、政治路线是不可能的。所以前两年是为三中全会做了准备"。[1]

当然，应该看到这些准备只是量的积累，还没有实现质变的发生，历史转折是个质变的发生，前面做的工作是量的积累，那为什么没有质变的发生呢？因为还没有明确地确立我们的政治路线、思想路线和组织路线。所以说，在"文化大革命"结束之后、三中全会召开之前，这两年多的时间，总体的特点是新旧冲突，徘徊中前进，想着摆脱过去，走向未来，还在做准备。

二、决定命运的 41 天

刚才开头的时候已经介绍了这 41 天的来历，是说中央工作会议召开了 36 天，十一届三中全会召开了五天，加起来 41 天。中央工作会议可以说是转折的前奏，有的同志讲你这个转折前奏

---

[1]《邓小平文选》第二卷，人民出版社 1994 年版，第 242 页。

也太长了，因为，它是十一届三中全会的预备会，没有决定权，所以说只能叫前奏。五天的十一届三中全会有决定权，决策了很多重大的方面，实现了党的历史转折。

中央工作会议的召开时间是1978年11月10日到12月15日。在11月10日举行的开幕会上，华国锋同志宣布了这次会议有三项议题。第一项议题，讨论农业问题。主要是讨论两个文件，一个是关于加快农业发展速度的决定，就是提高农业发展的速度，尽快解决我们生活比较困难的问题。同时为了推动农业快速发展，还有一个工作条例需要大家讨论，就是《农村人民公社工作条例》试行草案。第二项议题，讨论1979年、1980年两年国民经济计划怎么安排。就像我们现在讲的，这个五年规划到底怎么安排，需要大家讨论。第三项议题，讨论李先念同志在国务院务虚会闭幕会上的讲话，因为这个讲话内容很丰富，需要大家讨论，里边有很多问题、很多话都可以转变成政策。在华国锋同志宣布完三项议题之后，他话锋一转，说我们这次会议有个中心议题，这个中心议题就是讨论工作重点转移的问题。工作重点转移问题究竟是谁先提出来的呢？后来很多人研究，发现是邓小平同志1978年9月在东北考察的过程中，率先提出了工作重点转移的问题。学界有的人把邓小平同志在1978年9月到东北考察的讲话，称为北方谈话，显然邓小平同志的这种考察发挥了重要作用。《邓小平年谱》里清楚记载着，在东北考察的半个多月里，邓小平同志到处讲、到处呼吁，呼吁大家把工作尽快地转移到发展社会生产力上来。因为"文化大革命"结束之后，我们搞了一个揭批"四人帮"的运动，邓小平说揭批总是要有个底，到今年年底就差不多了，要尽快地把工作重点转移到社会主义现代化建设上来。他还讲，说老实话，我们对不起我们的老百姓，搞了几十年，社会主义还这么穷。他提出来的工作重点转移问题得到了中央的认可，所以才有华国锋同志提出我们中央工作会议的中心议题是讨论工作重点转移问题。

中央负责人提出来讨论的话题和议题后，这个会就开始分组。中央工作会议分了六个大组，与会的200多名代表被分在这六个大组里，开了几次全体会议，经常性的会议就是小组讨论，形成简报，到一定阶段再开全体会议，一共开了四次全体会议。在分组讨论的过程中，大家对工作重点转移问题，基本上都是高度赞成的。华国锋说用两三天时间讨论，实际上大家的高度共识，就是工作重点转移。甚至有的同志提出来，将来即使要打仗，打完仗要迅速地转回来，要发展生产。大家的重视程度、认可程度是非常高的。但是怎么样推动工作重点转移呢？在讨论的过程中，确实也出现了一些热点，我们今天以热点问题为线索，对中央工作会的召开给大家做一介绍。

第一个，历史遗留问题成了讨论的热点。比如陈云同志在11月12日的书面发言中，一口气提出来六大问题。他说，他衷心地拥护党中央、中央政治局关于工作重点转移的决定，但是怎么样更好地推动工作重点转移？他说要解决一些历史遗留问题。确实历史遗留问题如果解决不了，人们头上戴着帽子，拖着辫子，工作起来也不会顺心。陈云同志讲了这六大问题，其中一个就是薄一波等"六十一人叛徒集团案"的问题。这个实际上已经解决了。还包括自首分子的问题，陶铸、王鹤寿的问题，彭德怀的问题，"天安门事件"问题，以及康生的问题，说康生很坏，"文化大革命"期间乱点名搞了一些冤假错案，需要进行专案处理。陈云的重磅发言引发了很多组的热烈讨论。当然，有的书上写到陈云同志是第一个在小组讨论中提出解决历史遗留问题的，并且使得会议发生了重大转变，这种说法是不太准确的。从时间上来看，陈云同志的发言是比较早的，但陈云同志不是第一个提出来解决历史遗留问题的，大家的热点聚焦在历史遗留问题上来了，也并不是对这个议题的一种改变，而是对这个议题的一种深化和拓展。

据材料看，11月11日，华北组、华东组有些同志都提出来要解决"天安门事件"的问题。当然，陈云同志德高望重，权威很高，由他提出来影响会更大一些，但是不能说他是第一个提出来的。即使在11月12日，华北组、东北组也有不少同志还提出来"二月逆流"的问题、"天安门事件"的问题，"六十一人叛徒集团案"的问题，也有人特别提出来，要对康生进行审查的问题。但历史遗留问题是大家比较关心的，确实这个问题解决不好，很多人心情不舒畅，就很难推进工作重点转移，尤其是大家比较关心的"天安门事件"问题。因为邓小平同志1977年7月就复出了，和他有很大关系的"天安门事件"问题却还没解决。"天安门事件"的由来，大家都比较清楚。主要就是因为1976年1月8日我们敬爱的周总理去世了。当时"四人帮"不让戴白花，不让设灵堂，老百姓没有办法去祭奠。到1976年清明节前，趁这个机会，不少人到天安门广场人民英雄纪念碑下，献花圈、念诗表达对总理的怀念，实际上也表达了对"文化大革命"、对"四人帮"的不满。不少群众发现，摆上去的花圈过两天就找不着了，被清理走了。北京重型机械厂专门焊了一个钢铁的花圈，重达上千斤，说也找不着了。所以这些同志就去找花圈。当然，找花圈的过程中就发生了问题，到后来此纪念活动被定性为反革命的案件。"文化大革命"结束了,我们说很多事情都在变化着。1978年11月中旬,北京市委召开了扩大会议。11月14日《北京日报》把扩大会议的情况给详细地报道了出来,将近一个整版。这个报道里边写着一句话:北京市委认为"天安门事件"完全是群众的爱国革命行动。参加中央工作会议的一些新闻战线的同志,眼睛很尖也很亮,觉得这句话的新闻价值非常高。当时新华社的社长曾涛同志专门把这句话拿出来,11月15日作为新华社的消息播了出去,引发了很多讨论。11月16日,《人民日报》以头版头条的形式刊发出来,转发了新华社的这条消息:中共北京市委宣布"天安门事件"完全是革命行动。为什么北京市委敢于宣布呢?北京市委请示了中央,中央同意的。当然,这个请示的过程究竟是一个什么样的过程?现在还不是特别地清楚。当时情况确实比较复杂,但是曾涛同志听说11月18日,华国锋同志为《天安门诗抄》题写了书名,这一下他心里的石头就落地了。当天晚上参加会议的同志还看了一出话剧,这出话剧的名字就叫《于无声处》。我们有句话叫"于无声处听惊雷"。《于无声处》就是上海的一个工人根据"天安门事件"改编的,所以说历史的发展充满了戏剧性和张力,充满了故事性。"天安门事件"问题就这么解决了。当然,个中许多细节,还有待于我们再去研究与挖掘。大家对历史遗留问题的讨论这么热烈,中央确实要给予回应。

在这种情况下,11月25日召开了第三次全体会议,华国锋同志出席,代表中央讲话。在讲话中,提出来中央考虑要解决八个重大问题:"天安门事件"问题,"二月逆流"问题,"六十一人叛徒集团案"的问题,彭德怀同志的问题,陶铸同志的问题,杨尚昆同志的问题,康生、谢富治的问题,一些地方性的重大事件，都要解决。还专门提出来康生和谢富治民愤极大，要进行专案处理。与会同志非常高兴，觉得讨论的热点话题，中央给予了及时的回应，并且明确要解决。亲自参加会议的于光远同志写了一本书，书名《1978：我所经历过的那次历史大转折》。书里写道，听华国锋同志讲完之后，心情十分激动。

当然，华国锋同志在会上有一个事情没有讲。哪个事情没有讲呢？就是第二个热点问题，真理标准问题的讨论。这个问题太重要了，会外大家都在讨论，那时真理标准问题的讨论还在进行之中。而华国锋同志回应的八大问题中，确实没有涉及真理标准的问题，是另有考虑。既然这个问题没有涉及，会外又讨论得那么热烈，所以与会人员的热点讨论转移到了真理标准问题上来了，尤其是一些同志发言，对真理标准问题的评价也不高，引发了更多人讨论。于光远同志回忆，当时在饭厅里，在走廊里，在卧室里，在宿舍里，大家都在讨论真理标准的问题，对那些压制真理标准问题讨论的同志点名道姓，提出了批评，确实这个会议的民主氛围是非常好的。当然，有的同志很快就认识到自己身上的一些问题，做了一些自我批评。确实，真理标准问题的讨论不是一般的问题，正如习仲勋同志在发言时所说，关于实践是检验真理标准的问题是思想、路线问题，对实际工作关系很大，是非搞不清楚，就不能坚持实事求是。这就是政治家看问题的高度，和一般的人看问题的角度还是不同的。你是非搞不清楚，不实事求是，确实会干扰实际的工作。所以，在这个讨论中，绝大多数人还是支持真理标准的讨论。所以说，这个会议基本上进一步统一了高级干部在这个问题上的思想认识。

第三个热点问题，人事和机构调整的问题。本来这个问题没有在议题之列，但是随着对过去一些问题的讨论，对真理标准问题的讨论，大家对一些人提出了批评，建议调整他们的职务，并且建议中央进行新的人事机构调整。比如，相当多的同志提出来，陈云同志、胡耀邦同志、邓颖超同志、王震同志要进中央政治局，陈云同志还要当副主席，不少代表还提出来要成立中央纪律检查委员会。考虑到中央领导同志的年龄，建议恢复中央书记处，让一些更为年轻的同志到中央书记处来参加一线的领导工作，并且提出来要撤销中央专案组。针对大家提出的诸多意见，党中央进行了及时的引导。比如12月1日晚，中央派政治局常委邓小平同志召集部分大军区司令员和省委第一书记开会，进行打招呼，引导在人事问题方面的一些考虑。邓小平同志到了后，重点讲了三个方面的引导建议：第一，历史问题只能搞粗，不能搞细，一搞细就要延长时间，这就不利。第二，任何人都不能下，只能上。第三，他强调关于上的问题，说至少加三个政治局委员，太多也不恰当，不容易摆平。加上几个什么人呢？陈云兼纪委书记，邓颖超、胡耀邦，够格的人有的是。王胡子也够格。并且还提到，有几个第一书记还不是中央委员，如习仲勋、王任重、周惠等，将来追认就是了。[1]刚才讲政治智慧，这儿又更加体现了。一般来说，只有党代会才能选中央委员、候补中央委员，但是在历史转折时期这个特殊时刻，非常的时候要用非常之功，所以我们要破个例。在三中全会上，习仲勋同志、王任重同志、周惠同志等被选为了中央委员。邓小平同志代表党中央的这一引

---

[1] 转自朱佳木:《我所知道的十一届三中全会》(修订本)，当代中国出版社2018年版。

导，得到了大家的认可，对于人事和机构调整的问题，大家认为中央的考虑是符合他们的心愿的，所以这个问题还是比较快地就讨论通过了。

第四个热点问题，两个农业文件的问题。这两个农业文件一个是加快农业发展速度的决定，一个是农村人民公社工作条例实行草案，都是讨论稿，当然还有怎么修改的一个说明。这两个农业文件之所以在会上引发了一些不同看法，绝大多数人对这两个文件还是有意见的。研究发现主要是这两个农业文件对农村的形势估计还是比较准确的，但是怎么样摆脱农业发展的这么一种落后的局面，现在来看采取措施确实是不够得力的。因为当时"文化大革命"刚结束不久，我们还处在工业学大庆、农业学大寨的阶段，好像通过农业学大寨，农业发展速度就上来了。这个方法不论是现在还是过去看，都存在一定的问题。学大寨可以学，主要学它的精神，比如艰苦奋斗的精神、自力更生的精神。但如果照抄照搬它那一套做法，在很多地方不是从实际出发的，所以这两个农业文件大家讨论得比较积极与热烈。农林部部长发言，说到了1977年，全国粮食总产量5654亿斤，人均598斤，比1957年还少了五斤。当然我们要考虑到人口的增加和粮食的增产两个因素，可能粮食的增产速度没有赶上人口增加的数量，虽然粮食在增长，但是人口也在增加。比1957年少了五斤，说明我们粮食产量增加得不够快。当然，粮食总产量中，我们说集体粮食5000多亿斤，国家征购了1068亿斤，集体提留1099亿斤，实际可供农村社员分配的只有3000多亿斤，社员人均413斤。可能有的同志以为这413斤就是面粉，就是直接能吃的了，不是这样的，实际上是原粮。413斤原粮要磨成面，那还要去掉不少，比如小麦要磨成面，至少是20%的壳要去掉了，剩下80%才叫面，叫80面。好一点的75面、70面，最精致的是60面，就是100斤小麦磨完的面是60斤了。如果按照80面来算，413斤原粮也就变成320斤左右了。一年365天，当时的老百姓能吃到的菜也比较少，油水也不多，光靠吃面是吃不饱的。当然有相当一部分地方的口粮，还达不到400斤，甚至还有一些地方在300斤以下，所以我们说当时对怎么样尽快提高农业发展速度，大家还是有所讨论的。华国锋同志集合了大家的意见，在会上总结出三种意见：第一个是推倒重来，第二个是大改，第三个是小改。后来，采纳的是大幅度修改。在胡耀邦同志、胡乔木同志等人的修改下，十一届三中全会算原则上通过了这两个农业文件。

第五个热点问题，是李先念同志在国务院务虚会闭幕会上的讲话。因为这个讲话内容非常丰富，提到了改革，提到了开放，提到了吸收国外的资金和技术，引起了大家高度关注。在讨论的过程中，邓颖超同志向李先念同志提出，能不能再发几个相关的资料。李先念同志请示之后，给与会代表又发了四个材料。一个是罗马尼亚、南斯拉夫的经济为什么能快速发展，一个是苏联在二三十年代是怎样利用外国资金和技术发展经济的。这讲的都是社会主义国家是怎么发展的。经过研读，发现他们也用了外国的资金和技术来帮助发展，这对我们有启发，我们也可以用。第三个材料讲的是战后日本、德国、法国的经济是怎样迅速发展起来的。我们说日本在美国的帮助之下，尤其是经过朝鲜战争，它作为很多物资的转运地，那确实发展起来了。德国、法国当然是马歇尔计划，在这种条件下抓住了机会迅速发展起来的，但和他们自身的努力也有很大的关系。第四个材料就是讲中国香港、新加坡、韩国、中国台湾的经济是怎样迅速发展起来的，即亚洲"四小龙"的腾飞。这四个地方迅速发展起来，除了利用产业革命带来的产业转移，抓住了这个机会；同时和这四个地方自身的努力奋斗、科学的规划是分不开的。总体上看完这四个材料，与会同志认识到不开放是不行的了。既然要开放就要改革。所以通过讨论李先念的讲话，与会代表进一步认识到改革开放的重要性，也就是说十一届三中全会召开之前，国务院务虚会、中央工作会议实际上都加深了大家要改革开放的重要性的认识。当然这个会议开的时间比较长了，有的同志提出来会议该结束了。所以在这种情况下做了统筹安排，12月13日中央工作会议举行了闭幕会。在闭幕会上，华国锋同志、叶剑英同志、邓小平同志都发表了重要讲话，尤其是邓小平同志的讲话，高屋建瓴，内容丰富，涵盖的问题导向特别突出。但是这篇讲话原来的题目叫《在中央工作会议上的讲话》，后来收入《邓小平文选》的时候改名为《解放思想，实事求是，团结一致向前看》。这也是邓小平讲话的中心意思、核心要义。

邓小平讲话的提纲是自己亲自起草的，当时包括八个部分，一上来就讲了对这个会议的评价。胡耀邦同志、胡乔木同志、于光远同志都参与了这篇文章的起草。这篇讲话最后以四个部分呈现在人们的面前。现在大家看到《邓小平文选》第二卷里的也是这四个部分。第一个部分重点强调解放思想。从解放思想的高度，肯定了真理标准问题的讨论。邓小平同志讲，当前特别需要解放思想，不解放思想，条条框框就多了，本本主义就多了起来，说"一个党、一个国家、一个民族，如果一切从本本出发，思想僵化，迷信盛行，那它就不能前进，它的生机就停止了，就要亡党亡国"[1]。从这个高度肯定了思想解放，肯定了真理标准讨论。怎么样才能够解放思想呢？第二个部分讲民主是解放思想的条件，说我们要想解放思想，必须发扬无产阶级的民主集中制。当前尤其是要强调民主，如此人家才敢讲话、才能解放思想。怎么做到民主？他强调要做到"三不主义"，即不扣帽子、不抓辫子、不打棍子。当然，民主还要依靠法治，他讲了很多关于民主的话，尤其是还借用毛主席讲的话，发现不同的声音，就要追查人家的背景。他说毛主席讲过这是衰弱的表现，神经衰弱的表现。解放思想的条件，他特别强调民主集中制的民主。当然，我们说他还针对会议讨论的热点话题，对遗留问题进行了专门的阐述，就是第三个问题。这儿强调处理遗留问题是为了向前看。上面说到，中央工作会议讨论的时候，陈云同志提出来，为了推动工作重点转移，我们要解决历史遗留问题。陈云同志的"向回看"和邓小平同志这儿讲的"向前看"，恰恰是异曲同工，都是为了往前走。邓小平同志讲得更加明确：我们解决那么多的冤假错案，处理那么多的历史遗留问题，恰恰是要把大家团结起来，一致往前走。当然，这里他讲到了毛泽东同志的问题，怎么对待"文化大革命"的问题，高度评价了毛泽东同志，也觉得"文化大革命"是个大问题，要留出一定的时间进行研究，最后再做出结论。他说当前最重要的问题就是研究新情况，解决新问题，这就是他讲的第四个问题。整篇文章的逻辑非常严密。因为"文化大革命"结束了，工作重点要转移了，大量的新情况、新问题涌现出来了。在这个部分他重点强调管理的方法、管理的制度、经济政策三个方

---

[1]《邓小平文选》第二卷，人民出版社1994年版，第143页。

面。在这个地方他特别强调,管理要反对官僚主义,讲得特别突出。有了官僚主义,很多事就推来推去,搞不下去。管理方法要革新,怎么管呢?这在这部分提出来了,要扩大企业自主权,不要什么都收起来,收得那么紧。在管理制度方面,要贯彻执行责任制,在经济政策方面,他想了一个大政策,使一部分人生活先好起来的大政策。一部分工人、一部分农民、一部分企业,可以通过自己的努力使生活先好起来。很多同志讲先富起来是从这儿出现的,实际上你看邓小平的讲话也好、稿子也好,都没有这句话,那是后来概括的。当时那么穷一下子富起来,不可能。它中间有个过程,从穷到好,再到富。当然后来也有人讲,邓小平的这篇讲话导致了贫富分化。1998年时,于光远同志还专门就此问题给予了回应,说这个大政策符合经济发展的规律。确实,纵观整个世界也是如此,共同贫穷很容易,共同富裕比较难,一下子都富起来,这个难度是很大的。最好的方式是让一部分人先富起来,慢慢带动后富,大家不断达到一个更高的层次,最后实现共同富裕,这是符合经济发展的非均衡发展规律的。邓小平同志的这篇讲话后来成为解放思想、实事求是的宣言书。确实,今天再看这篇讲话,依然有着重要的积极意义。

与会代表休整了两天左右。接着12月18日要召开三中全会了。参加全会的应该有一定的身份,毕竟需要是中央委员参加,当然也有一些特殊的代表也参加了,还是分六个大组,有的同志讲宿舍还是那个宿舍,会议室还是那个会议室,地点和中央工作会议都一样:京西宾馆。

三中全会的议程一共五天。18日各组看文件,传达邓小平同志、叶剑英同志、华国锋同志在中央工作会议上的讲话。当日晚上8点举行了开幕会,华国锋同志讲话。19日,各组继续看文件。20日至22日分组讨论,22日晚上7点30分举行了闭幕会,10点闭幕会结束。有的同志就想前面的会议开了36天,这个会才开了五天。为什么这么短呢?因为36天的中央工作会议为三中全会的召开确实做了充分的准备,很多热点的问题都讨论清楚了,讨论明白了。三中全会做出这个决定,可以说是瓜熟蒂落,水到渠成。因为前面预备会开得很充分,让大家说了心里话,说了真心话,说了实在话。三中全会虽然召开的时间短,但取得的重要成果是很多的。

第一,确定了以经济建设为中心的政治路线,明确要把工作重点从阶级斗争为纲转移到社会主义现代化建设上来。1956年中共八大提出来,我们要以发展生产为中心,但实际上后来没有坚持住。十一届三中全会重新确立了以经济建设为中心的政治路线。改革开放40多年来,我们坚持住了以经济建设为中心的路线,这是很重要的。

第二,重新确立了解放思想、实事求是的思想路线。我们原来讲实事求是,邓小平同志又加了解放思想。因为"文化大革命"结束了,不解放思想走不出来,身子走出"文化大革命",脑子怎么走出"文化大革命"呢?那就得通过解放思想才行。

第三,重新恢复了正确的组织路线,决定健全党的民主集中制。

第四,做出了改革开放的重大决策。当然,有的同志说了十一届三中全会的公报没有看到这四个字,实际上,我们说三中全会提出了要改革一切不适应生产力的生产关系,一切不适应经济基础的上层建筑,同时提出来积极引进国外的资金和技术,实际上已经对改革开放做出了重要的部署。

第五，就是提出加强民主法制建设。根据邓小平同志的讲话精神，十一届三中全会提出来加强民主，要使民主制度化，并且提出了"有法可依，有法必依，执法必严，违法必究"十六字的社会主义法制建设的方针。

第六，原则通过了《关于加快农业发展若干问题的决定》。

第七，"实事求是，有错必纠"的原则，按照这个原则解决一批重大历史遗留问题。

当然，还有其他的一些成果，如按照历史实际充分肯定毛泽东同志的伟大功绩，并且增选了中央领导机构成员，恢复成立了中央纪委，决定陈云同志兼任中纪委的书记，这都是全会的成果。

这个全会的历史地位不少同志比较熟悉，简单来说有两条。第一条实现了三个历史性转变。哪三个呢？从以阶级斗争为纲到以经济建设为中心，这是一大历史性转变。从僵化半僵化到实施改革，这又是一个历史性转变。第三个就是从封闭半封闭到对外开放，但这个封闭半封闭有的时候是被逼的，从封闭到对外开放也是个主动的选择。就是因为实现了三个历史性转变，才实现了党的历史性转折。历史性转变和历史性转折是连在一起的，没有那三个历史性转变，构成不了党的历史性转折，从而结束徘徊中前进的局面。

有的人讲三中全会相当于社会主义时期的遵义会议，遵义会议的重要性不言而喻，三中全会的重要性确实可以与之相提并论。不少的中央文件把三中全会定位为中国改革开放历史新时期的起点、中国特色社会主义的起点。习近平总书记2019年1月在中央全面深化改革委员会第六次会议上的讲话中提出来，党的十一届三中全会是划时代的，开启了改革开放和社会主义现代化建设历史新时期。这是中共中央最高领导人最新的对三中全会的一种评价，说三中全会具有划时代的意义，这是我们国内的评价。实际上，国际上有不少人认为十一届三中全会吹响了改革的号角，使整个国家从困顿中摆脱出来；甚至有的人也认为十一届三中全会是中国发展的一个转折点。从实际的发展来看确实如此，十一届三中全会之后，我们大踏步走向了改革开放，开始全身心投入社会主义现代化建设，使得党和国家的面貌发生了巨大的、显著的变化。

三、实现历史转折的原因

我们为什么在"文化大革命"结束之后，短短两年多的时间就能够实现党的伟大历史转折呢？一般分析一个事物的原因，按照马克思主义基本原理来看，就是分析它的内部因素、外部因素。这里讲三条，有两条内部因素，一条外部因素。

第一条因素就是会议的中心议题，符合中国发展的需要，顺应民心，会风充分发扬了民主。中央工作会议的中心议题是实现工作重点转移。而十一届三中全会也确实做出了工作重点转移的决定，就是经济建设为中心了，确实符合中国的发展需要。中国比较贫穷，比较落后，发展是硬道理，后来讲发展是第一要务，都是要坚持以生产力的发展为中心工作，而中国发展了就能够顺应民心，老百姓希望过上好日子，生产力不发展怎么能过上好日子呢？尤其是这次会议的会风，无论是中央工作会议，还是十一届三中全会，会风充分发扬了民主。邓小平同志在1978年12月13日的中央工作会议闭幕会上的讲话中，在开头一段就评价说这次会议开得很好、很成功,在党的历史上有重要意义,我们党多年以来没有开过这样的会了。这一次恢复和发扬了党的民主传统,开得生动活泼,我们要把这种风气扩大到全党、全军和全国人民中去。大家应该注意,邓小平怎么讲呢?我们党多年以来没有开过这样的会了。这会为什么开得好,多年以来没开过这样的会了,大家在会上畅所欲言地进行批评和自我批评。这个政治生活质量非常高,大家都是从大局出发,不是从个人出发,把心里话、真心话讲出来,对一些中央领导人甚至都可以指名道姓进行批评,确实都是从大局出发,为了党和国家事业,民主的氛围特别充分。不仅邓小平这么认为,叶剑英同志、华国锋同志对这个会议的评价,也都是说我们党多年以来没有开过这样的会了,甚至有的同志说许多年以来没有开过这样的会议了。

第二条内部因素,就是与会同志高度负责,尤其是中央领导集体,注意吸收代表意见,共同推动了历史转折的时间。据参会人员于光远同志回忆,十一届三中全会召开之前,他一看到中央工作会议参会人员的名单,就知道这个会肯定会开得不错。[1] 因为与会同志里有不少是20年代入党的老同志;有不少同志是1956年中共八大召开时,被选的中央委员;八大二次会议被选的中央委员,相当部分是这样的同志。我们讲历史转折也不是一个人能推动的,是历史合力,形成了一种合力推动了这种历史转折的事件。我们看一看与会的同志,一批20年代入党的老同志复出,如聂荣臻同志1923年入党,邓小平同志1924年入党,陈

---

[1] 于光远:《1978:我亲历的那次历史大转折》,中央编译出版社2008年版,第18—19页。

云同志、邓颖超同志1925年入党。20年代入党的同志经历过党内的风风雨雨，见证了共产党的辉煌，同时也深刻感受到路线不对，会导致出现党的事业挫折。他有前后的比较，尤其是出席者的身份以中央工作会议为例，219人成分变化还是比较大的。中共八届中央委员有58人参加了中央工作会议，占这次与会代表的26.4%，占将近1/3的比例了。当然，我们说"文化大革命"期间上台的中央委员有25名没有出席，这就保证了这个会议的质量。同时一些正在安排工作的同志也出席了，也就是十一届三中全会之前，有一些同志工作还没有安排好，尤其是身份还没有解决，可能还"戴着帽子、拖着辫子"；但这些同志从大局出发，也参加了这次会议，担负起一些重要的工作。这些老同志的想法是什么呢？第二炮兵政委陈鹤桥同志的看法很有代表性，他说虽然我的问题尚未做出结论，但让我参加了中央工作会议（这是因为军队干部由中央军委管理，中央军委让他参加），那就认为我没有问题。但是党政军高级干部的专案都是中央专案组办的，中央军委只能分配工作，却无法了结专案。中央专案组那里不给你做结论，你就得不到平反，就得"拖着尾巴"工作。还说当时不止他一个人，很多老同志都是这样，尚未平反就出来工作了。如果广大干部还"戴着帽子、背着包袱、拖着辫子"，又怎么能心情舒畅地工作呢？这里点到了不少人、不少事，实际上就是为了回到历史的现场去，尽量给大家展现当时的历史是一个什么样子，不是非得揪着某些事不放。为什么与会代表那么多人提出来要撤销中央专案组，把这些材料移交给中组部，甚至移交给中央纪委？就是为了更好地开展工作，更好地解决历史遗留问题。这些同志参加了这样的会议，确实讲真心话，讲心里话，中央工作会议本来是讨论经济工作的三个议题，实际上讨论了很多重大问题。人事机构问题、思想路线的问题、历史遗留问题关系等，都关系着怎么样更好地推动工作重点转移的问题。就是因为讨论这些重大问题，才为十一届三中全会的召开做了充分准备。当然，我们还得看到在历史转折关头，华国锋同志发挥了重要的无可替代的作用。他是十一届三中全会的主持人，又是中共中央的一把手，不论是邓小平同志的复出，还是真理标准问题的讨论，包括请人出山，比如请胡耀邦同志到中共中央党校担任副校长，请张爱萍同志出来任国防科委主任，他在历史转折关头发挥了重要作用。与会者是个集体，共同推动了历史转折的实现，这是两条内部因素。

第三，一条外部因素，考察外国、学习外国。"文化大革命"结束了，确实国内的环境相对比较平稳。原来到访我们国家的一些领导人给我们发出邀请，请我们去走一走、看一看。"文化大革命"结束之后，很多高级官员出国访问，当时叫外交还债，这是一方面因素。另一方面因素，多年没有出去了，要出去看一看、走一走、转一转，了解了解世界上的发展，看看一些国家是怎么发展的。在这种情况下，"文化大革命"结束到十一届三中全会召开之前出现了一个出国潮，很多同志出国考察，其中有不少是代表性的考察团。包括林乎加为首的中国经济代表团访问日本，段云为首的港澳经济贸易考察组。当然，还有中共工作者访问团访问了南斯拉夫、罗马尼亚。其中大家比较熟悉的就是以谷牧副总理为首的中国政府代表团访问法国、瑞士、比利时、丹麦、联邦德国西欧五国。这是我们新中国成立之后，以副总理为团长到西方国家考察经济的第一个政府代表团。这个代表团20多人，其中只有两个人曾经出过国,大多数人没有出国经历,一出国还是到的发达国家,确实感受非常深刻。他们到了法国后,先了解到法国戴高乐机场的飞机是通过电子计算机控制的,一分钟起降一架。而当时的北京机场,半个小时才起落一架,还搞得手忙脚乱。到了瑞士,他们发现发电厂用水力发电,发电量比较大,却只有12个工人,全是由电子计算机控制。谷牧同志这一行,从1978年5月到6月初考察了一个多月,到了很多地方去看去访问,有的出访同志讲,出国前以为我们中国是世界上最先进的1/3国家,到了国外一看,才发现我们比较落后,这个落差是比较大的。当然,这些考察团既看到了我们发展的落后,同时也看到我们发展的机遇。比如谷牧同志每到一个地方都受到了热烈欢迎,甚至超高规格的接待,这些国家都表示了和中国做朋友、做生意的想法。在联邦德国,访问团成员感受更深,有的州长主动宴请中国政府代表团,并且主动提出来可以给我们贷款,甚至说握个手就可以借给我们多少个亿。谷牧同志既看到了我们中外发展的差距,同时也捕捉到了很多我们发展的机会,既有危机感,也有兴奋点,就是我们能够和他们搞合作。邓小平同志还曾特别嘱咐谷牧同志到国外要多看、要多问,把很多好的东西带回来。

谷牧同志一行6月初回来后,1978年6月30日下午3点,就开始向中央汇报考察西欧五国之行。这个汇报会持续到晚上11点还没结束,持续八个多小时的时间。参加会议的中央领导都非常激动,觉得谷牧一行这次出去,看准了,就不要再等了,要抓紧干起来。干什么?搞改革,搞开放。当然,我们说国务院主要负责人在汇报会上讲了,考察了这些国家,对我们有启发,外国企业管理确实有好经验值得借鉴。现在我们的上层建筑确实不适应,非改革不可,要改革,上层建筑很多东西要改进,如我们出个国办个手续,快则三个月,慢则半年,这样的上层建筑不适应,要大胆改革。到了这一年的7月,甚至我们国务院主要负责人提出来,思想要再解放一点,胆子要再大一点,办法要再多一点,步子要再快一点。现在,很多人看着这四句话很熟悉。

可见,在20世纪70年代末,我们的中央高层就认识到了思想要解放,胆子要大,办法要多,步调要快。也就是说在"文化大革命"结束之后,两年多的时间,大家慢慢形成了共识,经过十一届三中全会,这些共识形成了重大的决策。其中的一个共识,就是实行改革开放。习近平总书记在2018年4月10日参加博鳌亚洲论坛年会讲话的时候提出来,改革开放这场中国的第二次革命,不仅深刻改变了中国,也深刻影响了世界。这句话高度评价了十一届三中全会做出的改革开放的重大决策,确实是反映了十一届三中全会的重要价值。从十一届三中全会之后,我们大踏步地走上了改革开放,走上了社会主义现代化建设的新路。通过几十年艰苦不懈的努力,我们向富起来、强起来的目标迈出了关键的步伐。在这几十年的发展过程中,我们在2010年GDP总量成为世界第二,成为世界第二大经济体。我们的人均GDP也在芝麻开花节节高,2019年人均迈过了1万美元的关口。确实,我们通过改革开放,正在走向强起来的这么一个态势。

重温十一届三中全会,回顾40多年前这次会议做出的一些重大决策,我们得到一个鲜明的启示,就是要继续坚持改革开放,将改革开放进行到底,才能够顺利推动实现"两个一百年"奋斗目标,进而实现中华民族的伟大复兴。

第十二讲　党的十八大以来的历史性成就和历史性变革

沈传亮

不少同志知道,党的十八大以来,在以习近平同志为核心的党中央的坚强领导下,面对各种复杂国内、国际的局势,我们攻坚克难、励精图治,经济社会发展方方面面取得了巨大成就。这种成就我们称为历史性成就。当然,在取得历史性成就的过程中,我们也发生了历史性变革。这种概括来自党的十九大报告。当然,原来党代会报告中也曾经用过历史性成就这么一种说法。那么何谓历史性?我们说,一般的成就、一般性的变革,是不能称为历史性的。之所以叫历史性成就和历史性变革,那是应该能够在历史上浓墨重彩写下一笔的那些成就和变革。我们中华文化源远流长,五千多年文明史,很多成就大家可能都知道,但也有很多一般性的成就、一般性的变革被淹没在历史的长河中了。

当然,历史性成就和历史性变革,也不是说天上掉下来的,而是我们在一定的基础上,经过长期努力而来。从新中国成立以来,尤其改革开放以来,中国从1978年到2012年,经济平均增长率达到9.9%,比同期世界经济平均增长率快了七个百分点。1978年国内生产总值世界排名第11位,2010年我们就跃居为世界第二大经济体,也成为世界第一制造大国和世界上最大的出口国。同时，被世界银行列入"中上等收入国家"的行列。确实可以说中国富起来了，而这个富起来是和以往相比的。

2017年11月13日，美国《时代周刊》以"中国赢了"作为封面，那显然中国取得的成就不仅为国内所认可，而且也得到了国际上的高度评价和认可。比如联合国秘书长古特雷斯在参加博鳌亚洲论坛2018年年会的时候，就提出现在是中国历史上非常重要的时刻。中国改革开放40年，实现了举世无双的经济增长和减贫。他对经济增长速度和扶贫减贫事业特别给予了关注，说中国对全球经济发展也做出了非常重要的贡献。确实，中国的发展不仅深刻地影响了自己，也深刻影响了整个世界。

今天围绕党的十八大以来的历史性成就和历史性变革，谈三个问题。第一，十八大以来取得的历史性成就和历史性变革的时代背景，也就是说是在什么样的背景下，在什么样的国际、国内、党情下，取得这来之不易的成就和变革的。第二，怎么正确地认识和全面地把握这些成就和变革，这些成就、变革具体指什么，有哪些比较重要的内容。第三，取得历史性成就和历史性变革的原因与经验，为什么能够取得这些巨大成就。

一、取得历史性成就和历史性变革的时代背景

任何成就和变革都是在一定的时代背景下取得和发生的，没有能离开时代背景的成就和变革。十八大以来，我们面临着怎样大的时代背景呢？习近平总书记曾经讲过两个大局，一个是当今世界处于百年未有之大变局，一个是中华民族实现伟大复兴这个大局。

先看国际方面，当今世界处于百年未有之大变局。这个概念

提出来之后，在国内、国际都引起了巨大的反响。新冠肺炎疫情的暴发确实使得我们对百年未有之大变局这个大、这个变，有了更加清醒的认识。我们今天怎么来看这个百年呢？要从大历史观的角度来看，这个百年在本质上是一个大历史的概念，不是就指一百的意思，是指一个相对较长且正在发生巨大变化的历史时期。这里的世界也不只是指传统意义的国际关系，而是指视野更为宏大、内涵更为丰富的人类社会，也就是地球村。因而世界百年未有之大变局，是指在一个相对较长的历史时期，深刻影响人类历史发展方向和进程的大发展、大变化、大调整、大转折、大进步。这个百年未有之大变局，一个是时间，一个是规模影响之大，变化之广泛与深远，它是一个形象说法。现在面临的这种局势，长时间没有面临过。近代中国就有人讲，我们面临三千年未有之大变局，就是指的我们封建社会几千年下来，到了清末，确实面临着很大的一个变化。所以我们也可以说，从社会主义运动500年的角度，也可以从近代中国180年的角度来看这个世界的大变局，说来说去百年不一定就是100年，而且大变局有时短时期内就可以出现一个很大的变化。所以，我们总书记的这种判断确实是高屋建瓴。

具体来说，这个大变局之大、之变，可以说是世界经济重心在发生变化，原来的经济中心是在大西洋两岸，现在的经济中心向太平洋两岸开始转移了。世界政治格局也在悄然发生着重大的变化。传统的G7统领世界的格局正在发生变化，G20发挥的影响显然更大，更为广泛，更为深远。而全球化进程中，一些国家退群、脱欧、逆全球化的现象开始频频出现，所以全球化的进程也在发生重大的变化。随着科技革命、产业升级转移，我们说新的科技革命的浪潮的出现，也催生了很多新的产业，这个变化也是很长时期以来所没有过的。尤其是我们刚才讲的，新冠肺炎疫情也引发了世界之变，这个世界之变至于影响到什么程度，目前已经十分广泛，很有可能也会影响全球化的进程，甚至有可能会影响世界政治格局的变化。

当然，我们说在这种大变局中，关键是处理好中美关系，中美关系是世界上最重要的双边关系。英国人休·佩曼在《中国巨变：地球上最伟大的变革》一书中，指出凭借长线思维和明确发展目标，中国演奏了地球上最伟大的剧目，说白了就是指中国的发展和具有的战略思维，中国发生了巨变，尤其是改革开放以来，变化确实很大。与此同时，美国在这些年，虽然经济也有所增长，但在有些方面也暴露了自己的问题。比如美国众议院前议长金里奇，在他的新书《特朗普对阵中国：面对美国的头号威胁》中，就指出美国出现的大多数问题不是中国的错，而是美国自身的问题。历史终结论的提出者、畅销书作者福山，现在也对美国的民主运行、制度运作提出了一些批评。当然，中国是世界上最大的发展中国家，美国是世界上最大的发达国家。当今世界中美是一对不可或缺的伙伴，管控与分歧是漫漫旅途中的家常便饭，合作与共赢是双方的不二选择，可以说世界秩序的积极演化将由中美关系的健康发展所引导。所以我们在面临百年未有之大变局的时候，确实还要处理好方方面面的关系，尤其是要处理好中美关系。怎么来做？我们说要沉着应变，化危为机。习近平总书记强调，世界的百年未有之大变局，和中国进入强起来的新时代高度重叠。的确如此。刚才讲了两个大局，一个是世界百年未有之大变局，一个是我们中华民族实现伟大复兴的关键时期这个大局。

民族复兴就是我们要强起来,这是新时代要完成的任务。中国目前是机遇和挑战并存。习近平总书记讲重要的是化危为机,让中国赢得更好的发展。怎么样更好地化危为机呢?那就是要讲好中国故事、做好自己的事。习近平总书记讲,我们原来"挨打""挨饿",现在又"挨骂",怎么样来摆脱这种局面?要讲好中国发展的故事,讲好中国合作共赢的故事,讲好中国共产党的故事,讲好中国特色社会主义的故事,来塑造良好的国家形象,我们主动去作为,来营造和谐的国际环境。现在比以往更加迫切,为什么?因为随着中国日益发展壮大,对世界的影响可以说几十年来没有达到这么高的高度,很多国家也在开始关注中国的走向。在这种情况下,确实迫切需要我们把自己的事做好,同时还要讲好我们做的事情。这是时代背景的第一个方面。

第二个方面,当今中国进入新时代,中国的历史方位发生了重大变化。党的十九大报告提出,经过长期努力,中国特色社会主义进入了新时代,这是我国新的历史方位。在过去努力的基础之上,我们来到了一个新方位,和以往相比,我们方方面面确实都在发生着巨大而积极的变化。这个新方位,党的十九大作出了明确的概括。这个新方位,可以从三个角度来看。一、从人民生活来看,我们要在新的历史方位上,从全面建成小康,走向富裕。邓小平同志讲的,要实现共同富裕,人民生活在这个新的方位要再次发生比较大的变化,从全面建成小康走向共同富裕。二、从综合国力来看,我们原来可以说是大国,大而不强,在新的历史方位,我们要从大国走向强国,但是习近平总书记也讲了,这个强不是光指经济方面,而是指综合国力强。综合国力不仅包括硬实力,如军事、科技、经济,还包括软实力,如文化、意识形态、硬实力、软实力都要强，才是个真正的强国。三、从国际地位来看，可以说新时代是我们从边缘走近世界舞台中央的转变。原来我们可能在世界上虽然是个大国，但世界舞台中心的位置还没走到，现在正在走近这个中心。什么时候才叫真正地走进了？可能是建成强国，实现民族复兴的时刻，就走进去了，走进了中心位置了。现在是近距离，比历史上任何时候更加接近中心位置。

这个新方位是怎么进来的？和我们国内社会主要矛盾的变化有很大关系，矛盾运动推动着历史的发展，推动着人类社会的发展。1981年6月十一届六中全会提出来，国内社会主要矛盾是人民日益增长的物质文化需要同落后的社会生产之间的矛盾。从这个主要矛盾出发，我们确定了以经济建设为中心的政治路线，提出发展才是硬道理、发展是党执政兴国的第一要务，都是为了解决这个主要矛盾。经过几十年艰苦努力，到了十八大以后，我们的主要矛盾正在悄然发生变化。党的十九大明确提出，我们国内社会主要矛盾变化了。变化成什么了？变化成人民日益增长的美好生活需要和不平衡不充分的发展之间的矛盾。原来是物质文化需要，现在是美好生活需要。原来是落后的社会生产，现在是不平衡不充分的发展。显然，我们新的主要矛盾、新的判断是着眼于我们更高的需要、更多元的需要，可以说原来是够不够，现在就是好不好了。我们说这个主要矛盾的判断、新的判断，也明确传递了很多信息。比如我们原来叫落后的社会生产，现在已发生了改变。因为我们是世界第一大贸易国了。世界上500多种工业品，我们有200多种的产能是世界第一，并且，我们在联合国工业门类中，中国成为具有最完整工业链条的国家，这是世界上很多国家很难做得到的，我们做到了。如再说落后的社会生产，起码不符合中国的现实国情了。

习近平总书记讲的美好生活美在哪里？在十八届一中全会上，他说我们的人民热爱生活，期盼有更好的教育、更稳定的工作、更满意的收入、更可靠的社会保障、更高水平的医疗卫生服务、更舒适的居住条件、更优美的环境。我理解，这七个"更"就是我们要追求的美好的方面。党的十九大召开之前，习近平总书记在"7.26"讲话中，对于这种美好生活有了进一步的描述和概括，用了三个"多"，他说人民群众的需要呈现多样化、多层次、多方面的特点。在原来七个"更"的基础上，又加了一个"更丰富的精神文化生活"。可以说，原来七个"更"侧重于物质方面，增加了"更丰富的精神文化生活"，物质、精神两个方面就讲全了。当然，我们说这个美好生活，如果再具体一些，那就是党的十九大报告讲的这几个"所"，即幼有所育、学有所教、劳有所得、病有所医、老有所养、住有所居、弱有所扶。这个美好生活的提倡，在一些发达地区来看，他们将来要先行先试。达到什么样的状态叫美好呢？以深圳要建中国特色社会主义先行示范区为例，它的要求是幼有良育，良好的教育；学有优教，优质的教育；劳有厚得，可能收入会增加多一些；病有良医，对医疗公共卫生服务提出了更高要求；老有颐养，是颐养天年的"颐"。深圳要在美好生活方面达到一个新的高的要求，不是空说美好，而是表现在经济社会发展的具体的方方面面。

当然，新的矛盾出现了，关键是要解决它。我们现在面临的难度还是比较大的，尤其是统筹改革发展稳定的关系，难度在加大，可以说改革开放以来尤其是十八大以来，党中央特别重视统筹改革发展稳定的关系，这是我们过去几十年能够保持较高速度发展的一个重要的原因。处理好这一重要关系，确实有利于经济社会的发展；处理不好，可能会带来很多的挫折和挑战。为什么说现在难度加大了？不仅是因为主要矛盾变化了，老百姓的需求和以往不同了，原来是够不够，现在是好不好；原来是有没有，现在是优不优，除此之外，还因为我们说这三角的关系也在发生着变化。我们的改革可以说进入了攻坚期和深水区。我经常讲我们的改革有三重境界之说。毛泽东同志当年的改革，那就是要改掉斯大林模式的不良方面。1978年启动的改革，重点是要改毛泽东同志没改好的，还有传统的斯大林模式的影响，可以说是改革到了第二重境界。十八大以来，改革可以说到了第三重境界了，既要改毛泽东时代的改革没改好的方面，改掉斯大林模式的影响，还要改我们改革开放以来形成的比较固化的观念，甚至有一些利益格局要打破。现在是攻坚期、深水区。所谓坚就是难，所谓深水区，那就是危险加大。说白了就是改革的难度增加，改革的危险加大。所以，习近平总书记讲我们的改革到了新的重要关头。

因而改革的目标也在发生变化。我们原来改革也叫全面改革，但是我们说这个全面改革和党的十八大以来，十八届三中全会启动的全面深化改革，还是有很大不同。我们这次可以说叫货真价实、名副其实的全面深化改革，提的目标更加全面、更加高远。原来我们也叫全面改革，比较侧重于经济体制改革、政治体制改革、文化体制改革，但我们这次全面深化改革的目标和以往不同。发展方面，党的十九大报告提出来，我们要从高增长转向高质量，就像刚才所讲的，我们原来是短缺，是数量少，什么都少,什么都缺。我们通过高速增长,基本上告别了短缺的时代,当下关键是能不能保证比较高的质量的增长。所以十九大报告提出来,我们从高速增长转向高质量发展,不再过于追求数量了,而是更多地追求质量,给老百姓提供更好的产品,提供更优质的服务。同时我们要保持社会稳定,确实任何一个大国的发展,尤其是人口众多的国家的发展,社会稳定不稳定,对执政者、对执政党来说是个巨大的考验,尤其是社会上比较流行一个概念,叫中等收入陷阱。这个概念是 2006 年世界银行东亚经济发展报告中首先提出来的。我们说的人均 GDP 在 4000 美元到 12700 美元的阶段,这叫世界中等水平。超过了 12700 美元之后,可能就是高收入国家了。达到中等水平之后,一些国家由于不能顺利地实现发展战略和发展方式的转变,导致新的增长动力,特别是内生动力不足,经济长期停滞不前。同时快速发展中积聚的问题集中爆发,造成贫富分化加剧,产业升级艰难,城市化进程受阻,社会矛盾凸显等,这些复杂的状况,被概括为中等收入陷阱。确实现在世界上不少国家,随着收入的提高,有的掉进了这个陷阱。有些国家虽然人均 GDP 也达到了七八千美元,但是我们说大城市周边存在大量的贫民窟,贫富分化不断加剧,生活在贫民窟之中的市民生活水平比较低,干净的水也喝不上,还经常停电、停水,卫生条件比较差。一个国家,如果掉到中等收入陷阱,还能不能再继续健康发展?这是个大的问题。所以说虽然我们的人均 GDP 在 2019 年超过了 10000 美元的大关,正在昂首挺胸地向高收入国家行列迈进,但是我们也要注意防止掉入中等收入陷阱。所以十八大以后,中国更加注重调结构、转方式,更加注重高科技产业的发展,培育新动能,更加注重内需的拉动。确实这都是在汲取世界上一些国家发展过程中积累的经验，我们也尽量避免造成贫富分化，推动产业升级，不断地搞新型城镇化，通过创新社会治理，提升老百姓的获得感、幸福感、安全感以化解社会的矛盾。所以说我们当今中国进入新时代，面临着新的方位、新的矛盾、新的挑战。

第三，讲完世情、国情，我们再看看党情，党情也面临着新变化。习近平总书记讲我们是世界第一大党了，从党员数量来看，确实超过了一些中等国家，甚至超过一些大国人口的总和了。我们9000多万党员，比德国的人口还多一些，为世界第一大党。习近平总书记指出，"大要有大的样子"。但大也有大的风险，大有大的考验。确实我们面临着执政考验、改革开放考验、市场经济考验、外部环境考验的四大考验，且长期存在，尖锐存在。执政党执政，确实执政者容易受围猎，之所以有一些官员贪腐，既和自身素养不高有关，也和围猎有很大关系。改革开放，我们干的是前人所没干过的事业，尤其是全面深化改革，更是推进了一个新的境界，这些考验都是长期而尖锐的。同时我们党还面临着四大危险。比如，精神懈怠危险，搞了几十年了，有的人开始懈怠了，开始想歇歇脚了。当然，新形势、新方位，对人的能力也提出了挑战，我们有的同志也确实存在能力不足的问题。执政时间长了，确实存在脱离群众的危险，甚至还存在消极腐败的危险。这些危险是严峻而复杂的。所以有的同志讲，党的十八大之前一段时期以来，党的思想、作风、廉政等方面的问题还是比较多的。我们中国共产党确实面临着前所未有的困难和挑战。9000多万党员，400多万个党组织，面临着世情、国情、党情的变化，困难挑战前所未有，甚至社会上一度传出"击鼓传雷"的这么一种说法。原来我们都叫击鼓传花,这花落到谁那儿,谁就有好事。现在一度存在"击鼓传雷"的说法,反映了我们党确实面临着很多的考验、很多的危险,搞不好就是传雷,搞得好才叫传花。

有哪些具体问题呢?我们党的十九大报告就党和国家发展提出我们还存在六大类问题。其中有这么几条:不平衡、不充分发展的一些突出问题尚未解决。东、中、西不平衡,有的发展不充分。发展质量和效益还不高,有些地方传统重工业还是比较多。培育新动能,虽然有点新动静,但是还没有形成很大的局面。创新能力,虽然我们说也在增长,但是和世界上一些强国相比,我们的创新能力还不够强。实体经济水平有待提高,虽然我们是世界第一制造业大国了,可以制造全世界很多国家制造不了的东西,但是我们的实体经济水平还是有待提高的。尤其是生态环境保护任重道远,包括民生领域还有不少短板,社会矛盾交织叠加,意识形态领域斗争依然复杂,一些改革部署需要进一步落实,甚至党的建设方面,如刚才所说,还存在不少薄弱环节,所以我们前行的道路确实还存在一些问题和挑战。

习近平总书记指出,我们中国共产党人干革命、搞建设、抓改革,从来都是为了解决中国的现实问题。[1]当然,每个时代总有属于它自己的问题,当下的世情、国情和党情告诉我们,中国面临的问题,不是说穷的时候面临的问题了,而是富起来以后面临的问题,属于成长过程中的烦恼。你要发展、要强大,就要解决发展过程中、强大起来过程中的一些问题。因此,要坚持问题导

---

[1] 习近平:《论坚持全面深化改革》,中央文献出版社2018年版,第27页。

向，全面地、正确地分析问题。可以说十八大以来取得的历史性成就和历史性变革，就是在世情发生巨大变化、国情发生重大变化、党情面临新的变化的情况下取得的，确实来之不易。

二、全面把握历史性成就和历史性变革

那怎么来准确认识、全面把握党的十九大提出来的历史性成就和历史性变革呢？党的十九大报告用了一个词，说十八大以来这五年"极不平凡"。那么"极"在什么地方？我觉得就极在取得了改革开放和社会主义现代化建设的历史性成就、推动党和国家事业发生了历史性变革这两个方面。这个历史性成就是全方位的、开创性的。大家看十九大报告就非常清楚了。报告从经济、政治、文化、社会、生态、祖国统一、国防、军队、外交、党的领导、党的建设、全面深化改革等方面，概括所取得的成就。成就是巨大的，甚至有的是开创性的，原来没做到的，十八大以来做到了。

变革是深层次的、根本性的。党的十九大报告讲了，十八大以来我们解决了许多长期想解决而没有解决的难题，办成了许多过去想办而没有办成的大事。当然，对于历史性变革的表述，十九大报告比较少。但大家可以看两个资料。一个是习近平总书记在2017年7月26日发表的重要讲话，讲到了九大变革：全面加强党的领导发生深刻变革、发展理念和发展方式发生深刻变革、各方面体制机制发生深刻变革、全面依法治国发生深刻变革、党对意识形态工作的领导发生深刻变革、生态文明建设发生深刻变革、国防和军队现代化发生深刻变革、中国特色大国外交发生深刻变革、全面从严治党发生深刻变革。另一个，

中央宣传部编写的《习近平新时代中国特色社会主义思想三十讲》，专门有一讲论述历史性成就和历史性变革，并且以历史性变革为主，对历史性成就进行了更为深层的挖掘和阐释。把这两个材料找过来看一看，就会更加清楚地认识到历史性成就和历史性变革的意义。

当然，我们说历史性成就和历史性变革，实际上是对十八大以来中国所取得辉煌成就的一个深刻总结，深刻变革是巨大成就的有机组成部分。变革催生成就，成就推动变革。

那么围绕着十九大报告，根据习近平总书记的有关重要论述，我们从以下几个方面谈一谈这些成就和变革。

第一个成就，党的全面领导明显加强，全面从严治党成效卓著。这个标题实际上包含两个意思：一个是党的领导，一个是全面从严治党。当然，全面从严治党的关键，就是坚持和加强党的全面领导。之所以突出讲要加强党的全面领导，是因为习近平总书记曾经讲过，面对一个时期以来党内存在的突出问题，全党是忧心忡忡的，他是忧心忡忡的。为什么？因为一段时期党的领导确实存在虚化、弱化的现象，有的基层党组织常年不开展活动，有的企业党委没有正常发挥作用，有的部门党组活动不规范，极少数领导干部党性比较弱、野心还比较大，所以党的领导确实存在弱化、虚化的现象，在我们查处一些身处高位的领导干部时，确实也发现有的极个别高级干部理想信念缺失，毫无党性原则。如中纪委发的通报中认定鲁炜：对中央极端不忠诚，"四个意识"各个皆无，"六大纪律"项项违反，是典型的两面人，是党的十八大后不收敛、不收手，问题严重集中，群众反映强烈，政治问题与经济问题相互交织的典型，性质十分恶劣，情节特别严重。看到这些触目惊心的案例，我们确实忧心忡忡。所以针对这些问题，以习近平同志为核心的党中央，提出坚持和加强党的全面领导的重大政治要求，强调党的领导是做好党和国家各项工作的根本保证；强调党政军民学，东西南北中，党是领导一切的，强调增强"四个意识"，做到"两个维护"。用的是强调，什么意思？就是原来就有。原来就提出党的领导是做好党和国家各项工作的根本保证，原来就曾经提出党是领导一切的，原来也有维护，但是我们一段时期内没那么明确，这次要强调党的高级干部应该坚持党中央的集中统一领导，维护党中央的权威。

应该说，我们党的历史上也不乏维护党中央权威、执行中央决定的典范。比如邓小平同志，在请示报告制度颁发不久，他严格执行向党中央的请示报告，按规定甚至自己还多写一些。毛泽东同志曾经高度表扬过邓小平同志写的报告，说写得好，看完之后好像吃了一串冰糖葫芦。邓小平同志亲自写给中央的报告，并且准时提交，很多时候还提前向中央请示报告，是执行中央决定的典范。当然，在邓小平同志身上执行中央决定也不仅仅是这一个方面，"千里跃进大别山"是中央的决策，让刘邓大军来执行。当时刘邓大军刚打完一仗，急需要休整。打完一场大仗，休整半个月是比较正常的。而那一次刘邓大军休整了不到十天，就起军南下了。我们能取得胜利，和我们党内有一大批严格执行中央决定的典范，是有很大关系的。我们今天需要特别强调的是做到"两个维护"，"两个维护"是党的十八大以来我们党的重大政治成果和宝贵经验，是最重要的政治纪律和政治规矩。"两个维护"有明确的内涵和要求，"维护习近平总书记核心地位，对象是习近平总书记而不是其他任何人；维护党中央权威和集中统一领导，对象是党中央而不是其他任何组织"[1]，不能层层套圈。我们确实要汲取历史上的教训，同时我们坚决反对口头维护——口头上喊得震天响，搞形式主义、阳奉阴违。尤其是要反对"高级黑""低级红"的现象，做得不够好，把好事做坏了，往往是"低级红"，甚至产生了"高级黑"的效果，不仅没有做到"两个维护"，反而对党中央的形象、对习近平总书记的形象产生了损害。

为了确保"两个维护"落到实处，十八大以来采取了一系列重大举措，包括政治建设、思想建设、组织建设、作风建设、纪律建设、制度建设等，从这些方面入手，完善坚持党的领导的体制机制，坚持民主集中制，严明党的政治纪律和政治规矩，坚决防止和反对个人主义、分散主义、自由主义、本位主义、好人主义和宗派主义。在党的历史上，毛泽东同志、邓小平同志都曾经批评过个人主义的现象、分散主义的现象，尤其是宗派主义。我们中国共产党当年搞革命，确实是通过搞根据地慢慢地起来的。那时根据地周围都是国民党统治的区域，自然这个根据地就会产生一定的山头倾向。所以毛泽东讲，我们承认山头，但是又要削平山头。即使在"文化大革命"那么艰难的情况下，还实现了八大军区的司令员对调，就是要防止宗派现象的产生。邓小平也说，他的一大优点就是从来不搞小圈子。

经过一系列重大举措，我们纠正了一个时期以来，在坚持党的领导问题上出现的模糊认识和错误思想认识，扭转了在一些地方和部门存在的党的领导弱化和党的建设缺失的现象。党的领导

---

[1]《中共中央关于坚持和完善中国特色社会主义制度、推进国家治理体系和治理能力现代化若干重大问题的决定》辅导读本，人民出版社2019年版，第18页。

全面加强的具体表现很多，比如十八大以来，加强了党内法规建设，出台了《中国共产党党组工作条例》，推动党委党组工作规范化。国有企业也加强了党的建设，现在国有企业的一把手都有一个外号，叫"董书法"。为什么叫"董书法"呢？他既是董事长，又是党委书记，还是这个企业的法定代表人，所以简称"董书法"。原来很多国有企业董事长是一个人担任，党委书记是另一个人担任，这样党的领导表现得不够突出，不利于国有企业党的建设工作的开展。十八大以后，我们加强了国有企业的党的建设，凸显了党的领导作用。所以"董书法"就反映了我们十八大以后，党的领导全面加强；除了党的领导，全面从严治党也发生了深刻变革。党的十八大之前的一个时期，一些地方和单位政治生态严重恶化，涣散了人心，带坏了社会风气，极大地损害了人民群众对党的信任。这是习近平同志在十九届中央政治局第六次集体学习时的讲话中提出来的。那怎么办？打铁必须自身硬，我们做出了全面从严治党的战略部署，并以顽强的意志、空前的力度加以推进，着力解决人民群众反映最强烈、对党的执政基础威胁最大最突出的问题。全面从严治党推出之后，这一段时间我们坚持住了，没有放松，以永远在路上的姿态来推进。管党治党确实也从宽、松、软转变为严、紧、硬。

全面从严治党是指方方面面的从严，这个熟悉党建的同志都比较清楚。我用了八句话加以概括。

第一句是拓展布局政治强，就是我们党的建设的总体布局。原来党的建设是五个方面：思想建设、组织建设、作风建设、制度建设、反腐倡廉；现在又增加了两个：政治建设、纪律建设，并且强调政治建设是根本性建设，在党的建设中居于统领性的地位。所以这叫拓展布局政治强,要强政治、要讲政治。第二句是补钙壮骨牢思想,这个思想建设重点是坚定党员领导干部的理想信念,就像习近平总书记讲的要"经常补补钙"。没有钙就会得软骨病,政治上、经济上就会出问题,这是加强思想建设。第三句就是选贤任能固组织,就是加强组织建设,建设一支高素质专业化的干部人才队伍。第四句就是上下合力四风降,从中央率先垂范到地方紧密配合,我们加强了作风建设,通过群众路线实践教育活动,狠狠惩治了"四风",并且通过严格执行中央八项规定,使得这个作风建设比以前有了很大起色。第五句就是权力监督路宽广,加强了权力制约和监督机制,国家监察体制也越来越健全了,成立了国家监委,既有中央纪委,也有国家监委,这种权力监督制约确实可以是全面性、全方位,比以前确实更加突出了。第六句是反腐永远在路上。十八大以来,中国共产党对腐败是零容忍,强力反腐。正在致力于不能腐、不敢腐、不想腐,一体推进反腐败斗争,这个力度确实还是非常大的。第七句是制度笼子扎紧密,加强了制度建设,尤其是党内法规建设力度大大加强。第八句是管党治党效果彰显。经过方方面面的努力,这几年大家的感受就是党的建设取得显著成效。

对于反腐败大家都比较关注。实际上从十八大以后,习近平总书记在中央纪委全体会议上的讲话中,对反腐败斗争有一些比较定性的评价。比如 2015 年 1 月,十八届中央纪委五次全会指出,反腐败斗争形势依然严峻复杂。过了一年召开六次全会指出,反腐败斗争压倒性态势正在形成。2016 年 12 月,习近平总书记在主持中央政治局会议的时候指出,反腐败斗争压倒性态势已经形成,年初是正在形成,年底已经形成。到了十九大,我们又做出反腐败斗争压倒性态势已经形成并巩固发展的判断。我们对反腐败的判断确实有了一些变化。2018年12月召开的中央政治局会议指出,反腐败斗争取得压倒性胜利,全面从严治党取得重大成果。2019年,包括2020年召开的中央纪委的全会,都提出了反腐败斗争取得压倒性胜利。现在我们要巩固这种压倒性胜利的态势。民众对反腐败工作的满意度还是比较高的,2017年达到了93.9%,也就是近94%的老百姓对共产党的反腐工作是满意的。这个成效相当卓著,可以概括为一段话:以顽强意志品质,正风肃纪、反腐惩恶,消除了党和国家存在的严重隐患,党内政治生活气象更新,党内政治生态明显好转,党的创造力、凝聚力、战斗力显著增强,党的团结、统一更加巩固,党群关系明显改善,党在革命性锻造中更加坚强,焕发出强大的生机活力,为党和国家事业发展提供了坚强政治保证。

第二个成就,全面深化改革取得重大突破。2013年党的十八届三中全会召开,对全面深化改革进行顶层设计,明确了时间表、路线图和总目标。为了落实好三中全会精神,成立了中央全面深化改革领导小组。2018年后,改成中央全面深化改革委员会,组长、委员会主任都由习近平总书记来担任。经过几年艰苦的推进,可以说改革全面发力,多点突破,纵深推进。系统性、整体性、协同性不断增强,压茬拓展改革,开了38次中央全面深化改革领导小组的会议,开了十多次全面深化改革委员会的会议,每次会议都会推出多项改革举措,至今已经推出了1700多项重大举措,重要领域和关键环节改革取得突破性进展,主要领域的改革框架都确立了起来。所以,经过几年的全面深化改革,我们的中国特色社会主义制度更加完善,国家治理体系和治理能力的现代化水平也明显提高。

第三个成就，发展理念、发展方式深刻变革，经济建设取得重大成就。这个成就来之不易。为什么？十八大以后，党中央面临的经济形势比较严峻。从国际上看世界经济持续低迷，2008年爆发的全球性金融危机影响非常深远，导致世界经济走低。同时我们国内发展不平衡、不充分、不协调、不可持续的态势也比较突出，可以说国内经济面临"三期叠加"。面对如此严峻的形势，以习近平同志为核心的党中央做出我们经济进入新常态的重大判断，发展速度不可能像以往那么高了，要更加注重质量了。但新常态不是一个筐，什么都能往里装，那也不行，新常态主指经济方面。怎么来应对这种新常态？习近平总书记提出创新、协调、绿色、开放、共享的新发展理念以适应新常态，同时做出了供给侧结构性改革的重大部署。我们加快完善经济体制，使市场在资源配置这个环节起决定性作用，当然还要更好地发挥政府的作用。因为中国有特殊性，要注重中国的特色，毕竟我们原来搞过计划经济，政府怎么样来推动经济的发展，我们有丰富经验，不要把这些丰富经验给扔掉，既要发挥市场在资源配置环节的决定性作用，也要发挥政府的作用。搞好宏观调控，让市场把它的长处更好发挥出来，避免它的弊端。同时我们在推动供给侧结构性改革的过程中，加快推进经济结构调整和新旧动能转换。习近平总书记特别强调，我们要坚持正确的政绩观，不以国内生产总值增长率论英雄，原来可能就是GDP锦标赛，谁搞得快，谁搞得大，可能谁的官帽子戴得就大一些。十八大以后，我们特别强调不以国内生产总值增长率论英雄，关键看你增长的质量，要挤水分，甚至有的时候因为特殊事情的发生，我们一度没有再提国内生产总值增长的目标、增长速度的目标。当然，这几年在全球经济增速放缓的背景下，我国经济持续保持6%以上的增长，主要指的是十八大后到2019年。2020年初，新冠肺炎疫情的发生，使得全球经济整体确实陷入基本停滞的状态。有些国家争取复工复产，但是面临的困难也是非常多的。所以2020年经济发展很难再保持中高速。前些年，我们保持6%以上的经济增长率实属不易。我们这些年之所以经济能保持增长，是靠科技来推动的。

那么当前这个经济形势怎么来看？应该说，中国经济从高速增长转向中高速增长，符合经济发展规律，一个大国不可能持续上百年高速增长，那是很难的，在历史上就很少或者几乎没有。我们从新中国成立之后，尤其是改革开放以来，长期9%以上的增长率，已经创造了世界奇迹。当前经济出现暂时困难，和我国经济增速主动调整、外部环境波动、经济结构调整、挤水分等有很大的关系。我们现在提出了新的要求——从高速增长向高质量发展，旧的发展思想、发展思路、发展战略、商业模式、盈利模式，在新的这种发展形势的方面就不再有效了。大量企业为此感到很困惑、不适应，甚至有的地方领导干部面临新的形势也出现能力恐慌。对现在的这种困难，我们理解为是这种困惑和不适应的一种表现。当然肆虐的新冠肺炎疫情更是加重了我们经济发展的困难，我们需要采取更加积极的宏观政策来应对。我们的GDP总量上已经体现了经济建设的成就，2019年将近100万亿总量，稳居世界第二。多年来对世界经济增长贡献率超过30%，[1]所以经济建设的成就还是应该承认的。

---

[1] 习近平：《论坚持全面深化改革》，中央文献出版社2018年版，第507页。

第四个成就，民主法制建设迈出重大步伐。党的十八大以来，我们积极发展社会主义民主政治，推进全面依法治国，党的领导、人民当家做主、依法治国有机统一的制度建设全面加强。党的领导体制通过改革也是在不断完善，社会主义民主不断发展，党内民主更加广泛，尤其是社会主义协商民主广泛，多层制度化发展，确实取得了很好的成效。爱国统一战线巩固发展，民族宗教工作创新推进，可以说新的法制建设方针也呼之欲出，我们叫科学立法、严格执法、公正司法、全民守法，和40多年前邓小平同志提出的有法可依、有法必依、执法必严、违法必究相比，我们新的社会主义法制建设的方针更加全面、更加科学。同时，我们的国家监察体制改革取得显著成效，行政体制改革、司法体制改革，尤其是司法体制改革，使得司法的公信力不断提升。最高法刀刃向内，自我革命，平反了一些重大的冤假错案，影响很大，效果很好。确实要提升司法方面的公信力，这是习近平总书记提出的一个重大的政治任务。同时，我们的权力运行制约和监督体系建设也有效实施。

第五个成就，意识形态工作发生深刻变革，思想文化建设取得重大成就。习近平总书记指出，意识形态工作是一项极端重要的工作。经济建设是中心工作，意识形态工作是极端重要的工作，怎么说是极端重要呢？如果用同心圆的这种形式展开，大家就很清楚了，经济建设是中心工作，意识形态这个同心圆离核心就非常近了。为什么这么讲？因为当今世界意识形态领域看不见硝烟的战争无处不在，政治领域没有枪炮的较量一直未停。确实有的国家的政治学家也讲，意识形态同一切观念一样，都是武器，既能提高国民士气，与此同时又能削弱敌国的斗志。确实，短短几十年来，一些国家亡党亡国的教训，至今还历历在目。比如 1991 年 11 月，英国前首相撒切尔夫人有一次演讲，演讲的主题是如何解体苏联的。她这篇演讲里就谈到先搞军备竞赛，美国搞星球大战计划，拖着苏联搞军备竞赛，美国人实力比较强，苏联实力相对弱一些，你搞军备竞赛，钱多一些的总比钱少一些的顾得更加全面。如此，导致苏联民生凋敝，社会不满情绪形成后再扶持代理人，同时对这些代理人进行意识形态洗脑，利用宪法漏洞促进苏联解体。确实，苏联解体主要原因在于自己，当然外部的因素也不能忽视。所以说我们讲的意识形态工作，这种看不见硝烟的战争确实无处不在。对于我们来讲，一段时期以来，意识形态工作面临较大的压力，境内外敌对势力加紧对我国进行意识形态渗透，社会上出现了各种错误思潮、错误的观点，对我国改革发展稳定带来了干扰。比如历史虚无主义等错误思潮开始泛起，灭一个国家，首先灭掉一个国家的历史，很多人都已经认识到这个问题了，虚无过去就等于虚无未来。所以针对这些问题，我们坚持马克思主义在意识形态领域指导地位的根本制度，建立健全意识形态工作责任制，确实这个责任制可不是摆一摆或挂在墙上看一看的，是要严格执行的。同时我们加强了宣传舆论阵地的管理，尤其是加强了网络舆论监管。因为在网络上有的人说，在网络上是用假名说真话，说在网下是用真名说假话。到了网上戴上口罩，他以为就能随便说了，不可以。网络也是有边界的，也是有法制的，所以我们加大了对网络舆论的监管。我们对错误思想和以往相比，确实敢于亮剑、敢于斗争，针对一些污蔑我们英雄人物的，我们依法进行了处理。我们坚决遏制各种错误思想炒作和蔓延，尤其是培育和践行了社会主义核心价值观，让它像空气一样无处不在，让我们的儿童、少年、青年，从小就认同核心价值观。这些产生了深远影响，增强了党在意识形态领域的主导权和话语权，有效扭转了意识形态领域一度出现的被动局面。社会主义核心价值观深入人心，尤其是我们在习近平总书记的带领之下，我们中华优秀传统文化得到广泛的弘扬，互联网建设管理运用也在不断完善；这些年大家深有感受，主旋律更加响亮了，正能量更加强劲了，文化自信也更加得到彰显了。我们国家的文化软实力和中华文化的影响力，也在大幅提升。全党、全社会思想上的团结统一和以往相比，更加巩固了。

第六个成就，人民生活不断改善。人民生活不断改善，背后的一个因素是十八大以后，坚持以人民为中心的发展思想。习近平总书记提出的这一重大战略思想得到了深入贯彻，表现在很多方面，最突出的就是脱贫攻坚取得了决定性进展。2019年，农村贫困发生率降到了0.6%[1]，全国农村贫困人口就剩了500多万。2020年是决战决胜之年，如果绝对贫困这个问题解决了，那在全世界，乃至在中国历史上确实都可以浓墨重彩地写下一笔。刚开始讲到，联合国秘书长古特雷斯也指出中国的减贫事业为世界做出巨大贡献。此外我们的教育、就业、分配、社保都在向好的方向转变。十八大以后，从长远出发，我们实施了全面二孩政策；针对一些大病，实施17种肿瘤药物免税等一大批惠民举措。这些措施都落地了，实施了，人民的获得感、幸福感、安全感也明显在增强。

第七个成就，生态文明建设发生深刻变革，取得显著成效。

---

[1] 2020年政府工作报告。

有不少的同志知道，十八大之前，我们也下了很大力气，加强生态文明建设，但是有一些城市雾霾现象比较突出。2013年1月很多人都记忆犹新，北京1月份31天，只有5天没有雾霾。确实和今天较多的蓝天白云相比，几年前的雾霾还历历在目。生态文明建设发生深刻变革，为什么变了？因为我们生态文明建设的位置被放在更加突出的位置，原来叫重大战略任务，现在把生态文明建设纳入中国特色社会主义总体布局。

我们实行最严格的生态环境保护制度，包括河长制、湖长制都开始建立起来了。包括破坏要追责，追责机制也是比较好的。尤其是我们把习近平总书记在浙江时提出的一些好的理念，在全国进行宣传、阐释，如"绿水青山就是金山银山"，让这个理念来引领大家对生态的重要性的认识。并且总书记还强调要像保护眼睛一样保护生态环境，你说人靠什么来感知世界的多彩缤纷？首先靠眼睛去看，我们要像保护眼睛一样保护生态环境。再谈谈提出"两山论"即绿水青山就是金山银山的地方——浙江安吉，原来这个地方可以说生态上也不太好，但是通过落实绿水青山就是金山银山的理念，这儿发生了重大变化，连国际上拍个电影都跑那儿拍去了，那显然环境是非常好了。同时，我们全面加强了生态文明制度建设，积极参与全球环境治理，尤其是我们加强了生态环境整治。中央级环保督察组威力还是非常大的，着力解决人民群众反映强烈的突出环境问题，包括严肃处理了违建别墅的问题，严肃处理了往沙漠里排污水问题。尤其是2017年7月，中央办公厅、国务院办公厅，就甘肃祁连山国家级自然保护区生态环境问题发出通报。甘肃百名党政领导干部被问责，包括三名副省级干部，20多名厅局级干部，问责力度之大，范围之广，可以说前所未有，在全国形成了强烈震撼。要加强生态文明建设，得来点硬招、实招。当然我们的理念也在不断地丰富发展，习近平总书记到东北考察也讲到冰天雪地也是金山银山。冬季旅游在东北开展得如火如荼，从生态文明建设发生了深刻变革背后，我们说我们的重视程度、投入力度，也是前所未有的，之所以有这个变革，投入很大。国家财政环境保护支出，2013年我们投入了3000多亿，2018年环保支出是6300多亿元，投入那么多钱来整治环境，使得我们的生态确实明显好转，黄土高原披上了绿装。有的导演拍个电影，想拍一拍黄土高原，结果坐上飞机发现下面基本全绿了，只有极少数部分可能因为不好治理，还是保持着原来那种风貌。所以有的导演就很感慨，找黄土高原，有的地方已不好找了。这些年我们加大了投入力度，加大了制度建设，方方面的体制机制，推动着我们的生态明显好转，雾霾天也比较少了。

第八个成就，国防和军队现代化发生深刻变革，强军兴军开创新局面。一段时期以来，国防军队建设上存在许多体制性障碍、结构性矛盾，尤其是内部存在的不正之风和腐败问题，使得大家忧心忡忡。习近平总书记着眼中国梦、强军梦，着眼建设世界一流军队，制定了新形势下军事战略方针，尤其是在古田召开了新时代全军政治工作会议，加强了政治建军。并且大力开展了党风廉政建设和反腐败斗争，坚持改革强军、依法治军、科技兴军，尤其是坚持战斗力唯一的根本标准，加强练兵备战，以打得赢为主要目标。养兵千日，用兵一时。打得赢，一切都行；打不赢，一切都等于零。立足打赢来加强练兵备战，在当今世界这么复杂的形势下，习近平总书记的这种高瞻远瞩，越看越重要，没有准备，那很难打赢。尤其是习近平总书记还提出总体国家安全观，组建了中央国家安全委员会来落实。我们还加强了党对军队的绝对领导，国防和军队改革确实取得了历史性突破。

第九个成就，推进全方位外交，形成中国特色大国外交布局。2018年，中央的外事会议明确提出外交大权在党中央，党管外交，党是领导一切的。当然，我们今天的中国外交有特点，叫中国特色大国外交，同时全方位拓展。比如搭建新平台、扩大朋友圈、提出新观念、占领制高点。因为中国是从大国走向强国，从边缘走向中心，你就会看到总书记是顺应历史大势提出了一些观念。包括构建人类命运共同体、构建新型国际关系，这些新的观点都是从全球发展高度提出来的，被联合国很多文件都收入了。这在党的历史上都很少见。这和中国的影响力、和我们观点的这种符合全球性有很大关系。

搭建新平台，我们实施共建"一带一路"倡议，发起创办亚洲基础设施投资银行，设立丝路基金，举办"一带一路"国际合作高峰论坛，包括中国国际进口博览会等。朋友圈越来越大，尤其是首脑外交日益活跃。有的人统计毛泽东同志一辈子出访两次，都是苏联。邓小平同志出访过八个国家，江泽民同志出访过73个国家，胡锦涛同志出访过86个国家。习近平总书记就从十八大到十九大五年期间，出访了57个国家，确实首脑外交会大力推动双边关系的发展。从事外交的同志都会有更深刻的了解，总书记去不去，确实是不一样的。

在抗击新冠肺炎疫情期间，我们一手抓发展，一手抓新冠肺炎疫情的抗击，也开展了新形式的首脑外交，通过电话、网络的形式，也是在创新着外交的理念。同时我们也加大了经略海权、维护海权，出现了历史性突破，包括南海岛礁的建设，包括加大了航母的建设力度。尤其是南海岛礁的建设，使得我们维护南海的海洋权益、维护我们国家领土的完整发挥了不可替代的作用。

经过这几年的努力，提高了国际影响力、感召力、塑造力，营造了我国发展的和平国际环境和良好周边环境，提高了我国参与全球治理能力和水平，为我国发展在国际上赢得了战略主动，为世界和平与发展做出了新的重大贡献。同时，港澳台工作也取得了新进展，港珠澳大桥的建成、粤港澳大湾区的建设，2020年5月28日十三届全国人大会议通过了相关的国安立法，等等，这些举措都有利于我们在坚持"一国两制"的原则下，推动我们祖国统一的工作。

当然，既要看到我们取得了巨大成就，同时也还要有忧患意识。习近平总书记指出，前进的道路不可能一帆风顺。越是前景光明，越是要增强忧患意识，做到居安思危，全面认识和有力应对一些重大风险挑战。这是习近平总书记2018年1月讲的，现在再读，有更深感触。谁也没想到，2020年初暴发了新冠肺炎疫情。所以说居安思危，增强忧患意识，既是中华民族的优良传统，也是我们共产党的鲜明品格。

三、取得历史性成就和历史性变革的原因与经验

党的十九大报告，包括习近平总书记的重要讲话都提到，我们之所以取得历史性成就和历史性变革，和中国老百姓的团结奋斗有很大的关系，和我们创新了理论，用理论创新的成果即习近平新时代中国特色社会主义思想的指导有很大的关系，因为这个思想涵盖经济、政治、文化、社会、生态等方方面面。更因为有大国领袖的担当作为，习近平总书记自十八大以来，成为全党的

核心、党中央的核心，积极担当作为，解决了过去想解决而没解决的难题，办成了许多过去想办而没办成的大事。

这几年的时间虽然不长，但是我们积累了很多宝贵的经验。这些经验有很多，重点讲这么几条。第一条是坚持和加强党的全面领导。党的领导是中国特色社会主义最本质的特征，是中国特色社会主义制度的最大优势。党是中国最高的政治领导力量，党是领导一切的。打铁必须自身硬。那就是我们要坚持和加强党的全面领导。这个全面不仅是指范围，指领域，还指工作的各环节、各方面、全过程。第二条就是坚决做到"两个维护"，坚持和加强党的全面领导，也要坚持党中央的集中统一领导，维护党中央权威。"两个维护"最重要的是维护习近平总书记党中央的核心，全党的核心地位。只有做到"两个维护"，我们党中央的指示，习近平总书记的重要指示、批示才能够真正落地，才能够真正地指挥着中国号巨轮扬帆远航。第三条坚持以党的创新理论为指导。习近平新时代中国特色社会主义思想是21世纪马克思主义，是中国化的马克思主义成果，是和新时代的国情紧密相连的，指导着中国在新时代如何踏上新征程、建设强国的这么一个理论，所以要以它为指导。第四条是坚持和完善中国特色社会主义制度，制度具有关键性、长远性、根本性。我们之所以能够有历史性成就、历史性变革和我们不断地进行制度创新、健全制度有很大关系。当然一些好的制度要坚持下去，不能因为有风吹草动就改变我们的制度。我们要坚持我们的根本制度、基本制度、重要制度，根本的是不能随便动的。第五条是坚持对外开放，顺应时代大潮和历史大势。过去的几十年，尤其是十八大以来这些年，大家越来越认识到，中国只有拥抱世界才能发展起来。也就是开放带来进步,封闭导致落后。我们面对着全球化不确定、不稳定的因素,依然要坚持对外开放,这样我们才能够不断地吸收全世界很优秀的成果为我所用,我们也以更好的公共产品来回馈世界。只有对外开放,我们才能够赢得新的发展机遇。我们现在所处的是一个船到中流浪更急、人到半山路更陡的时候,是一个愈进愈难、愈进愈险而又不进则退、非进不可的时候。[1]在这千帆竞发、百舸争流的时代,我们要不忘初心,牢记使命,不断实现人民对美好生活的向往,在新时代创造中华民族新的更大奇迹,创造让世界刮目相看的新的更大奇迹。

---

[1] 习近平:《论坚持全面深化改革》,中央文献出版社2018年版,第524页。

后 记

多年来，中共中央党校一直重视中共党史的教学。特别是党的十八大以来，中共党史被确定为全校各班次学员的必修课，形成比较成熟的课程体系，达到较高教学质量，成为学校的品牌课程。

为贯彻落实习近平总书记关于学习党史、新中国史、改革开放史、社会主义发展史的要求，为广大党员干部提供学习资源，我们从多年来开设的课程中选出12个专题，录制了中共党史专题讲座网络课程，2020年7月1日起在中共中央党校（国家行政学院）网站、网上党校和学习强国平台、人民网、东方网等播出，受到各方面欢迎。

需要说明的是，我们推出的课程，是从中央党校（国家行政学院）开设的课程中选出来的，讲的主要是不同历史时期的重要专题，大致体现了党的历史的全面性，但不完全是各个时期的系统讲授，全面完整讲授党的历史的课程稍后也会推出。

本书是应生活・读书・新知三联书店约请，把各讲课程文字记录稿结集而成。除讲课的各位同事付出努力外，中共中央党校（国家行政学院）教务部、信息技术部、报刊社的同志也做了一些组织和支持工作。

期望本书对于读者朋友了解中国共产党百年史起到应有的作用。

谢春涛

2020 年 10 月